頻度順

入試漢字の総練習

三訂版

池田宏・高野光男・新見公康＝著

三省堂

はしがき

漢字は覚えるのが大変だ、という声が多く聞かれます。英語のアルファベットのように、日本語の文字が平仮名だけだったらどんなに楽かと思った経験がある人も多いことでしょう。

薄田《すすきだ》泣菫《きゅうきん》の随筆集『茶話《ちゃばなし》』に、近松門左衛門が句読点の大切さを理解しない数珠《じゅず》屋をやり込める話が載っています。近松は「ふたえにまげてくびにかけるようなじゅず」と平仮名書きで注文し、独り合点して首に懸ける数珠を持参した数珠屋を「注文したのは手首に懸ける数珠だ。だから句読点が必要なんだ」と戒めたといいます。

この話は「句読点」の大切さを説いたものですが、「二重に曲げ手首に懸けるような数珠」と書けば誤解の余地がなくなることを考えると、漢字の大切さにも通じているように思われます。日本語の表記は漢字と仮名を用いる漢字仮名混じり文です。これによって単語の切れ目がはっきりして読みやすく、また表意文字である漢字を用いることで文意をはやく把握することができます。漢字習得に努力を要するのは確かですが、こうした漢字のプラス面にも目を向けたいものです。

本書では、皆さんがより効率的に漢字を学べるように、入試に出題されやすい漢字・語句を頻度順に並べています。出題漢字・語句には意味を記し、その都度意味の確認ができるようにしました。書き取り・読み取り問題には対義語や類義語のほか、関連する熟語、理解と記憶に役立つ知識も示してあります。これによって漢字や語句を正確に覚えることはもちろん、総合的な語彙力を身につけることができます。

本書が皆さんの受験勉強の役に立ち、さらには幅広い語彙力を身につける一助となれば幸いです。

著者一同

『頻度順　入試漢字の総練習　三訂版』目次

本書で用いた記号などの一覧

共……共通テストの前身である*諸試験および共通テストで出題された漢字
訓……訓読み(意味の理解を進める目的で、常用漢字表外の難しい訓も積極的に示した)
対……対義語(反意語・対となる語句)　類……類義語(同意語・類似の意味を持つ語句)
熟……同じ漢字を含む他の熟語の例、訓読みの問題では出題した漢字の音を含む熟語
参……漢字が持つ意味、熟語や語句の本義や由来、注意事項など
関……関連語(「対の概念」「カタカナ語」で取り上げた語との関連で理解しておきたい語句)
／……正誤の確認、反復学習に利用して下さい。

*一九八一年度共通一次試験から二〇二〇年度センター試験および二〇二一年度共通テストまでの本試験・追試験、共通テスト試行調査

本書の特色と利用法

正解の教科書体による提示と誤答の具体的な例示

正しい字体で学習できるように、**問題例文と正解は教科書体**で示してあります。特に、書き取りでは、正解の下に**間違えやすい漢字**を示しました。実際に採点をしていると、間違った別の漢字以外に、よこ棒の数、点の有無、とめ・はねなどに不正確な部分がある漢字がよく見られます。たとえば、部首の「殳」が「殳」となっているものをよく見かけます。また、本来四画の「攵」が「攵」と三画で書かれているものもよく見られ、この場合は全体の画数にも影響します。**不正確な漢字については、間違った部分を色で示した**ので、正解と見比べて注意して学習して下さい。

語彙力の重視――語の意味と備考欄

現代文の実力アップには語彙力の養成が欠かせません。そこで、**漢字・語句に簡潔な意味**を記しました。また、1章では最下欄に訓対類熟参**について扱った備考欄**を設けました（記号の説明は3ページ参照）。これらを利用して、さまざまな角度から漢字と語彙力を身につけて下さい。

さまざまな書き取り

1章とは別の視点から、語彙を広げることを意図しています。取り上げたのは、評論文や選択肢のある漢字問題などに頻出する言葉です。また、**「対の概念」「カタカナ語」**で取り上げた語（関を含む）は、読解だけではなく、自分で論を組み立て記述していく力を問われる場面（論述式問題や小論文など）で、必ず役に立つでしょう。

実戦演習ができる入試問題

入試問題には、書き取り・読み取り問題以外にも、独特な形式で出題される問題が少なくありません。また、一部の私立大学では、四字熟語や慣用句などを含めて非常に難度の高い問題が出題されています。そこで、実戦的な演習の場として、**共通テスト対策7回、国公立大二次・私立大入試6回**を設けました。1章と2章で扱わなかった漢字も意図的に含めたので、かなり難度の高い演習ができます。なお、1章と2章では旧センター試験ほかで出題された語（四字熟語を含む）に共を付けてあります。

古語の読み問題

1章から3章の欄外で、入試にもしばしば出題される古語の難読語を扱いました（正解は現代仮名遣いで示し、読み方が複数ある場合には代表的なものを示してあります）。コラムでも古典常識や文学史などに関する難読語を扱いました。空き時間を利用して気軽に目を通して下さい。

なお、各章の内容や利用法の詳細については、各章の扉も参照して下さい。

1 章

入試頻出漢字2000の書き取り・読み取り

書き取り問題では太字の片仮名を漢字にし、読み取り問題では傍線部の漢字の読みを平仮名で書きなさい。

書き取り問題は全部で1500あり、頻度順にランクA～Cに500ずつ分けられています。読み取り問題は全部で500あり、ランクAとBに250ずつランク分けされています。

書き取り・読み取りともに、各回が25題からなっています。最初は自力で問題に取り組み、その後に解答の確認をして下さい。その際、書き取り問題では正解とともに、間違って書きやすい別の漢字や不正確な漢字についても確認し、正しい漢字を身につけるようにしましょう。また、語の意味や最下の備考欄もよく読んで、漢字の訓読みや意味、対義語・類義語・熟語なども身につけて下さい。

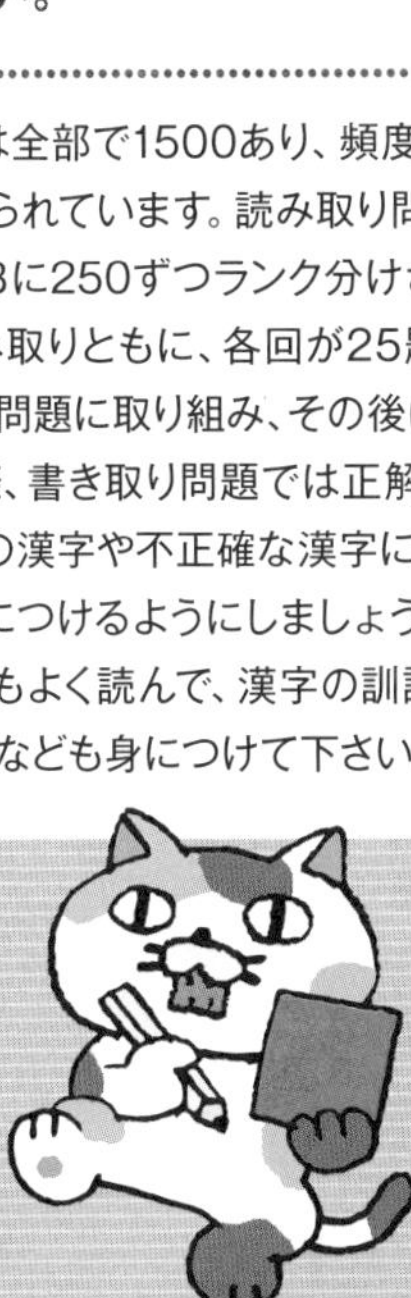

	問題	解答	注意	補足
共 ❶	どうしても**ナットク**できない。（理解してもっともだと認めること）	納得		類 承知　熟 出納《すいとう》、会得《えとく》
共 ❷	引退時の体力を**イジ**する。（同じ状態を保つこと）	維持		類 保持　参「維」は「もち続ける」の意味。
共 ❸	事件は**イゼン**として未解決だ。（前と変わらないさま）	依然	以×前×	訓 依《よ》る　熟 依願、依頼
❹	本来の目的から**イツダツ**している。（本筋からそれていること）	逸脱		訓 逸《そ》れる　熟 隠逸《いんいつ》、逸話
❺	彼は**エイビン**な頭脳の持ち主だ。（理解・判断がすばやいこと）	鋭敏	—敏×	訓 敏《さと》い　類 シャープ
共 ❻	**ガイネン**図を描いて示す。（その物事がどういうものか表したもの）	概念	慨×—	熟 概算、梗概《こうがい》
共 ❼	みごとに金メダルを**カクトク**した。（手に入れること）	獲得	穫×—	対 喪失　熟 捕獲、乱獲
共 ❽	コンピュータを**クシ**する。（つかいこなすこと）	駆使		訓 駆《か》る　参「駆」は「追い立てる」の意味。
共 ❾	交渉の**ケイイ**を説明する。（物事のいきさつ）	経緯		参「経」は「縦糸」、「緯」は「横糸」が本義。
共 ❿	**ケンキョ**な態度で交渉に臨む。（へりくだって控えめな様子）	謙虚	—虚×	訓 謙《へりくだ》る　対 傲慢《ごうまん》　参「虚」は「つつましい」の意味。
共 ⓫	**シサ**に富む見解だ。（それとなく教えしめすこと）	示唆		訓 唆《そそのか》す　類 暗示
共 ⓬	誤りを**シテキ**する。（問題点をとりあげてしめすこと）	指摘	—敵×　—適×	訓 摘《つ》む　熟 摘果《てきか》、摘花《てきか》

（1）かんだちめ（かんだちべ）　（2）くろうど

⑬ それは**シュウチ**の事実だ。（広くしれわたっていること）
周知　衆×—
訓 周《あまね》く　参「衆知」は「多くの人の知恵」の意味。

⑭ 共 ハトは平和の**ショウチョウ**である。（知覚できない価値や意味を具体物に託して表現したもの）
象徴　像×—　—微×　—徴×
訓 徴《しるし》　熟 徴兵、徴候

⑮ 共 省エネが国民生活に**シントウ**する。（考えなどが広く行き渡ること）
浸透　侵×—
訓 浸《ひた》す　熟 浸水

⑯ 共 **センサイ**にして大胆な演技。（こまやかなこと）
繊細
対 豪放《ごうほう》　参「繊」も「細」も「ほそい」の意味。

⑰ 共 **センレン**されたファッション感覚。（磨き上げて優雅なものにすること）
洗練　繊×—
訓 洗《あら》う、練《ね》る

⑱ 共 株価**ソウサ**の嫌疑がかかる。（自分の思うとおりに動かすこと）
操作　繰×—
訓 操《あやつ》る　熟 操舵《そうだ》、体操

⑲ **ソッチョク**な感想を述べる。（ありのままで隠すところがないこと）
率直　卒×—
参「率」は「ありのまま」の意味。

⑳ 共 **ソボク**な人柄で慕われる。（飾り気がなく、ありのままであること）
素朴
訓 朴《ほお》（モクレン科の高木）

㉑ 不穏な空気が**タダヨ**う。（香り・雰囲気などが場に満ちる）
漂う
熟 漂流《ひょうりゅう》、漂泊

㉒ 共 **ダラク**した生活を続ける。（品行が悪くなり生活が乱れること）
堕落　惰×—
類 淪落《りんらく》　参「堕」は「おちる」の意味。

㉓ 共 前任者の方針を**トウシュウ**する。（やり方をそのまま受け継ぐこと）
踏襲
類 継承　熟 世襲、襲名

㉔ 共 問題点を**ハアク**する。（理解し手中におさめること）
把握
訓 握《にぎ》る　参「把」も「にぎる」の意味。

㉕ 共 ネズミが病原菌を**バイカイ**する。（仲立ちすること）
媒介
類 仲介　熟 介入、介抱

◉古語の読み　(1) 上達部　(2) 蔵人　答えは右ページ

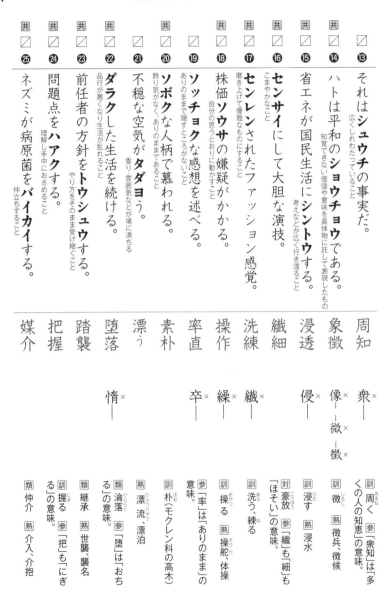

番号	問題	意味	解答	誤字	解説
共 ☐ ❶	障害物を**ハイジョ**した。	おしのけて取りのぞくこと	排除		類 一掃《いっそう》、払拭《ふっしょく》　熟 除去、除名
共 ☐ ❷	才能を**ハッキ**する。	もっている力を表し出すこと	発揮	―輝×	類 顕現《けんげん》　参「揮」は「ふるう」の意味。
☐ ❸	大雨で崖が**ホウカイ**した。	くずれこわれてしまうこと	崩壊	―壊×	訓 壊《こわ》れる　類 瓦解《がかい》
☐ ❹	二者の間に**マサツ**が生じた。	こすれること、不和	摩擦		訓 擦《こす》る　類 軋轢《あつれき》
共 ☐ ❺	失礼の段、御**ヨウシャ**ください。	あやまちをゆるすこと	容赦	―赦×	訓 赦《ゆる》す　類 勘弁、宥恕《ゆうじょ》　参「用捨」とも書く。
共 ☐ ❻	山の**リンカク**が浮き上がった。	外形を形づくる線	輪郭		類 アウトライン　参「輪廓」とも書く。
☐ ❼	悪事が**ロテイ**した。	隠れているものをさらけ出すこと	露呈		訓 露《あらわ》す、呈《しめ》す　類 露出
共 ☐ ❽	**カクウ**の融資話にだまされた。	想像によって作ること	架空	仮×―	参 本来は「土台なしで上に乗せる」の意味。
共 ☐ ❾	自意識**カジョウ**だと言われた。	適度をこえているさま	過剰	―乗×	参「剰」は「あまっている」の意味。余剰
共 ☐ ❿	卒業アルバムを**カンガイ**深く開く。	心に深くかんじること	感慨	―概×	類 感懐　熟 慨嘆、憤慨
共 ☐ ⓫	青春を戦争の**ギセイ**にした。	ある目的のために自分をささげること	犠牲	擬×―	参「犠」も「牲」も「いけにえ」の意味。
共 ☐ ⓬	社会**キバン**を整備する。	物事のいちばんの土台	基盤	―板×	類 基礎　熟 盤面、胎盤

(1) すいがい　(2) なげし

⓭ 共 **キンチョウ**して入学試験に臨む。（気がはりつめること）
緊張
対 弛緩《しかん》　類 緊迫

⓮ 共 地震に耐える**ケンゴ**な造り。（しっかりして、こわれにくいこと）
堅固　―護×
訓 堅《かた》い、固《かた》い　類 頑丈

⓯ 論証に**ゲンミツ**さが足りない。（きびしく目を行き届かせて、すきがないこと）
厳密
訓 密《ひそ》か　類 緻密、綿密

⓰ 共 被疑者の身柄を**コウソク**する。（捕らえて行動の自由を奪うこと）
拘束
訓 束《たば》ねる　熟 拘留、束縛

⓱ 共 新しい理論を**コウチク**する。（組み立てること）
構築　講×―
訓 築《きず》く　熟 築造

⓲ 共 病を**コクフク**して成功する。（努力して困難にうちかつこと）
克服
類 克己《こっき》、超克

⓳ 民族**コユウ**の文化を尊重する。（そのものだけがもっていること）
固有
類 特有、独自

⓴ 共 目の**サッカク**を利用した絵。（思い違い）
錯覚
熟 交錯《こうさく》、倒錯《とうさく》、錯誤《さくご》

㉑ 景気**シゲキ**策を講ずる。（物事を活発化させる外部からの作用）
刺激　刺×―　―激×
参 もとは「刺戟」。「戟」も「さす」の意味。

㉒ 政権瓦解は**ジメイ**の理だ。（わかりきっていること）
自明
類 歴然、判然

㉓ 共 通信を一時的に**シャダン**する。（流れをさえぎって止めること）
遮断
訓 遮《さえぎ》る　熟 遮蔽《しゃへい》

㉔ 共 事件に**ショウゲキ**を受ける。（心が激しく揺さぶり動かされること）
衝撃　衝×―
訓 衝《つ》く（激しく攻撃する）

㉕ 論より**ショウコ**。（事実を明らかにするためのあかし）
証拠　―処×
類 証左《しょうさ》　熟 根拠《こんきょ》、占拠《せんきょ》

●古語の読み　(1) 透垣　(2) 長押　答えは右ページ

書き取り　ランクA　3

❶ □ **セイギョ**不能に陥る。（機械などを目的にそって操作すること）
制御　—卸×
参「御」は「うまくあつかう」の意味。

❷ 共 □ ビタミンの**セッシュ**が足りない。（とり入れて自分のものにすること）
摂取
訓 摂《と》る　熟 摂政《せっしょう》

❸ 共 □ 敗戦の連続で自信を**ソウシツ**する。（うしなうこと）
喪失　喪×—
対 獲得《かくとく》　参「喪」「失」ともに「うしなう」の意味。

❹ 共 □ **タンネン**な仕事ぶりが評価される。（真心をこめてするさま）
丹念　担×—
類 入念　熟 丹精

❺ 共 □ 知識の**チクセキ**が物を言う。（たくわえること）
蓄積　畜×—
訓 蓄《たくわ》える、積《つ》む　類 備蓄

❻ □ **チツジョ**正しい行動が求められた。（物事の正しい筋道、次第）
秩序
対 混沌《こんとん》　類 順序　参 秩序立つ

❼ 共 □ **テッテイ**して平和主義を貫いた。（思想・態度が一貫していること）
徹底　撤×—　徹×—
対 半端　類 貫徹

❽ □ 彼は**テンケイ**的なスポーツマンだ。（特徴をもっともよく表すもの）
典型　—形×
類 規範、模範　参「典」は「標準」の意味。

❾ □ 物事の本質を**ドウサツ**する。（物事を見抜くこと）
洞察
類 明察　参「洞」は「見抜く」の意味。

❿ 共 □ 名演奏に**トウスイ**する。（うっとりとその境地に浸ること）
陶酔
類 耽溺《たんでき》、陶然、恍惚《こうこつ》

⓫ 共 □ 真情を**トロ**する。（心中を隠さず述べ表すこと）
吐露
訓 吐《は》く、露《あらわ》す　対 韜晦《とうかい》

⓬ □ 安全第一を**ネントウ**に置く。（心のうち、考え）
念頭
類 胸中、意中

（1）みす　（2）きちょう

⑬ 共 **バクゼン**（ぼんやりしてはっきりしないさま）とした不安を抱く。
漠然
類 不明瞭　参「莫然」とも書く。

⑭ **ビミョウ**（一言では言い表せない複雑なさま）な政局が続く。
微妙
徴×―　微×―（「攵」にも注意）
訓 微《かす》か　熟 微力

⑮ 共 俗世から**カクリ**（ひきはなして別にすること）された理想郷。
隔離
融×―
訓 隔《へだ》てる　類 隔絶

⑯ 共 深刻な**カンキョウ**（まわりの世界・状態）汚染が進む。
環境
還×―
参「環」は「めぐらす」の意味。

⑰ 共 自分の事は**カンジョウ**（利害の計算）に入れない。
勘定
類 計算　熟 勘案、勘当《かんどう》

⑱ 深い**カンメイ**（深く心にしみること）を受けた作品。
感銘（肝銘）
類 感動　参 座右《ざゆう》の銘《めい》

⑲ 共 人情の**キビ**（かすかな心の動き）に触れる。
機微
―徴×　―微×（「攵」にも注意）
訓 微《かす》か　熟 微笑

⑳ 難民の**キュウサイ**（助けること）に尽力する。
救済
救×―（偏の右上「、」を忘れない）
類 救援　参「救」も「済」も「すくう」の意味。

㉑ 共 **クウソ**（内容のないこと）な議論に終始した。
空疎
―疎×
訓 疎《うと》い　類 空虚

㉒ 若者に**ゲイゴウ**（相手にあわせて自分の意見を変えること）した発言。
迎合
迎×―
訓 迎《むか》える　参「来迎」は「らいごう」と読む。

㉓ 共 多くの**ケッサク**（非常にすぐれたさくひん）を残す。
傑作
対 駄作《ださく》　参「傑」は「ひときわ優れる」の意味。

㉔ 共 会社の発展に**コウケン**（役に立つように尽力すること）する。
貢献
訓 貢《みつ》ぐ　熟 年貢《ねんぐ》、献立《こんだて》

㉕ 共 期待と不安が**コウサク**（いくつかのものが入り乱れること）する。
交錯
訓 交《ま》じる　熟 錯綜《さくそう》、錯乱

◉古語の読み　(1) 御簾　(2) 几帳　答えは右ページ

書き取り　ランクA　4

共 ☐ ❶ 観衆の**コウフン**が一気に高まる。
刺激を受けて感情が高ぶること
興奮
訓 興《おこ》る、奮《ふる》う　対 鎮静《ちんせい》、冷静

☐ ❷ **コウミョウ**な手法に舌を巻く。
方法や技術が心を動かされるほどたくみなこと
巧妙
功×—
訓 巧《たく》み、妙《たえ》　対 拙劣《せつれつ》

共 ☐ ❸ あと数年で資金が**コカツ**する。
物が尽きてなくなること
枯渇
訓 枯《か》れる、渇《かわ》く　参「涸渇」とも書く。

☐ ❹ 正社員になることを**コバ**む。
相手の要求や依頼をはねつける
拒む
熟 拒否《きょひ》、拒絶、峻拒《しゅんきょ》（きっぱりと断る）

共 ☐ ❺ 規則で**シバ**る。
自由にできないように制限する
縛る
旁の右上「、」を忘れないこと
熟 捕縛《ほばく》、束縛、呪縛

共 ☐ ❻ 森林**スイタイ**の原因を探る。
勢いがおとろえること
衰退
哀×—
類 衰微、衰弱

共 ☐ ❼ 英雄として**スウハイ**される。
尊いものとして心からうやまうこと
崇拝
—拝×
訓 崇《あが》める　対 軽蔑
類 尊敬　熟 崇高

☐ ❽ 事件の現場に**ソウグウ**する。
思いがけず出合うこと
遭遇
—偶×　—隅×
訓 遭《あ》う　参「遇」は「偶然」の意味。

☐ ❾ 新政策が外交にも**トウエイ**された。
物事が他に反映すること
投影
類 射影

☐ ❿ 記憶**バイタイ**を機器に挿入する。
仲立ちとなるもの
媒体
類 媒介　参「媒」は「なかだち」の意味。溶媒、触媒

☐ ⓫ 噴火で町が**マイボツ**した。
うずもれて見えなくなること
埋没
—没×
訓 埋《う》まる　対 発掘
熟 埋葬

共 ☐ ⓬ 打開策を暗中**モサク**している。
あれこれ考え試みながら探すこと
模索（摸索）
—索×
参「模」は「手さぐりでさがす」の意味。

（1）せんざい　（2）てんじょうびと

⑬ 共 化学の研究**リョウイキ**に属する。（学問などで対象とする範囲）
領域
類 範疇《はんちゅう》、領分

⑭ 共 条約締結の交渉が**エンカツ**に運んだ。（物事が滞らずうまく運ぶさま）
円滑
訓 滑《なめ》らか　熟 潤滑

⑮ 共 多くの難問が**カイザイ**している。（間にはさまってあること）
介在
参「介」は「はさまる」の意味。

⑯ しみじみとした**カンショウ**に浸る。（心を動かされて悲しくなること）
感傷　―傷×
類 センチメンタリズム

⑰ 失言して友人の**キゲン**を損ねた。（人の気分）
機嫌　気―×
熟 嫌悪《けんお》、嫌疑

⑱ 共 現代社会の**キハク**な人間関係。（乏しいこと）
希薄
対 濃厚　参「希」は「うすい」の意味。

⑲ 利益を**キュウキョク**まで追求する。（いき着くところ）
究極（窮極）
訓 究《きわ》める、極《きわ》める

⑳ おほめいただき**キョウシュク**です。（おそれいること）
恐縮　驚―×
訓 縮《ちぢ》む　熟 縮尺《しゅくしゃく》、伸縮

㉑ 共 想像を表現に**ギョウシュク**する。（かたまって小さくまとまること）
凝縮
訓 凝《こ》る　熟 凝固、凝集

㉒ 共 **キンコウ**を破る追加点。（釣り合いがとれていること）
均衡　―衝×
類 バランス　熟 合従連衡《がっしょうれんこう》

㉓ 十分に**ギンミ**して購入する。（念入りに調べること）
吟味
類 調査　熟 吟醸

㉔ **クジュウ**の選択を迫られた。（なやみくるしむこと）
苦渋　―汁×
熟 渋滞、難渋

㉕ 徹夜で**ケイカイ**にあたる。（害を被らないように用心して備えること）
警戒
参「警」「戒」ともに「いましめる」の意味。

●古語の読み　(1) 前栽　(2) 殿上人　答えは右ページ

共 ❶ 事件を**ケイキ**（きっかけ）に批判が集まる。
契機
契×—
訓 契《ちぎ》る　熟 契約、機会

共 ❷ **ケッカン**（不備な点）商品が出まわる。
欠陥
参「陥」は「足りないさま」の意味。

❸ 行政の**ケンイ**（他の者を服従させる力）が失墜する。
権威
参「経済学の権威」は「経済学の分野の第一人者」の意味。

共 ❹ **ケンチョ**（際だって目につくさま）な業績を上げる。
顕著
訓 顕《あらわ》す、著《あらわ》す

共 ❺ **コウチョク**（考え方・おこないなどが柔軟性を失うこと）した精神を解きほぐす。
硬直
訓 硬《かた》い　類 生硬

共 ❻ **コクメイ**（小さなことももらさずに、ていねいにするさま）な日記を残す。
克明
類 精細　熟 克己《こっき》、超克

❼ 事実が**コチョウ**（大げさに表現すること）されて報道される。
誇張
参「誇」は「大げさにいう」の意味。

共 ❽ **シシツ**（生まれつきもっているせいしつや才能）に恵まれる。
資質
類 天性、天賦《てんぷ》

共 ❾ **ジュンカン**（物がある経路をたどって戻ること）型社会をめざす。
循環
—還×
参「循」「環」ともに「まわりめぐる」の意味。

共 ❿ 意見が**ショウトツ**（ぶつかること）する。
衝突
衡×—
訓 衝《つ》く　熟 要衝《ようしょう》、衝撃

⓫ 優勝のマジックが**ショウメツ**（きえてなくなること）する。
消滅
—減×
訓 滅《ほろ》びる　対 発生
熟 滅亡、点滅

共 ⓬ 公正に職務を**スイコウ**（最後までやり抜くこと）する。
遂行
逐×—
訓 遂《と》げる　熟 完遂

(1) とねり　(2) のうし

⑬ **センク**《さきがけ》的な研究が評価される。
先駆
参「物事の始め」は「魁《さきがけ》」「先駆(駈)け」ともいう。

共 ⑭ 小説の一場面を**ソウキ**《思いおこすこと》する。
想起
訓 想《おも》う 熟 構想、仮想

共 ⑮ 新旧を比較**タイショウ**《比べ合わせること》する。
対照 （—称× —象×）
訓 照《て》らす 類 対比、比較

⑯ 赤字からの**ダッキャク**《抜け出ること》を図る。
脱却 （—脚×）
類 脱出 参「却」は「しりぞける」の意味。退却

⑰ **チンプ**《ありふれていてつまらないこと》な言い回しである。
陳腐
対 新奇、斬新《ざんしん》 参「陳」は「古い」の意味。

共 ⑱ 頂上から湖を**ナガ**《じっと見つめる、見渡す》める。
眺める （晀×）
熟 眺望《ちょうぼう》、臨眺《りんちょう》

共 ⑲ **ヒキン**《ありふれていること》な言葉で説明する。
卑近
訓 卑《いや》しい 対 高遠 類 通俗 熟 卑小、卑屈

共 ⑳ **フヘン**《すべてに共通して当てはまること》の真理を考える。
普遍
対 特殊 参「普」も「遍」も「あまねく」の意味。

共 ㉑ 人種的**ヘンケン**《公平を欠いたかたよった考え方》を取り除く。
偏見
訓 偏《かたよ》る 類 謬見《びゅうけん》 熟 偏重

㉒ 権利を**ホウキ**《なげすてること》する。
放棄 （棄 5 6 7 8 10 12 11 13）
訓 棄《す》てる 類 放擲《ほうてき》 熟 遺棄、棄権

㉓ 簡単**メイリョウ**《あきらかではっきりしていること》な方法である。
明瞭 （—暸×）
参「瞭」は「目が澄んで明るい」が本義。

㉔ 頑固で**ユウズウ**《その場に応じて適切に処理すること》がきかない。
融通
類 便宜 熟 融通無碍《ゆうずうむげ》

共 ㉕ **ヨクヨウ**《調子を上げたり下げたりすること》をつけて読み上げる。
抑揚 （抑×—）
訓 揚《あ》がる 類 イントネーション

❶ 共 ☐ 憲法をヨウゴする義務がある。（かばい守ること）　擁護
訓 護《まも》る　類 応護、加護

❷ 共 ☐ 救援部隊をヨウセイする。（強く願い求めること）　要請
訓 請《こ》う　類 依頼　熟 要望、申請

❸ 共 ☐ 感情をヨクセイする。（おさえとどめること）　抑制　抑×—
訓 抑《おさ》える　対 促進　類 制御、抑止

❹ 共 ☐ ヨウイならざる事態となった。（やさしいこと）　容易　—易×
対 困難　類 平易　熟 交易《こうえき》、容姿

❺ ☐ アンモクのうちに認める。（口に出しては言わないこと）　暗黙
訓 黙《だま》る　熟 暗示、黙読

❻ 共 ☐ 後輩に大会への出場をウナガした。（相手がそうする気になるよう勧める）　促す
熟 催促《さいそく》、促進

❼ ☐ 先哲の思想をエンヨウする。（自説の補強のため他の文献や事例を引くこと）　援用
類 引用　熟 援護、支援

❽ ☐ 悪徳商法のオウコウに対処する。（悪事が盛んにおこなわれること）　横行
参「横」は「わくをはみ出る」の意味。

❾ 共 ☐ 失敗をオオうことで言い逃れする。（わからないように包み隠す）　覆う　履×
熟 被覆《ひふく》、覆面

❿ ☐ 強い自責の念にオソわれる。（不意にやってくる）　襲う
参 他に「継承する」の意味も。襲名

⓫ 共 ☐ 軍事衝突はカイヒされた。（物事をさけること）　回避　—僻×
熟 避雷針、不可避

⓬ 共 ☐ 社会からカクゼツした生活。（遠くへだたっていること）　隔絶
参「絶」は「かけはなれている」の意味。

(1) ひとえ　(2) ものいみ

⓭ 共 注意をカンキ（よびおこすこと）する。
喚起　換×—
訓 喚《よ》ぶ　熟 喚声、召喚《しょうかん》

⓮ 共 利益を消費者にカンゲン（もとにもどすこと）する。
還元　環×—
訓 還《かえ》る　熟 生還

⓯ あくまでも初志をカンテツ（最後までつらぬくこと）する。
貫徹　—撤×　—徹×
熟 貫通、徹夜

⓰ 共 キセイ（すでにできあがっていること）概念に捕らわれるな。
既成
訓 既《すで》に　熟 既往

⓱ キソン（すでにあるもの）の施設を活用する。
既存
訓 既《すで》に　熟 既知、皆既《かいき》

⓲ 共 社会キハン（行動、考え、評価などの基準）に従って行動する。
規範（軌範）　—範×
熟 規律、模範

⓳ 規則に縛られてキュウクツ（のびのびしないさま）だ。
窮屈
訓 屈《かが》む　対 安楽、自在

⓴ 共 地震のキョウイ（おびやかすこと）に備える。
脅威　驚×—　—異×
訓 脅《おびや》かす、脅《おど》す、威《おど》す

㉑ 夕暮れにキョウシュウ（ふるさとを懐かしむ気持ち）を覚える。
郷愁
訓 愁《うれ》える　類 ノスタルジア　熟 旅愁

㉒ 共 不況でギョウセキ（なしとげた仕事）不振に陥った。
業績　—積×
熟 偉業、実績

㉓ グウゼン（思いがけないこと）の出会いを大切にする。
偶然　隅×—
対 必然　参「偶」は「たまたま」の意味。

㉔ 共 一族のケイフ（血族関係のつながり）をたどる。
系譜　係×—
熟 系統、年譜《ねんぷ》

㉕ 共 彼は金銭にケッペキ（不正をこれ以上ないほどに嫌うこと）な人だ。
潔癖　潔×—　潔×—
訓 潔《いさぎよ》い（汚れがなく清らか）

◉古語の読み　（1）単衣（単）　（2）物忌み　答えは右ページ

❶ 彼は**ゲンカク**な父に育てられた。（きびしくて不正などを許さないさま）
厳格
参「格」は「誤りを正す」の意味。

共 ❷ 理論の正しさを**ケンショウ**する。（実際に調べて、あきらかにすること）
検証　倹×—　険×—
訓 検《あらた》める、証《あかし》

共 ❸ **コイ**に邪魔をする。（わざとすること）
故意
類 殊更《ことさら》　熟 事故

❹ 相手の事情を**コウリョ**する。（物事を様々な点からよくかんがえること）
考慮　孝×—
訓 慮《おもんぱか》る　熟 遠慮、熟慮

共 ❺ 幼児期に**コクイン**された心象。（きざみつけること）
刻印　刻×—
訓 刻《きざ》む　熟 彫刻

共 ❻ 社員を**コブ**して士気を上げる。（人を励まし、元気づけること）
鼓舞
訓 鼓《つづみ》　類 鼓吹

❼ 不測の**ジタイ**に備える。（なりゆき）
事態
参「事の状態」の意味。

共 ❽ **シュウトウ**な準備を進める。（細かいところまで行き届いていること）
周到　—倒×
訓 到《いた》る　類 入念、丁寧

共 ❾ **ジュヨウ**の増大を期待する。（必要であるとして求めること）
需要　—用×
訓 要《い》る　対 供給　参「需」も「要」も「求める」の意味。

共 ❿ 夢を**ジョウジュ**させる。（物事をなしとげること）
成就
訓 就《つ》く　類 達成

共 ⓫ 育児休暇の取得を**ショウレイ**する。（ある事柄をよいこととしてつよく勧めること）
奨励
訓 奨《すす》める、励《はげ》ます　類 勧奨

共 ⓬ 受賞は多年の努力の**ショサン**だ。（あることがなしとげられた結果生み出されたもの）
所産
熟 所在、所以《ゆえん》

(1) やりみず　(2) あがためし

⑬ 共 ありのままに**ジョジュツ**する。（順を追ってのべること）
叙述
除×— 徐×—
類 記述 熟 自叙伝

⑭ 共 経済摩擦が**シンコク**化する。（切迫して容易ならぬさま）
深刻
探×—
類 切実 参「刻」は「程度が甚だしい」の意味。

⑮ 今後の**スイイ**を見守ることにする。（時の経過に従って、状態がうつり変わること）
推移
訓 推《お》す、移《うつ》る 類 変化

⑯ **スウコウ**な精神を育む。（けだかくて尊いこと）
崇高
訓 崇《あが》める 熟 崇拝

⑰ 共 **セイコウ**な彫刻を施す。（細かいところまでよくできていること）
精巧
—功×
類 巧緻《こうち》、精密

⑱ 共 **センザイ**能力を開発する。（内にひそんであること）
潜在
訓 潜《ひそ》む 対 顕在

⑲ 叔父は都市防災の**センモン**家だ。（もっぱら特定の分野を担当・研究すること）
専門
尃×— —問×
訓 専《もっぱ》ら 熟 専攻

⑳ 共 ウイルスの**ゾウショク**を抑える。（ふえること）
増殖
—植×
参「増」も「殖」も「ふえる・ふやす」の意味。

㉑ 共 反論を**ソウテイ**して会議に臨む。（ある状況を仮に考えてみること）
想定
訓 想《おも》う 類 仮定

㉒ 共 新規参入業者を**ソガイ**する。（嫌ってのけ者にすること）
疎外
踈×—
訓 疎《うと》む 熟 疎遠、疎隔

㉓ 家庭からの**ソクバク**から逃れる。（制限を加えて行動の自由を奪うこと）
束縛
「縛」の旁の右上「、」を忘れないこと
訓 束《たば》ねる、縛《しば》る

㉔ 撤退を**ヨギ**なくされた。（他の方法）
余儀
—技×
参 余儀なくされる（強いられる）

㉕ 戦勝の**ダイショウ**は大きい。（目的達成のために払う犠牲）
代償
—賞×
訓 償《つぐな》う 類 代価

◉古語の読み （1）遣水 （2）県召 答えは右ページ

❶ 共 **タイダ**な生活を送る。（なまけてだらしないこと）
怠惰　―堕×
訓 怠《なま》ける、惰《おこた》る　対 勤勉
類 怠慢

❷ **チョウセン**する。新しい記録に**チョウセン**する。（たたかいや試合にたちむかうこと）
挑戦
訓 挑《いど》む　対 応戦

❸ 共 **トウテツ**した理論を展開する。（筋が通ってはっきりしていること）
透徹　―徹×
訓 透《す》ける　類 明晰《めいせき》　参「透」も「徹」も「とおす」の意味。

❹ 若くてまだ経験が**トボ**しい。（足りない、少ない）
乏しい
類 不十分　熟 欠乏《けつぼう》

❺ 共 重責を一身に**ニナ**う。（かつぐ、身に引き受ける）
担う　坦×
熟 分担《ぶんたん》、担当　参「担《かつ》ぐ」とも。

❻ 共 **ノウコウ**な味の料理を食べる。（こくこってりしているさま）
濃厚
訓 濃《こ》い、厚《あつ》い　対 希薄、淡泊

❼ 試験の出題**ハンイ**を示す。（特定の広がり、領域・限度）
範囲　範×―
類 領域、区域　参「範」は「わく（枠）」の意味。

❽ **ヒサン**な最期をとげる。（むごく痛ましいさま）
悲惨（悲酸）
訓 惨《みじ》め、惨《むご》い　類 凄愴《せいそう》
熟 陰惨

❾ 慣習は文化を**ヒョウショウ**する。（物事を連想させるもの）
表象
類 象徴　参「象」は「具体的な姿や形」の意味。

❿ **ヘンキョウ**な性格は直らない。（考えがかたよっていて度量がせまいさま）
偏狭
訓 偏《かたよ》る　対 闊達《かったつ》
類 狭量　熟 偏屈、偏食

⓫ 共 諸国を**ヘンレキ**してきた。（広く各地を巡り歩くこと）
遍歴　編×―
訓 遍《あまね》く　類 遊歴
熟 普遍

⓬ 共 **ボウキャク**のかなたに消える。（わすれ去ること）
忘却　―脚×
対 記憶　熟 忘失、却下《きゃっか》

(1) えぼし　(2) かりぎぬ

番号		問題	意味	解答	注意	解説
⑬		会議の**ボウトウ**の挨拶を頼まれる。	物事のはじめ	冒頭	冒×—	対 結尾、末尾
⑭		**ボンヨウ**に生涯を終える。	特に優れたところがないさま	凡庸		対 非凡 類 平凡 熟 中庸
⑮	共	**ミャクラク**なく記憶が蘇《よみがえ》った。	物事のつながり	脈絡		類 筋道《すじみち》 参「脈」は「筋」の意味。
⑯		論理の**ムジュン**をついた。	つじつまが合わないこと	矛盾		類 撞着《どうちゃく》 参「矛《ほこ》」と「盾《たて》」。
⑰	共	**ヤッカイ**な仕事を引き受けた。	めんどうで手間のかかること	厄介	厄×—	類 面倒 参「厄」は「つかえて進退に窮する」の意味。
⑱	共	お**ソマツ**な危機管理が批判される。	おおざっぱなこと	粗末	粗×—	訓 粗《あら》い 熟 粗雑、粗悪
⑲	共	周りを観察する**ヨユウ**が無い。	ゆとりのあること	余裕	—裕×	参「裕」は「ゆたか」の意味。裕福、富裕
⑳	共	**レンサ**反応を起こす。	つながって互いにかんれんすること	連鎖		訓 連《つら》なる、鎖《くさり》
㉑	共	**アットウ**的な戦力がある。	はるかに優れたさま	圧倒	—到×	熟 倒錯、傾倒
㉒		まさに**キセキ**の連続だった。	常識では理解できない不思議なこと	奇跡（奇蹟）	寄×—	参「奇」は「めずらしい」の意味。奇異
㉓		食料を外国に**イソン**している。	他にたよって成立すること	依存		訓 依《よ》る 対 自立 参「いぞん」とも読む。
㉔	共	この報告内容には極めて**カイギ**的だ。	うたがいをいだくこと	懐疑	懐×—	訓 懐《ふところ》 熟 懐妊、感懐
㉕	共	勇猛**カカン**に立ち向かう。	思い切って物事を行うこと	果敢	—敢×	類 果断 参「果」は「思いきりがよい」の意味。

◉古語の読み (1) 烏帽子 (2) 狩衣 答えは右ページ

書き取り　ランクA　9

❶ 両者の間に**カクシツ**が生じている。（主張を譲らないことによる不和）
確執
訓 執《と》る　参「かくしゅう」とも読む。

❷ 今はひたすら**ガマン**の時だ。（耐え忍ぶこと）
我慢　×—漫
熟 傲慢《ごうまん》、怠慢

❸ 自分の主張を**ガンコ**に貫く。（かたくななさま）
頑固
訓 頑《かた》な　熟 頑強

❹ 共 恩師の**ガンチク**のある言葉。（深い意味がこめられていること）
含蓄　×—畜
熟 含意、蘊蓄《うんちく》

❺ 共 民衆の声に**イキョ**する。（よりどころ）
依拠　×—処
訓 依《よ》る、拠《よ》る

❻ 先人の**キセキ**をたどってみる。（たどってきたあと）
軌跡　×奇—
熟 軌道、常軌

❼ 作品の**キチョウ**をなす人類愛。（根底を流れる傾向）
基調
類 根底

❽ **キミョウ**な風習が残っている。（普通と変わっているさま）
奇妙　×寄—
参「奇」は「あやしい」の意味。怪奇

❾ 侵略軍による捕虜の**ギャクタイ**。（ひどい扱いをすること）
虐待　×虐—
訓 虐《しいた》げる　対 愛護《あいご》
熟 残虐

❿ 共 即時の返答を**キョヒ**する。（ことわること）
拒否
訓 拒《こば》む、否《いな》む　対 承諾、受諾

⓫ 共 思考力が**ケツジョ**している。（必要なものがないこと）
欠如
類 欠落　熟 如才《じょさい》、一如《いちにょ》

⓬ 再建の道は依然として**ケワ**しい。（困難な事態が予測されるさま）
険しい　×検　×倹
熟 危険《きけん》、保険、冒険

(1) きんだち　(2) さしぬき

⑬ 共 **ケンメイ**な努力が実を結ぶ。（力を尽くしてがんばること）
懸命
訓 懸《か》ける 類 必死

⑭ **コウハン**にわたる。（力や勢力が及ぶ領域がひろいこと）活動が
広範（広汎）　―範×
参 もとは「広汎」と表記した。

⑮ 共 相手の事情を**コリョ**する。（考えに入れて、心を配ること）
顧慮　―慮×
訓 顧《かえり》みる、慮《おもんぱか》る 熟 顧問

⑯ 共 果樹を**サイバイ**する。（植物などを育てること）
栽培　裁×―
訓 培《つちか》う 熟 栽植、培養

⑰ **ショウソウ**にかられる。（あせること）
焦燥（焦躁）
訓 焦《あせ》る 参 「燥」は「躁」（落ち着かない）の代用。

⑱ 共 **ショウドウ**買いを慎む。（本能的にこうどうしようとする心のうごき）
衝動　衡×―
訓 衝《つ》く 熟 衝突、要衝

⑲ 雅楽の**セイズイ**を究める。（物事の本質をなす最も重要な部分）
精髄　―随×
参 「髄」は「中心、主要なところ」の意味。神髄、真髄

⑳ 賛成を**ゼンテイ**に質問する。（ある物事が成り立つための条件）
前提　―堤×
訓 提《さ》げる 熟 提案、提起

㉑ 共 法律で省エネを**ソクシン**する。（物事が速くすすむように働きかけること）
促進
訓 促《うなが》す 対 抑制 類 推進

㉒ 共 不法**タイザイ**者が増加する。（よその土地に一定期間とどまること）
滞在
訓 滞《とどこお》る 熟 停滞、渋滞

㉓ 共 効果が**タンテキ**にあらわれた。（明白なさま、率直なさま）
端的
類 明瞭

㉔ 共 そのやり方には**テイコウ**を感じる。（逆らい反発すること）
抵抗
訓 抗《あらが》う 類 反発

㉕ 共 **テイネイ**に説明する。（注意が行き届いているさま）
丁寧
対 粗雑 類 丁重 熟 安寧

◉古語の読み （1）公達（君達） （2）指貫 答えは右ページ

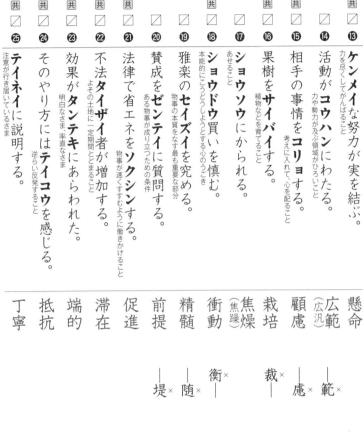

共 ❶ 現実から**トウヒ**する。（困難をさけのがれること）
逃避
類 回避、逃亡

❷ **トクメイ**で投書する。（なまえを隠して知らせないこと）
匿名
参「匿」は「かくす」の意味。秘匿、隠匿

共 ❸ 今までの努力も**トロウ**におわる。（無駄な骨折り）
徒労
訓 徒《いたず》らに　類 無駄
熟 徒死（無駄な死）

共 ❹ **ノウミツ**な描写が特徴だ。（こくてこまやかなさま）
濃密
類 稠密《ちゅうみつ》、濃抹《のうまつ》

共 ❺ 師匠に**ヒッテキ**する実力がある。（同じくらいの力をもつさま）
匹敵
参「匹」は「力量が等しい」の意味。

共 ❻ 各地を**ヒョウハク**する。（さまよい歩くこと）
漂泊
訓 漂《ただよ》う　類 流浪《るろう》
熟 漂流

❼ **フダン**の努力を惜しむな。（絶え間なく続くこと）
不断（×普×段）
参「断」は「たえる」の意味。

❽ その場の**フンイキ**を変える。（その場に作り出されているきぶん）
雰囲気
類 気配　参「雰」の本義は「霧」。

共 ❾ 消費者の**ベンギ**をはかる。（特別なはからい）
便宜（×—宣）
類 適宜　参「宜」は「適切なあり方」の意味。

❿ 噴火で山の形が**ヘンヨウ**した。（外観や様子がかわること）
変容
類 変貌　参「容」は「姿、形」の意味。

共 ⓫ 全体を**ホウカツ**する。（ひっくるめて一つにすること）
包括（×包—）
訓 括《く》る　熟 総括、統括

⓬ **ボウダイ**な予算を計上した。（形や内容などが非常におおきいさま）
膨大（厖大）
訓 膨《ふく》らむ　類 莫大《ばくだい》
熟 膨張

(1) ずいじん　(2) すのこ

⓭ ☐ **ムゾウサ**に帽子を被《かぶ》った。（技巧をこらさないさま）
無造作（無雑作）
参 造作《ぞうさ》（手のかかること）

⓮ 共 ☐ ギリシャ彫刻の**モホウ**にすぎない。（まねること）
模倣　―做×
訓 倣《なら》う 対 創造 参「模」も「倣」も「まねる」の意味。

⓯ 共 ☐ **イカン**の意を表する。（残念であるという気持ち）
遺憾
訓 遺《のこ》る 参「憾」は「残念に思う」の意味。

⓰ 共 ☐ 西洋の文化を**イショク**する。（取り入れること）
移植　―殖×
熟 転移、植民

⓱ ☐ **イヨウ**な緊張感の中で試合をした。（普通とは変わっているさま）
異様
熟 奇異、同様

⓲ ☐ 逃がした**エモノ**は大きく感じる。（狩りや漁で捕らえたもの）
獲物　穫×―　得×―
熟 捕獲《ほかく》、乱獲

⓳ 共 ☐ 敵の術中に**オチイ**ってしまった。（計略にひっかかる）
陥る
熟 陥没《かんぼつ》、陥穽《かんせい》

⓴ 共 ☐ 作品の構造を**カイボウ**する。（物事を細かく分析すること）
解剖　―培×
参「剖」は「分ける」の意味。

㉑ ☐ 結果よりも**カテイ**を重視する。（変化・発展の筋道）
過程　課×―
熟 経過、旅程

㉒ ☐ 何よりも基本が**カンジン**だ。（非常に重要なさま）
肝心（肝腎）
類 肝要 参 肝臓と心臓（腎臓）

㉓ ☐ 初の**カントク**作品が上映される。（その場をとりしきる人）
監督　鑑×―
熟 監視、総督

㉔ 共 ☐ **ギキョク**は一つの文学作品だ。（演劇の脚本）
戯曲　劇×―
訓 戯《たわむ》れる 熟 戯言《ざれごと》、戯画

㉕ ☐ **キゾク**意識が希薄だ。（つき従うこと）
帰属
類 従属 参「属」は「集まる」の意味。

◉古語の読み （1）随身 （2）簀子 答えは右ページ

書き取り　ランクA　11

共 ❶ トレーニングで体を**キタ**える。（訓練を重ね強くする）
鍛える
熟 鍛錬《たんれん》(練)、鍛冶《かじ》

共 ❷ **キョギ**の申告をする。（うそ）
虚偽　―疑×　虚×―
訓 虚《むな》しい、偽《いつわ》る　対 真実　熟 虚像、偽装

共 ❸ **キョクタン**な意見には不賛成だ。（はなはだしく偏っていること）
極端
対 中正　熟 極論、極暑《ごくしょ》

❹ 犯人の要求を**キョゼツ**する。（強くことわること）
拒絶
訓 拒《こば》む　対 受諾、承諾

❺ **キンパク**した場面が続く試合。（差しせまったこと）
緊迫
類 緊張

共 ❻ **クウキョ**で心のこもらない挨拶。（内容のないさま）
空虚　―虚×
訓 虚《むな》しい　対 充実

共 ❼ 悪貨は良貨を**クチク**する。（追い払うこと）
駆逐　―遂×
訓 駆《か》る、逐《お》う　熟 駆動、逐次

❽ 経済の先行きを**ケネン**する。（気にかかって不安に思うこと）
懸念
訓 懸《か》かる　類 憂慮

共 ❾ 筆跡が犯人と**コクジ**する。（非常によくにていること）
酷似
参「酷」は「程度が甚だしい」の意味。

共 ❿ **コドク**な境遇。（仲間や身内がなく、ひとりぼっちであること）
孤独　孤×―
参「爪にツメなし、瓜《うり》にツメあり」と覚えるとよい。

共 ⓫ 判断の**コンキョ**を示す。（物事が存在するための理由）
根拠　―処×
訓 拠《よ》る　類 拠《よ》り所《どころ》　熟 典拠

共 ⓬ 試行**サクゴ**を繰り返す。（間違うこと）
錯誤　作×―
訓 誤《あやま》る　熟 錯覚、誤謬《ごびゅう》

(1) つぼね　(2) ひたたれ

⑬ 夕暮れの**ザットウ**をさまよう。 人ごみ
雑踏
熟 雑魚《ざこ》、雑煮《ぞうに》、踏破

共 ⑭ 協議を経て**ダトウ**な結論を得た。 無理なくあてはまること
妥当
対 不当 類 適当、穏当

⑮ 人生の意味を**シサク**する。 筋道を立てて考えること
思索 ―索×
類 思惟《しい》 参「索」は「探求する」の意味。

共 ⑯ 栗《くり》の**シュウカク**が始まる。 農耕による生産物のとり入れ
収穫 ―穫×
熟 収賄《しゅうわい》、収斂《しゅうれん》

共 ⑰ 現在の地位に**シュウチャク**する。 ある物事にとらわれること
執着
訓 執《と》る 参「しゅうじゃく」とも読む。

共 ⑱ **ジュウナン**な対応を求める。 その場に応じた処理や判断ができるさま
柔軟
参「柔」も「軟」も「やわらかい」の意味。

共 ⑲ ガスが部屋中に**ジュウマン**する。 気体などがいっぱいになること
充満
訓 充《み》たす 参「充」も「満」も「みちる」の意味。

⑳ 当時を**ジュッカイ**する。 心の中や思い出をのべること
述懐 ―懐×
訓 懐《なつ》かしい 参「懐」は「おもう」の意味。懐古

㉑ 薄幸の**ショウガイ**を終える。 産まれてから死ぬまでの間
生涯 ―涯×
参「涯」は「終わるところ」の意味。

共 ㉒ 倒産によって**シンサン**を嘗《な》める。 つらく苦しいこと
辛酸
訓 辛《つら》い 類 辛苦 参「酸」は「つらく苦しい」の意味。

㉓ **セイジャク**に包まれた境内を歩く。 しずかでひっそりしていること
静寂 ―寂×
対 喧騒《けんそう》(噪)

共 ㉔ **センイ**の種類と特徴を学ぶ。 細い糸状の物質
繊維
熟 繊細、維持、維新

共 ㉕ **センパク**な知識をひけらかす。 物の考え方や見方に深みが足りないさま
浅薄 ―薄×
参「浅」も「薄」も「少ない」という意味。

◉古語の読み (1) 局 (2) 直垂 答えは右ページ

No.	問題	解答	解説
共 ❶	金融不安を**ゾウフク**する。（物事の程度を広げ強めること）	増幅（×副・×福）	熟 全幅《ぜんぷく》、幅員
共 ❷	散歩で**タイクツ**を紛らわす。（することがなくて、時間をもてあますこと）	退屈	参「退」は「気力がおとろえる」の意味。
共 ❸	**ダキョウ**の余地がない。（折れ合ってまとめること）	妥協	類 譲歩　熟 妥結、妥当
共 ❹	**タクエツ**した技が披露された。（他よりはるかに優れていること）	卓越	訓 卓《すぐ》れる　類 卓抜、卓逸
❺	停戦の**タンショ**が開けた。（いとぐち）	端緒	訓 端《はし》、緒《いとぐち》　類 発端《ほったん》　参「たんちょ」とも読む。
共 ❻	王子の**タンジョウ**を祝う。（うまれること）	誕生（×誔）	類 生誕　参「誕」も「うまれる」の意味。
共 ❼	**タンラク**的な思考が危機を招く。（論理や筋道を無視して結びつけること）	短絡	参「絡」は「つなぐ」の意味。
❽	技術は他の**ツイズイ**を許さない。（あとをおってつき従うこと）	追随	類 追《つい》従《じゅう》　参「随」は「したがう」の意味。付随
❾	罪の**ツグナ**いをする。（借りや罪に対する埋め合わせ）	償い	熟 賠償《ばいしょう》、償還、代償
❿	運動を続けて体力を**ツチカ**う。（時間をかけて育成する）	培う	熟 培養《ばいよう》、栽培　参「土《つち》養《か》う」の意味。
⓫	新説を**テイショウ**する。（新しい考えなどを示すこと）	提唱（×堤）	訓 提《さ》げる、唱《とな》える　熟 提言、唱和
共 ⓬	低気圧が**テイタイ**する。（一か所にとどまって進まないこと）	停滞	訓 滞《とどこお》る　熟 渋滞、延滞

(1) めのと　(2) あかだな

⑬ 共 **トウトツ**な質問に戸惑う。（だしぬけなようす） 唐突 類 卒然

⑭ 共 昔の**ドウリョウ**に会う。（おなじ職場の仲間） 同僚 類 同輩、朋輩《ほうばい》

⑮ 共 **トホウ**もない発言をする。（道理、筋道） 途方 参 他に「手段、方法」の意味。「途方に暮れる」

⑯ 共 仲間から**ハイセキ**する。（のけものにすること） 排斥 訓 斥《しりぞ》ける 類 擯斥《ひんせき》

⑰ 共 **ビサイ**な点まで調べる。（きわめてこまかいこと） 微細 微×—（「攵」にも注意） 訓 微《かす》か 類 微小

⑱ 事件の裏に謎が**ヒソ**む。（隠れている、内部にある） 潜む 熟 潜在《せんざい》、沈潜

⑲ 暑さに**ビンカン**だ。（反応の仕方が鋭いさま） 敏感 敏×— 訓 敏《さと》い 対 鈍感

⑳ **ヘイオン**な時代が続く。（何事もなくおだやかなさま） 平穏 —隠× 訓 穏《おだ》やか 対 不穏 類 平安

㉑ 実験に**ボットウ**する。（他を顧みず一事に集中すること） 没頭 没×— 類 専心、没入

㉒ 幸い災難を**マヌカ**れた。（こうむらずにすむ） 免れる 熟 免疫《めんえき》、免税 参 「まぬがれる」とも読む。

㉓ 共 被害**モウソウ**にすぎなかった。（根拠のない誤った主観的考え） 妄想 類 空想 熟 妄執《もうしゅう》

㉔ 共 **モヨオ**しものを企画する。（集まり・行事・会合など） 催し 類 行事 熟 共催《きょうさい》、催眠

㉕ 舟が**ユイイツ**の交通手段である。（ただひとつだけでそれ以外にないこと） 唯一 類 無二 熟 唯心、唯物

◉古語の読み （1）乳母 （2）閼伽棚 答えは右ページ

番号	問題	意味	解答	誤り	関連
❶	核**ユウゴウ**の理論を説明した。	溶けあって一つになること	融合		訓 融《と》ける 類 融和 熟 融通、融資
❷	感動の**ヨイン**に浸った。	事が終わった後まで残る味わい	余韻		類 余情 熟 韻文、韻律
共 ❸	事件の**ホッタン**を探る。	物事のおこりはじめ	発端		訓 端《はし》 対 終末、末端 類 端緒
❹	企業は**リジュン**を追求する。	もうけ	利潤		訓 潤《うるお》う 対 損失 類 利益 熟 豊潤
❺	藤原家が**リュウセイ**を極めた。	勢いがさかんなこと	隆盛		対 没落 熟 隆起、盛況
❻	**ルイセキ**赤字の解消を目指す。	次々につみ重なること	累積	—責×	熟 累加《るいか》、累計《るいけい》
共 ❼	人を**アザム**く行為は許されない。	だます	欺く	詐×	熟 詐欺《さぎ》、欺瞞《ぎまん》
❽	人間の**エイイ**のなせるわざだ。	努力してするいとなみ	営為		訓 営《いとな》む、為《な》す 熟 為替《かわせ》、人為
共 ❾	環境に悪い**エイキョウ**を及ぼす。	他に力を及ぼし変化させること	影響		熟 反響、音響
❿	彼は軽く**エシャク**して席に着いた。	軽く一礼すること	会釈	—釈×	熟 釈放、氷釈(わだかまりがとける)
⓫	新しい任地に**オモム**く。	ある場所に向かって行く	赴く		熟 赴任《ふにん》
共 ⓬	自然の**オンケイ**を受けている。	豊かにし幸福をもたらすもの	恩恵	—恵×	訓 恵《めぐ》む 熟 恩愛、恵方《えほう》

(1) あそん（あそみ）　(2) うち（だいり）

番号	問題	解答	誤字例	解説
共 ⑬	五十年の教師生活を**カイコ**（過去をふりかえること）する。	回顧		訓 顧《かえり》みる 類 回想 熟 顧客
⑭	**カイコン**（あやまちをくやみ残念に思うこと）の念にかられる。	悔恨	悔×―	訓 悔《く》やむ、恨《うら》む（残念に思う） 類 後悔
共 ⑮	危険は**カクゴ**（心構え）の上で挑戦する。	覚悟		参「覚」も「悟」も「さとる」の意味。
共 ⑯	複雑な事情が**カラ**（関係をもつ）んでいる。	絡む（搦む）		熟 連絡、籠絡《ろうらく》
⑰	**カンケツ**（ようりょうよくまとまっているさま）に説明する。	簡潔	間×―　―潔×　―絜×	訓 潔《いさぎよ》い 対 冗長《じょうちょう》、冗漫 熟 簡便、高潔
⑱	確かな**カンショク**（それとなく受けるかんじ）が得られた。	感触		訓 触《ふ》れる、触《さわ》る 類 手応え
共 ⑲	巡らされた陰謀を**カンパ**（見抜くこと）する。	看破	感×―	訓 看《み》る、破《やぶ》る 熟 看過、論破
⑳	**カンペキ**（欠点のないさま）を期して準備する。	完璧	―壁×	参「璧《へき》を完《まっと》うす」と訓読する。
共 ㉑	何事にも忍耐が**カンヨウ**（非常に大切なこと）だ。	肝要		訓 要《かなめ》 類 肝心 熟 要所
㉒	**キガ**（食べ物がなく空腹なさま）状態に陥った。	飢餓		訓 飢《う》える 熟 飢渇《きかつ》、餓鬼《がき》 参「餓」も「うえる」の意味。
共 ㉓	地球**キボ**（仕組みの大きさ）の温暖化現象。	規模	基×―	参「建物などの大きさ」の意味も。
㉔	恵まれた**キョウグウ**（置かれた立場、身の上）にある。	境遇	―偶×	熟 逆境、厚遇、奇遇
共 ㉕	一人一人の顔を**ギョウシ**（じっと見つめること）する。	凝視	擬×―	訓 凝《こ》る 熟 凝固、凝結

◉古語の読み　(1) 朝臣　(2) 内裏　　答えは右ページ

番号	問題	意味	解答	誤	解説
共 ☐ ❶	自然の恵みを**キョウジュ**する。	十分に味わい楽しむこと	享受	亨×—	参「享」も「うける」の意味。享楽
☐ ❷	**キンキ**を犯して罰を受ける。	すべきではないとされていること	禁忌		訓 忌《い》む　類 タブー　熟 忌避、忌日
共 ☐ ❸	太宰治《だざいおさむ》に**ケイトウ**する。	心をひかれ、熱中すること	傾倒	—到×	訓 傾《かたむ》く、倒《たお》す　類 心酔
☐ ❹	技術力に十年の**ケンカク**がある。	かけ離れていること	懸隔		訓 懸《か》ける、隔《へだ》てる　熟 懸《け》念、隔離
☐ ❺	結果を**ゲンシュク**に受けとめる。	おごそかで心が引き締まるさま	厳粛		参「粛」は「静か」（静粛）、「引き締める」（粛正）の意味。
☐ ❻	不可解な**ゲンショウ**が起こる。	直接感じ取れる形をとってあらわれるもの	現象	—像×	熟 物象、事象　参「象」は「具体的な姿や形」の意味。
☐ ❼	都会生活に**ゲンメツ**する。	想像していたことが現実と異なり、落胆すること	幻滅	—減×	参「幻滅」は「幻から覚めて現実に返る」が本義。
共 ☐ ❽	磨いて仏像の**コウタク**を復元する。	ものの表面の輝き	光沢	—択×	熟 沢山《たくさん》、恩沢《おんたく》
☐ ❾	酸性雨で土地が**コウハイ**する。	土地や建物があれはてること	荒廃	—癈×	訓 廃《すた》れる　熟 廃墟《はいきょ》
☐ ❿	作業の**コウリツ**を上げる。	無駄がないこと	効率	—卒×	訓 効《き》く　類 能率　熟 効用、失効
☐ ⓫	強大な軍事力を**コジ**する。	ほこらしげに見せつけること	誇示		訓 誇《ほこ》る　類 顕示
共 ☐ ⓬	雇用対策を政策の**コンカン**に置く。	物事のおおもとになる大切なところ	根幹		熟 根底、幹事、幹線

（1）うちき（うちぎ）　（2）おとど

⑬ 共 名演奏が聴衆を**ミリョウ**した。（人の心を引きつけ夢中にさせること）
魅了　鬼の「ム」を忘れないこと
類 魅惑　熟 完了、終了

⑭ 共 本に**ショクハツ**されて旅に出る。（刺激を与えて意欲を起こさせること）
触発
熟 触角、暴発、誘発

⑮ **シンエン**な悟りに至る。（理解が及ばないほど内容が多くふかいこと）
深遠　探×—
類 深奥《しんおう》

⑯ **シンチョウ**に捜査を進める。（軽々しく行動しないさま）
慎重　真×—
対 軽率　参「慎」も「重」も「おもんじる」の意味。

⑰ 赤字国債の発行を**ゼニン**する。（よいとみとめること）
是認
対 否認　熟 是非《ぜひ》

⑱ 共 その報道が**ゾウオ**を増幅させた。（にくみ嫌うこと）
憎悪
訓 憎《にく》む、悪《にく》む　熟 愛憎、嫌悪

⑲ 銀の**ゾクセイ**を利用した殺菌装置。（ある事物に備わる固有のせいしつ）
属性
参「属」は「ある種類の中に入る」の意味。

⑳ 共 **タイショウ**に肉薄する筆致だ。（意志・感情などが向けられるもの）
対象
類 客体　参「象」は「具体的な姿や形」の意味。

㉑ 共 **ダイタン**な行動に出た。（度胸があり恐れを知らないさま）
大胆
対 小心、小胆、臆病　類 豪胆　参「胆」は「胆のう」。

㉒ 共 犯人の行方を**タンサク**する。（さがしもとめること）
探索　—索×
訓 探《さぐ》る　類 探査　参「索」は「もとめる」の意味。

㉓ 自らの思いに**チンセン**する。（深く思いめぐらすこと）
沈潜
訓 沈《しず》む、潜《もぐ》る　類 深慮《しんりょ》　熟 沈思、潜行

㉔ 共 **テイサイ**を繕う。（他人が見たときの自分のありさま）
体裁　「裁」の右下「ノ」を忘れないこと
類 外見　熟 風体《ふうてい》、裁量

㉕ 音楽を聴き、気分**テンカン**する。（別の物に置きかえること）
転換
訓 転《ころ》がる　類 変換　熟 転進

●古語の読み　(1) 袿　(2) 大殿（大臣）　答えは右ページ

❶ 共 激論の末結論に**トウタツ**した。（行き着くこと）
到達　倒×—　—逹×
訓 到《いた》る　類 到着

❷ 共 稲作に適した**ドジョウ**だ。（作物が育つためのつち）
土壌　「壌」の旁左下「ノ」を忘れないこと
参「壌」は「よく耕されたやわらかい土」の意味。

❸ 故郷の山川が**ナツ**かしい。（過去が思い出され心引かれる）
懐かしい　懐×
熟 懐古《かいこ》　参 懐旧《かいきゅう》の情

❹ 壁にペンキを**ヌ**る。（なすりつける）
塗る
熟 塗布《とふ》、塗装、塗抹《とまつ》

❺ 共 **ハイリョ**が足りない。（心をくばること）
配慮　—慮×
訓 配《くば》る、慮《おもんぱか》る　類 考慮、顧慮

❻ 共 内情を**バクロ**する。（秘密・悪事などをあばきだすこと）
暴露
訓 暴《あば》く、露《あら》わ　類 露見

❼ 共 論理が**ヒヤク**している。（順を追わずとびこして先に進むこと）
飛躍
訓 躍《おど》る　熟 跳躍《ちょうやく》、躍動

❽ 共 携帯電話が**フキュウ**する。（広く世間に行き渡ること）
普及
訓 普《あまね》く　類 流布
熟 普遍、波及

❾ 共 正規の手続きを**フ**む。（段取りを経て行う）
踏む
熟 雑踏《ざっとう》　参「踏」は「ぺたぺた足ぶみする」の意味。

❿ 事態を**ブンセキ**して策を練る。（要素にわけ組成を明らかにすること）
分析　—析×
対 総合、統合　類 解析《かいせき》

⓫ 共 人口の**ボウチョウ**が見込まれる。（ふくれて大きくなること）
膨張（膨脹）
訓 膨《ふく》れる　対 収縮
類 膨大

⓬ **マンゼン**と聞いていただけだ。（明確な目的・意識もなく事をなすこと）
漫然　慢×—
類 等閑《とうかん》　熟 散漫、冗漫

（1）そうず　（2）たかつき

⓭ 共 ☐ **サクイ**の跡が見られる。（意図的に手を加えること）
作為
訓 為《な》す　対 自然　熟 行為

⓮ ☐ 音楽の**ミリョク**を語った。（人の心を引きつけるちから）
魅力
鬼の「ム」を忘れないこと
熟 魅了、魅惑

⓯ 共 ☐ **ムボウ**な計画が惨事を招いた。（深い思慮なしで乱暴に行うこと）
無謀
訓 謀《はか》る　熟 謀反《むほん》、陰謀　類 無鉄砲

⓰ ☐ 立錐《りっすい》の**ヨチ**もない。（空いている場所）
余地
参 他に「余裕」の意味も。「議論の余地はない」

⓱ ☐ **ロウヒ**家の息子が身上《しんしょう》を潰した。（金銭・時間などを無駄に使うこと）
浪費
対 倹約、節約　類 濫費、空費

⓲ ☐ **イガタ**にはめては個性は育たない。（きまりきった形）
鋳型
訓 鋳《い》る　熟 鋳造《ちゅうぞう》、鋳物《いもの》

⓳ ☐ この企画は**イト**がよくわからない。（めざしていること）
意図
訓 図《はか》る　熟 意外、図体《ずうたい》

⓴ 共 ☐ **オクソク**でものを言ってはならない。（根拠なくいいかげんに推そくすること）
憶測（臆測）
—側×
熟 追憶、記憶

㉑ 共 ☐ 放射能に**オセン**された土地。（有害物質などによごされること）
汚染
熟 汚濁《おだく》、感染

㉒ ☐ **ガイトウ**する項目をチェックする。（一定の条件にあてはまること）
該当
該×—
参 「該」は「ぴったり当てはまる」の意味。

㉓ ☐ 早期復旧の見込みは**カイム**だ。（まったくないさま）
皆無
参 「皆」は「すべて」の意味。

㉔ 共 ☐ 核兵器の**カクサン**を防止する。（広がりちらばること）
拡散
—散×
訓 拡《ひろ》がる　熟 軍拡、雲散

㉕ 共 ☐ 祖国の平和を**カツボウ**する難民。（切実に欲すること）
渇望
喝×—
訓 渇《かわ》く、望《のぞ》む　熟 本望《ほんもう》、切望、枯渇

◉古語の読み　（1）僧都　（2）高坏　答えは右ページ

書き取り ランクA 16

番号	共	問題	意味	解答	誤字	解説
❶	共	諸般の事情を**カンアン**する。	いろいろと考えあわせること	勘案	堪×—	参「勘」は「考える、調べる」の意味。
❷		**カンゲン**すれば、こうなります。	いいかえること	換言	喚×—	訓 換《か》える　熟 換気、換金
❸	共	露骨な内政**カンショウ**だ。	当事者でない者が介入すること	干渉	于×—	対 放任　参「干」も「渉」も「かかわる」の意味。
❹		華道の奥義を**カントク**する。	深い道理などを悟ること	感得		熟 体得、習得
❺	共	**カンマン**な送球で進塁を許した。	ゆっくりしてのろいこと	緩慢	—漫×	対 敏速、俊敏　参「緩」も「慢」も「ゆるい」の意味。
❻		思わぬ**キエン**で生涯の友を得た。	きっかけ	機縁	—緑×	熟 時機、絶縁
❼		親切そうに振る舞う**ギゼン**者。	見せかけだけのよい行い	偽善		訓 偽《いつわ》る、善《よ》い　対 偽悪
❽		役人の不正を**キュウダン**する。	問いただしてとがめること	糾弾（糺弾）		参「糾」も「弾」も「正す」の意味。
❾		**キョウフ**感にかられ思わず逃げた。	おそれること	恐怖		訓 怖《こわ》い　参 怖《お》じ気《け》づく
❿	共	両国の**キンミツ**な関係を維持する。	しっかりとつながったさま	緊密	—蜜×	類 密接　参「緊」は「かたい」の意味。
⓫		**グウゾウ**崇拝を批判する。	神仏などをかたどったもの	偶像	隅×—　—象×	熟 土偶、虚像
⓬	共	母は**グチ**ばかりこぼしていた。	仕方ないことを言って嘆くこと	愚痴		熟 暗愚、痴《し》れ者《もの》

(1) とのい　(2) にょうご（にょご）

⑬ 共 謝罪広告を**ケイサイ**する。（雑誌や新聞に文章などをのせること）
掲載
訓 掲《かか》げる、載《の》せる

⑭ 共 神の恩寵《おんちょう》が絵の中に**ケンゲン**する。（姿・形をとってあらわれること）
顕現
訓 顕《あらわ》す、現《あらわ》す

⑮ 共 **ケントウ**の余地がある。（よく調べて、考えること）
検討
険×— —倹×—
類 吟味 熟 検査、討議

⑯ 共 水面下で**コウショウ**が行われる。（取り決めをするために相手と話し合うこと）
交渉
類 折衝、談判《だんぱん》

⑰ 共 士気が**コウヨウ**する。（精神や気分がたかまること）
高揚
—揚×
訓 揚《あ》がる 熟 止揚《しよう》、抑揚

⑱ **コリツ**無援の中で奮闘する。（他とのつながりや助けがないこと）
孤立
孤×—
参 「孤」は「独りぼっち」の意味。孤島、孤高

⑲ 共 **サイゲン**のない軍拡を危惧する。（終わり）
際限
訓 際《きわ》 参 今わの際《きわ》（死にぎわ）

⑳ 共 総理の**サイダン**が下る。（善悪をはっきり決めること）
裁断
栽×—
訓 裁《さば》く 参 「断」は「決める」の意味。

㉑ 発言を**サエギ**る。（行動を邪魔してその先に及ばないようにする）
遮る
熟 遮二無二《しゃにむに》、遮断、遮蔽

㉒ 事前に**サッチ**する。（推し量ってしること）
察知
参 「察」は「調べて明らかにする」が本義。観察、査察、視察

㉓ 共 経済発展の**サマタ**げとなる。（邪魔をする）
妨げ
防×
熟 妨害《ぼうがい》

㉔ 理論を**ジッセン**に移す。（理論を行動に移すこと）
実践
対 理論 熟 践言（言ったことを実行すること）

㉕ 共 時代を**シッソウ**した前衛画家。（速くはしること）
疾走
疾×—
類 疾駆 参 「疾」は「速い」の意味。疾風

❶ 連覇は**シナン**の業だ。（きわめてむずかしいこと）
至難　—難×
参「至」は「この上ない」の意味。至急、至近、至福

❷ **ジャッカン**名を募集する。（ほんの少し）
若干　—干×
参「そこばく」（いくらか）とも読む。

❸ この電池の**ジュミョウ**は長い。（ものの使用に耐える期間）
寿命
参「寿」は「とし、よわい」の意味。喜寿

❹ 共 **ジュンスイ**な心の持ち主。（気持ちに私欲や打算がないこと）
純粋
参「純」「粋」ともに「まじりけのない」の意味。

❺ **ショウカイ**状を書いてもらう。（人と人を引き合わせること）
紹介　招×—
参「紹」は「引き合わせる」の意味。

❻ 共 統合の**ショウヘキ**を取り除く。（妨げとなるもの）
障壁
訓 障《さわ》る　類 障害　熟 支障、城壁

❼ 共 **ジンソク**に荷物を届ける。（行動などが非常にはやいこと）
迅速
対 緩慢　参「迅」「速」ともに「はやい」の意味。

❽ その町は戦乱によって**スイビ**した。（勢いがおとろえること）
衰微　哀×—
訓 衰《おとろ》える　対 興隆、繁栄　類 衰退

❾ **セイキュウ**な結論を避ける。（せっかちなこと）
性急
訓 性《さが》　熟 性向、気性《きしょう》

❿ **セイジュク**した演技で好評を博す。（心や体などが十分に育つこと）
成熟　生×—
訓 熟《う》れる　対 未熟　類 完熟、円熟

⓫ 共 神の**セツリ**に従う。（人間の力のおよばない法則）
摂理
熟 摂政《せっしょう》、摂氏《せっし》

⓬ 事件の核心に**セマ**る。（近づく）
迫る
熟 迫真《はくしん》、緊迫、切迫

（1）はじとみ　（2）あこめ

- ⑬ 共 そのセンリツは今でも耳に残る。（音の組みあわせによって生まれる音の流れ）　旋律　旋×―　参「旋」は「まわる」（旋回）「仲立ち」（斡旋《あっせん》）の意味がある。
- ⑭ 理想と日常のソウコクに悩む。（対立・矛盾するものが争うこと）　相克（相剋）　参「克」は「力を尽くして打ちかつ」の意味。
- ⑮ 共 季節に合わせたソウショクを施す。（美しくかざること）　装飾　訓 装《よそお》う　熟 装備《そうび》、衣装《いしょう》、虚飾
- ⑯ いくつかのソウワを交えて語る。（文章などの途中にさしはさむ短いはなし）　挿話　挿×―　訓 挿《さ》す（さしはさむ）
- ⑰ 共 万全のソチをとる。（事態に応じて必要な手続きをとること）　措置　類 対処　熟 挙措《きょそ》、措定《そてい》
- ⑱ 共 ダイタイ地に村ごと移転した。（ほかのものでかわりにすること）　代替　類 代用　参 重箱読みで「だいがえ」。
- ⑲ 問題はタキにわたる。（いろいろな方面に分かれたさま）　多岐　参 多岐亡羊《ぼうよう》（多方面に分かれて真理を得難いこと）
- ⑳ 共 一縷《る》の望みをタクす。（処置・運用を頼みまかせる）　託す（托す）　詫×　類 依託《いたく》、仮託《かたく》、託児所
- ㉑ チュウショウ絵画を鑑賞する。（共通の側面を取り出してまとめること）　抽象　―像×　対 具象、具体　熟 抽出
- ㉒ チュウスウ神経を刺激する。（物事の主要な部分）　中枢　対 末端　参「枢」は「開き戸の回転軸部分」。
- ㉓ 共 政局のテンカイを期待する。（次々と繰り広げられること）　展開　展×―　対 収斂《しゅうれん》　類 進展
- ㉔ 共 トウサクした欲望は危険をはらむ。（規範に反する行動や好み）　倒錯　到×―　熟 倒立、交錯
- ㉕ 共 心のドウヨウをかくした。（ぐらつくこと）　動揺　訓 揺《ゆ》れる　熟 揺籃期《ようらんき》

◉古語の読み　（1）半蔀　（2）袙（袙）　答えは右ページ

書き取り　ランクA 18

番号	問題	意味	解答	補足
❶	事件の様相を**ニョジツ**に語る。	じっさいのままであること	如実	類 赤裸裸　熟 欠如《けつじょ》
共 ❷	出欠は各自の**ニンイ**です。	心のままにすること	任意	訓 任《まか》せる　類 随意、適宜
共 ❸	色の**ノウタン**をつける。	こいことと、うすいこと	濃淡	訓 濃《こ》い、淡《あわ》い
❹	露骨に**ブジョク**された。	人をばかにしてはずかしめること	侮辱	侮× —　熟 侮蔑、屈辱　訓 侮《あなど》る、辱《はずかし》める
共 ❺	離島の学校へ**フニン**する。	仕事を行う土地へ行くこと	赴任	訓 赴《おもむ》く　類 着任
❻	生産と消費の**ヘイコウ**を保つ。	釣り合いがとれて安定すること	平衡	類 均衡　参「衡」は「はかり」のこと。
共 ❼	工場を**ヘイサ**する。	機能を停止させること	閉鎖	対 開放　類 封鎖
共 ❽	風俗の**ヘンセン**を調べる。	時とともに移りかわること	変遷	類 推移　参「遷」は「うつる」の意味。
❾	命がけの**ボウケン**であった。	危険を押し切って行うこと	冒険	冒× —　訓 冒《おか》す、険《けわ》しい
❿	アルバイトの**ホウシュウ**を支払う。	労働に対して支払う金品	報酬	訓 報《むく》いる　類 賞与　参「酬」も「むくいる」の意味。
⓫	手の**ホドコ**しようもない。	なんらかの手段をとり行う	施す	熟 実施《じっし》、施錠《せじょう》
⓬	インドの古典を**ホンヤク**する。	他の言語になおして表現すること	翻訳	熟 翻案、訳出

（1）いか　（2）おんぞ

⑬ 無作為**チュウシュツ**で統計を取る。（取りだすこと）
抽出
熟 抽象 参 抽斗《ひきだし》

⑭ いつまでも**ミレン**が残る。（おもい切ることができないこと）
未練
訓 練《ね》る 類 執着 熟 未熟、修練

共 ⑮ **ユイショ**のある寺院を訪れた。（いわれ、来歴）
由緒
類 縁起、由来 参「緒」は「いとぐち」の意味。

⑯ 反政府運動が**ヨクアツ**された。（無理におさえつけること）
抑圧
抑×—
対 推進 類 弾圧、圧迫

⑰ 美辞麗句の**ラレツ**に過ぎない。（連ね並べること）
羅列
参「羅」は「目のつらなるあみ」の意味。

共 ⑱ 事実に**リッキャク**して推論する。（見地を定めること）
立脚
—却×
訓 脚《あし》 熟 健脚、行脚《あんぎゃ》

共 ⑲ 新しい市場を**カイタク**する。（新しい分野・領域などを切りひらくこと）
開拓
参「拓」も「ひらく」の意味。

共 ⑳ 他国の紛争に**カイニュウ**する。（事件や争いに割り込むこと）
介入
参「介」は「はさまる」の意味。

共 ㉑ 事件の**カクシン**に触れる。（まん中の大切な部分）
核心
確×—
参「桃などの果物のたね」から。

共 ㉒ **カセ**ぐに追いつく貧乏なし。（働いて収入を得る）
稼ぐ
嫁×
熟 稼働《かどう》 参「稼」は「稲の実った穂」のこと。

㉓ 企画の趣旨に**ガッチ**している。（ぴったりすること）
合致
—致×
訓 致《いた》る 類 一致

㉔ **カヘイ**価値が下落する。（政府が発行するお金）
貨幣
—弊×
（「幣」は十五画）
熟 通貨、造幣

㉕ 熱烈な**カンゲイ**を受ける。（喜んでむかえること）
歓迎
—迎×
対 歓送 参「歓」は「喜ぶ」の意味。歓喜

◉古語の読み (1) 五十日 (2) 御衣 答えは右ページ

番号	問題	意味	解答	誤字	解説
❶	不利な条件だが**カンジュ**する。	やむをえずうけいれる	甘受	感×―	参「甘」は「あまんずる」の意味。
❷	経済**カンネン**に欠けている。	考えや意識	観念	歓×―	参「観」は「みる」、「念」は「おもう」の意味。
❸	自由と平和を**キキュウ**する。	願いもとめること	希求		参「希」は「こいねがう」の意味。
❹ 共	事件の**キケツ**は意外なものだった。	最終的にたどりつくこと	帰結		参「帰」は「あるべき所に落ち着く」の意味。
❺	これらはすべて**キチ**の事実だ。	すでにわかっていること	既知		訓 既《すで》に　対 未知
❻	徴兵を**キヒ**する。	嫌ってさけること	忌避	―僻×	訓 忌《い》まわしい　熟 忌憚《きたん》、回避
❼ 共	急に**キョム**感に襲われた。	すべてが空しいこと	虚無	虚×―	参「虚無僧」は「こむそう」と読む。
❽	意表を突かれて体勢が**クズ**れた。	維持していた状態が壊れる	崩れる	萌×　朋×	熟 崩壊《ほうかい》　参 雪崩《なだれ》
❾ 共	敵の野望を打ち**クダ**く。	勢いを弱らせる	砕く		熟 破砕《はさい》、粉砕《ふんさい》
❿	去年の**クツジョク**を晴らす。	恥ずかしい思いをさせられること	屈辱		訓 屈《かが》む、辱《はずかし》める　熟 雪辱、侮辱
⓫	学会の重鎮として**クンリン**する。	ある分野で絶大な力をもって支配すること	君臨		訓 臨《のぞ》む（高い所から見下ろす）
⓬ 共	方針が合意の方向に**ケイシャ**する。	かたむいてななめになること	傾斜		訓 傾《かたむ》く、斜《なな》め　熟 傾倒、斜陽

(1) かざみ　(2) ぎっしゃ

13 共 恩師の遺志を**ケイショウ**する。（うけつぐこと）
継承
訓 継《つ》ぐ、承《うけたまわ》る 熟 継続、承諾

14 雨具を**ケイタイ**する。（持ち歩くこと）
携帯
訓 携《たずさ》える、帯《お》びる（身につける）

15 共 この本には**ケイハツ**された。（教え示して理解を高めること）
啓発
啓×—
類 啓蒙《けいもう》 参「啓」は「ひらく」の意味。

16 共 賃貸**ケイヤク**をむすぶ。（法的効力をもつやくそくをむすぶこと）
契約
契×—
訓 契《ちぎ》る 参「契」も「約」も「ちぎり」の意味。

17 共 読書が活力の**ゲンセン**だ。（物事が生じるおおもと）
源泉
原×—
訓 源《みなもと》 熟 起源、資源

18 集中**コウギ**を履修する。（学問の内容などを口頭で解説すること）
講義
—議×
熟 講演、講座、意義

19 共 討論会で集中**コウゲキ**を受ける。（議論などで相手を非難すること）
攻撃
功×—
攻×撃×
訓 攻《せ》める、撃《う》つ 熟 攻防、突撃

20 自説に**コシツ**する。（自分の考えをかたくなに守って譲らないこと）
固執
参「こしゅう」とも読む。「執」は「とりついて離れない」の意味。

21 **コンワク**気味に語る。（判断がつかず迷うこと）
困惑
訓 惑《まど》う 類 当惑 熟 貧困、幻惑

22 共 **シッコク**の闇に包まれる。（くろくてつやがあること）
漆黒
訓 漆《うるし》 熟 漆塗《うるしぬり》

23 勉強の**ジャマ**になる。（妨げとなるもの）
邪魔
参「仏道修行を妨害する悪魔」が本義。

24 **ジュウオウ**に活躍する。（自由自在）
縦横
熟 縦横無尽《じゅうおうむじん》

25 共 交通**ジュウタイ**が緩和する。（つかえて進まないこと）
渋滞
訓 滞《とどこお》る 熟 滞納

◉古語の読み （1）汗衫 （2）牛車 答えは右ページ

❶ ☐ 彼とは**ジュクチ**の間柄です。（詳しくしっていること）
熟知
参「熟」は「十分に」の意味。習熟、円熟、熟練

❷ ☐ 決定的**シュンカン**を撮る。（極めて短いじかん）
瞬間　瞬×—
訓 瞬《また》く（「目叩《またた》く」から）

❸ 共 ☐ 研究の**ショウガイ**を取り除く。（妨げとなるもの）
障害
訓 障《さわ》る　類 隘路《あいろ》

❹ 共 ☐ **ジョウダン**を真に受ける。（ふざけて言う言葉）
冗談
類 軽口《かるくち》　熟 冗長《じょうちょう》、冗舌《じょうぜつ》

❺ ☐ **ジョジョ**に色が変化し始める。（ゆっくり）
徐徐　除×除×
熟 徐行　参「徐」は「ゆっくりと」の意味。

❻ ☐ **ショミン**派の政治家を自認する。（世間一般の人々）
庶民
参「庶」は「一般の人、もろびと」の意味。

❼ ☐ **シロウト**芸がかえって喜ばれる。（経験が浅く、専門でないひと）
素人　白×—
対 玄人《くろうと》

❽ ☐ **シンケン**に将来を考える。（一生懸命に行うさま）
真剣　—険×
類 真摯《しんし》　参「本物の刀剣」の意味も。

❾ 共 ☐ 関係者との**セッショク**を試みる。（人とふれ合う機会をもつこと）
接触
訓 触《ふ》れる　熟 接遇、感触

❿ ☐ 旗幟《きし》**センメイ**にすべき時だ。（はっきりとしていること）
鮮明
参 旗幟《きし》鮮明（立場が明確なこと）

⓫ 共 ☐ 党首が**ソウカツ**質問に立つ。（個々のものをまとめて一つにすること）
総括
訓 括《く》る　類 統括

⓬ ☐ 独自の画風を**ソウゾウ**する。（新しいものをつくり出すこと）
創造　想×—
対 模倣　参「創」は「はじめる」の意味。創業者

（1）きぬぎぬ　（2）こそ

⓭ 共 嘘《うそ》を**ソクザ**に見破る。（すぐその場）
即座　則—×
熟 即刻《そっこく》、即位

⓮ 共 法案の成立を**ソシ**する。（行為などを妨げて、やめさせること）
阻止　租—×
訓 阻《はば》む　熟 険阻《けんそ》(けわしい所)

⓯ **ソヤ**な振る舞いを注意される。（言動が洗練されていなくて荒々しいこと）
粗野　租—×
参 「野」は「洗練されていない、荒っぽい」の意味。

⓰ ラッシュを**サ**けて通勤する。（かかわりをもたないようにする）
避ける
熟 避難《ひなん》、逃避、忌避《きひ》

⓱ **タク**みをこらした建造物である。（工夫・趣向）
巧み　功×
熟 巧緻《こうち》、技巧《ぎこう》

⓲ 金を**タクワ**える。（後の用のためにためておく）
蓄える（貯える）　畜×
熟 貯蓄《ちょちく》、蓄財

⓳ 共 要点を**テキカク**にまとめる。（間違いがなくてたしかであること）
的確（適確）　—格×
類 正確　参 「てっかく」とも読む。「適格」は別義。

⓴ 共 不法な施設を**テッキョ**する。（取り払うこと）
撤去　徹—×　「撤」の「攵」に注意
熟 撤収、撤廃　参 「撤」は「取り除く」の意味。

㉑ 部下をうまく**トウギョ**する。（全体を思い通りに動かすこと）
統御
類 統率、統制、統轄《とうかつ》　参 「統馭」とも書く。

㉒ 犯罪史上**トクイ**な事件だ。（他と非常に違っているさま）
特異　—違×
類 特殊　熟 特製、異例、奇異

㉓ これ以上の**トクサク**はない。（うまいやりかた）
得策　—策×
熟 得意、善後策、方策

㉔ 共 国家の**ハンエイ**を願う。（勢力などが大きく盛んになること）
繁栄　「繁」の「攵」に注意
訓 栄《さか》える　対 衰微《すいび》
参 「繁」は「盛んな」の意味。

㉕ 問題を**ナイホウ**した意見だ。（中にもつこと）
内包　—包×
訓 包《つつ》む　対 外延

◉古語の読み　(1) 後朝　(2) 去年　答えは右ページ

	問題	意味	解答	注意	補足
共 ❶	**ニンタイ**を要する仕事だ。	こらえ、たえしのぶこと	忍耐		類 辛抱 熟 隠忍《いんにん》、堪忍《かんにん》、耐震
❷	考えが**ノウリ**にひらめく。	頭の中、心の内	脳裏	「裏」の左下「ノ」を忘れないこと	訓 裏《うら》 類 心中《しんちゅう》 参 「裏」は「なか、うち」の意味。
❸	**ハイタ**的経済水域内で漁をした。	仲間以外をしりぞけること	排他		熟 排外、排斥《はいせき》
共 ❹	視察団を**ハケン**する。	命じて出向かせること	派遣	—遺×	訓 遣《つか》わす 対 召還《しょうかん》 参 「派」も「つかわす」の意味。
❺	流行は時代を**ハンエイ**する。	影響が他に及んで現れ出ること	反映		訓 映《うつ》る 参 「反」は「かえす」の意味。
❻	**トクチョウ**をつかんで記憶する。	とりわけ目立つ点	特徴	—徴×	類 特色 参 「徴」は「しるし」の意味。
共 ❼	主旨が**ハンゼン**としない。	はっきりとしているさま	判然		類 歴然 熟 判別、大判《おおばん》
❽	**ヒソウ**な考えに過ぎない。	うわべ、浅薄なさま	皮相		対 真相 類 外面 熟 皮肉
❾	世論の**ヒナン**を浴びる。	欠点・過失を責めとがめること	非難（批難）	—難×	対 称賛（賞賛） 類 批判
共 ❿	結婚を**ヒロウ**する。	広く人に知らせること	披露		熟 披歴、吐露 参 「披」も「露」も「あらわにする」の意味。
共 ⓫	車が**ヒンパン**に出入りする。	たびたび繰り返されるさま	頻繁	「繁」の「攵」に注意	訓 頻《しき》りに 熟 頻出、繁忙
共 ⓬	**フクシ**事業の振興をはかる。	人々が得るべき生計上の幸せ	福祉		参 「福」も「祉」も「さいわい」の意味。

(1) ざえ　(2) しそく

⑬ 共 会社の経営に**フシン**する。（こころを痛め悩ますこと）
腐心
負×—
訓 腐《くさ》る 類 苦心、苦慮《くりょ》 熟 腐敗、腐植

⑭ 投薬の**ヘイガイ**にも留意する。（他に悪い影響を及ぼすこと）
弊害
幣×— 尚（「弊」は十五画）
類 害悪 熟 悪弊、疲弊

⑮ 共 安全を**ホショウ**する。（損なわれないように守ること）
保障
参 「保」は「小城」、「障」は「とりで」の意味。

⑯ 文学は言葉で人を**ミワク**する。（心を引きつけまよわせること）
魅惑
「鬼」の「ム」を忘れないこと
類 魅了 参 「魅」は「人の心をひきつける」の意味。

⑰ **ユウキュウ**の歴史の中に身を置く。（はてしなく長く続くこと）
悠久
「悠」の「攵」に注意
類 永久 熟 悠長、悠悠自適

⑱ 共 工場を**ユウチ**する。（招き寄せること）
誘致
—地× —傲× —致×
訓 致《いた》す（来させる） 類 招致

⑲ 複雑な**ヨウソウ**を呈してきた。（物事のありさま）
様相
熟 模様、様子《ようす》、形相《ぎょうそう》

⑳ 共 犯罪の手口が**ルイジ**している。（互いににかよっていること）
類似
参 「類」も「似る」の意味。

㉑ **アイサツ**を交わす。（儀礼的な動作や言葉）
挨拶
参 「そばに身をすり寄せ押し合う」に由来。

㉒ 仕事に**ア**きて長続きしない。（いやになる）
飽きる
飽×
熟 飽和《ほうわ》 参 「厭きる」とも書く。

㉓ **アザ**やかな腕前を発揮する。（手際がよい）
鮮やか
熟 鮮明《せんめい》、新鮮

㉔ **イキョク**を尽くした説明。（細かく詳しいこと）
委曲
類 詳細 参 「委」は「隅々まで詳しい」の意味。

㉕ 台本を**イッキョ**に書き上げた。（いっきに）
一挙
訓 挙《あ》げる 熟 挙動、推挙、一挙一動、一挙両得

◉古語の読み （1）才 （2）紙燭 答えは右ページ

書き取り

ランクB 2

❶ ☐	彼は多くの**イツワ**の持ち主だ。	世間に知られていないはなし	逸話		参「逸」は「かくれる」の意味。
❷ ☐	新しい時代の**イブキ**を感じる。	気配、きざし	息吹	伊×―	熟 窒息《ちっそく》、吹奏楽《すいそうがく》
❸ ☐	今日の会合には**イワカン**を覚えた。	しっくりしないこと	違和感	異×――観×	熟 相違《そうい》、調和
❹ ☐	学校の**エンカク**を紹介する。	物事の移り変わり	沿革	―隔× ―郭×	類 変遷　熟 沿岸、変革
❺ 共 ☐	**エンカク**操作で機械を動かす。	とおく離れていること	遠隔	―融×	訓 隔《へだ》たる　対 近接　熟 隔絶
❻ ☐	深謀**エンリョ**をめぐらす。	先を見通してよく考えること	遠慮	―慮×	訓 慮《おもんぱか》る　熟 遠大、思慮
❼ ☐	すべての責任は私が**オ**います。	引き受ける	負う	追×	熟 負担《ふたん》、自負《じふ》
❽ 共 ☐	努力を**オコタ**っては成功は望めない。	しなければならないことをさぼる	怠る		熟 怠惰《たいだ》、倦怠《けんたい》
❾ ☐	悪の**オンショウ**となっている。	生み出すもと	温床		訓 床《ゆか》しい　熟 苗床《なえどこ》
❿ ☐	サケは生まれた川に**カイキ**する。	ひとまわりして元にもどること	回帰		訓 回《まわ》る　熟 旋回《せんかい》、復帰
⓫ 共 ☐	危険も**カエリ**みず突き進む。	気にかける	顧みる	省×	熟 顧慮《こりょ》、後顧《こうこ》
⓬ 共 ☐	販路を**カクチョウ**する。	広げて大きくすること	拡張		訓 拡《ひろ》げる　対 縮小

(1) すびつ　(2) だいじょうえ

⑬ 難問とカクトウ（懸命に取り組むこと）する。
格闘（挌闘）
参「格（挌）」は「たたかう」の意味。

⑭ 共 シアン（考えをめぐらしたり、心配したりすること）に暮れる。
思案　—暗×
参「案」は「心配する」の意味。

⑮ カソ（人口が極度に少ないさま）地医療に従事する。
過疎　—踈×
対 過密　参「疎」は「まばら」の意味。疎林

⑯ 共 噂《うわさ》のカチュウ（もめごとなどの真っただなか）にある人物。
渦中　過×—
訓 渦《うず》

⑰ 共 決してカンカ（見のがすこと）できない事態。
看過
訓 過《す》ごす　熟 看取、黙過《もっか》
参「看」は「みる」の意味。

⑱ 共 通りにカンシ（見張ること）カメラを設置する。
監視　鑑×—
参「監」も「みる」の意味。

⑲ シュウイツ（抜きん出てすぐれているもの）な作品として選ばれる。
秀逸
訓 秀《ひい》でる　熟 秀抜《しゅうばつ》、逸脱

⑳ カンビ（うっとりと快いさま）な旋律に酔いしれる。
甘美
熟 甘露《かんろ》、甘言《かんげん》

㉑ 共 カンリョウ（役人）機構を改革する。
官僚　菅×—
熟 官吏《かんり》、閣僚

㉒ 共 彼の言動はキイ（普通と変わっていて妙なさま）に感じられた。
奇異　寄×—
類 奇妙　熟 伝奇、異色

㉓ 仏道に深くキエ（神仏にすがること）する。
帰依
訓 依《よ》る　参「帰」は「つき従う」の意味。

㉔ 共 未曽有の経済キキ（極めてあぶない状況）を乗り越える。
危機　危×—
熟 危急、好機

㉕ 共 運動のキテイ（根本となる土台）となる平和主義。
基底
訓 基《もと》　類 基礎　熟 基因、基盤

◉古語の読み　(1) 炭櫃　(2) 大嘗会　答えは右ページ

書き取り

ランクB 3

❶ 共 事件の真相を**キュウメイ**する。（真相などをあきらかにすること）
究明　及×―
訓 究《きわ》める　熟 追究、解明

❷ 共 歯並びを**キョウセイ**する。（欠点などを直すこと）
矯正
参「矯」は「曲がったものを真っすぐにする」の意味。

❸ 共 自白の**キョウヨウ**が冤罪《えんざい》を生む。（むりじいすること）
強要　―用×
訓 強《し》いる　熟 強奪《ごうだつ》、需要

❹ 彼の話はすべてが**キョコウ**だ。（つくりごと）
虚構　虚×―　―講×
訓 虚《むな》しい、構《かま》える　熟 虚報、構築

❺ 共 心の**キンセン**に触れる。（こころの奥深くにある感じやすい真情）
琴線　緊×―
熟 木琴　参「琴線」は「琴の糸」のこと。

❻ 神の**ケイジ**によって描かれた絵。（超越者が人知を超えた真理をしめすこと）
啓示　啓×―
参「啓」は「教え導く」（啓蒙《けいもう》）、「申し上げる」（拝啓）が本義。

❼ 共 **ケイチョウ**に値する意見だ。（熱心に聞くこと）
傾聴
類 静聴《せいちょう》、謹聴《きんちょう》

❽ 秋の**ケハイ**が感じられる。（なんとなく感じられる様子）
気配
参 寒気《かんき》（寒さ）、寒気《さむけ》（病気などの時の不快な寒さ）

❾ 問題が**ケンザイ**化する。（はっきり形にあらわれること）
顕在
訓 顕《あらわ》れる　対 潜在　熟 顕現、点在

❿ **ゲンゼン**たる事実。（いかめしく、動かしがたいさま）
厳然
訓 厳《おご》そか　熟 尊厳、毅然《きぜん》

⓫ 共 **コウガイ**に居を構える。（都市の周辺部）
郊外
熟 近郊　参「郊」は「都の城外」の意味。

⓬ すぐれた**コウセキ**を残す。（あることを成し遂げた手柄・成果）
功績　―積×
類 手柄《てがら》　熟 功労、業績

(1) ちょうようのせちえ　(2) ついじ

⓭ あの店は食器まで**コ**っている。（細かい点まで趣味を貫く）
凝る　擬×
熟 凝固《ぎょうこ》、凝視 参「煮凝り」は「にこごり」と読む。

⓮ 何か**コンタン**があるに違いない。（心の中にあるたくらみ）
魂胆
訓 胆《きも》 熟 臥薪嘗胆《がしんしょうたん》

共 ⓯ 返事を**サイソク**する。（早くするように急がせること）
催促
訓 催《もよお》す、促《うなが》す 熟 催告、督促

⓰ 庭園を**サンサク**する。（気ままにあちこちを歩くこと）
散策　散×策×
類 散歩 熟 策略、失策

⓱ 直接政治に**サンヨ**する。（ある事柄にかかわること）
参与
訓 与《あた》える、与《くみ》する(仲間になる)

共 ⓲ **カコク**な現実に、悩み苦しむ。（ひどすぎること）
過酷（苛酷）
訓 酷《むご》い 熟 酷使

⓳ **シベン**的な小説を読む。（純粋な考えによって真理を得ること）
思弁
訓 弁《わきま》える(心得る)

⓴ 事の真相を一目で**カンシュ**した。（察知すること）
看取
類 察知 参「看」は「みる」の意味。看過、看破

㉑ 産業**シュウセキ**地として賑《にぎ》わう。（あつめてつみ上げること）
集積　—績×
訓 集《あつ》める、積《つ》む

㉒ 首尾が**ショウオウ**している。（二つのものが互いに関連しあっていること）
照応
訓 照《て》らす、応《こた》える

共 ㉓ **ショウサイ**はまだ明らかでない。（こまかいところまでくわしいこと）
詳細　祥×—
対 概略 類 精細、子細

共 ㉔ 異国**ジョウチョ**あふれる町。（ある感情を起こさせる雰囲気）
情緒
参「じょうしょ」の慣用読み。

共 ㉕ **ショメイ**運動に協力する。（自分のなまえをかき記すこと）
署名　暑×—
類 記名 熟 連署
参「署」は「しるす」の意味。

◉古語の読み　(1) 重陽節会　(2) 築地　答えは右ページ

共 ❶ 投機市場を**シンショク**する。
しだいにおかしてくい込むこと
侵食　浸×—
訓 侵《おか》す　熟 侵略

❷ 有権者の**シンパン**が下される。
事件の真相を調べて正否を下すこと
審判
訓 審《つまび》らか　参「審」は「詳しく調べる」の意味。審理

❸ 感情の**シンプク**が激しい。
ふりはば
振幅
訓 振《ふ》る、幅《はば》　熟 紙幅《しふく》、全幅《ぜんぷく》

共 ❹ 探索機が上空を**センカイ**している。
円を描くようにまわること
旋回　旋×—
熟 旋風　参「旋」も「まわる」の意味。

❺ **センレツ**な印象を受ける。
あざやかではっきりしていること
鮮烈　—列×
訓 鮮《あざ》やか　熟 生鮮、猛烈、烈風

❻ 意思の**ソツウ**を図る。
意見や考えが支障なく相手に伝わること
疎通　踈×—
熟 疎林《そりん》、不通　参 もとは「疏通」と表記した。

❼ **タイシャク**対照表を公開する。
金銭をかすこととかりること
貸借
参 貸借対照表は、資産・負債などを対照させた表。

❽ 円高に**タイショ**する政策だ。
事件・状況に適切なしょちを取ること
対処　—所×　—拠×
類 措置　熟 対策、善処

共 ❾ 山頂からの**チョウボウ**を楽しむ。
見晴らし
眺望
訓 眺《なが》める　類 展望　参「望」は「遠くをながめる」の意味。

❿ 民間**デンショウ**を調査する。
古くからの言いつたえ
伝承
類 伝統　熟 伝奇、口承《こうしょう》

⓫ **トウテイ**助からないだろう。
どのようにしても
到底　倒×—
訓 到《いた》る　熟 到達、払底《ふってい》

⓬ 彼は金銭の**ドレイ**となった。
人権がなく他人の所有となる人
奴隷
参「奴」も「隷」も「しもべ」の意味。守銭奴、隷属

（1）ついな　（2）みこし

⑬ 共 環境保護策に**ハクシャ**をかける。（「――をかける」で物事の進行に一段と力を入れる）
拍車
参 拍車（馬に乗る時に靴のかかとに付ける金具）

⑭ 共 進路を**ハバ**む。（行く手をさえぎる）
阻む
熟 阻止《そし》、阻害

⑮ 旅行の手続きが**ハンザツ**だ。（こみいってわずらわしいさま）
煩雑
訓 煩《わずら》わしい 熟 煩瑣《はんさ》、煩悶《はんもん》

⑯ 衝突は**フカヒ**なことだろう。（さけることができないさま）
不可避
類 必至《ひっし》 参 「避《さ》くべからず」と訓読できる。

⑰ 共 **フズイ**条項を確認する。（おもな物事にともなっておこること）
付随
参 「随」は「したがう」の意味。随伴、追随

⑱ 共 不公平な扱いに**フンガイ**する。（ひどく怒ること）
憤慨　―概×
訓 憤《いきどお》る 類 激怒 参 「慨」も「いきどおる」の意味。

⑲ 共 労使間の**フンソウ**を解決する。（事がもつれて起こるもめごと）
紛争
参 「紛」は「もめごと」の意味。内紛

⑳ 両者の間に**ヘダ**たりができる。（距離）
隔たり　融×
類 開き、懸隔《けんかく》 熟 隔年《かくねん》、横隔膜

㉑ 共 社会の**ヘンカク**が必要である。（替え改めること）
変革
類 改革 熟 革新、沿革

㉒ 詩の**ホウガン**する意味を考える。（なかにつつみふくむこと）
包含　包×―
熟 内包、含有

㉓ 音楽を聴いて気が**マギ**れた。（心のわだかまりをいちじ忘れる）
紛れる　粉×
熟 紛糾《ふんきゅう》、紛失《ふんしつ》

㉔ 京都の秋を**マンキツ**する。（十分に味わい尽くすこと）
満喫　―喫×
類 堪能 参 「喫」は「食べる、飲む」が本義。

㉕ 武道の腕を**ミガ**いた。（こすって奇麗にする）
磨く
熟 研磨《けんま》、切磋琢磨《せっさたくま》 参 腕を磨く（技術等を高める）

◉古語の読み （1）追儺 （2）神輿（御輿） 答えは右ページ

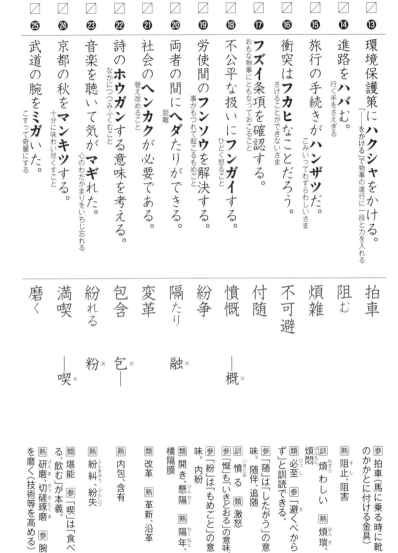

書き取り
ランクB 5

- 共 ☐ ❶ **メイワク**メールを捨てる。（煩わしく困らされ、いやであること）
  - 迷惑
  - 参「傍《はた》迷惑」、「迷惑千万《せんばん》」なども使う。
- 共 ☐ ❷ 必要な資料は**モウラ**できた。（関係するすべてを集めること）
  - 網羅
  - 綱×—
  - 訓 網《あみ》　参「羅」も「あみ」の意味。
- ☐ ❸ 一刻の**ユウヨ**もならない。（実行の期限を延ばすこと）
  - 猶予
  - 類 延期　参 執行猶予
- ☐ ❹ 現実から**ユウリ**した議論だ。（かけはなれていること）
  - 遊離
  - 熟 浮遊、乖離《かいり》
- ☐ ❺ **ユウワク**に負けて堕落した。（悪い道にさそい込むこと）
  - 誘惑
  - 訓 誘《さそ》う、惑《まど》う　熟 惑溺《わくでき》、誘引
- 共 ☐ ❻ **ヨウチ**な考えでは説得できない。（おさないこと）
  - 幼稚
  - 訓 幼《おさな》い　類 稚拙《ちせつ》　参「稚」も「おさない」の意味。
- ☐ ❼ **レイコク**無情な仕打ちを受けた。（思いやりがなくむごいこと）
  - 冷酷
  - 訓 酷《むご》い　類 酸鼻《さんび》、苛酷《かこく》
- ☐ ❽ **イガイ**な人に出会った。（思いがけないさま）
  - 意外
  - 以×—
  - 熟 意中、如意《にょい》　参「意」は「心、思う」の意味。
- ☐ ❾ **イゲン**に満ちた態度。（いかめしさ、おごそかさ）
  - 威厳
  - 訓 厳《おごそ》か　熟 威風堂堂《いふうどうどう》
- 共 ☐ ❿ **キョウイ**的な追い込みで優勝した。（びっくりするほど素晴らしいこと）
  - 驚異
  - 警×—「驚」の「攵」に注意
  - 参「異」は「すばらしい」の意味。
- ☐ ⓫ 大自然に**イフ**の念を抱く。（おそれかしこまること）
  - 畏怖
  - 畏×—
  - 熟 畏敬、恐怖　参「畏」も「怖」も「おそれる」の意味。
- 共 ☐ ⓬ 彼の出席が式に**イロド**りを添えた。（おもしろみや美しさを増すこと）
  - 彩り（色取り）
  - 彩×
  - 熟 彩色《さいしき》、色彩

(1) みやすんどころ（みやすどころ）　(2) わたどの

⑬ 世の**シダン**を受ける。（非難して排斥すること）
指弾
参「弾」は「責め立てる」の意味。弾圧、弾劾

⑭ **オクビョウ**者の汚名をすすぐ。（気が弱くびくびくするさま）
臆病
対 大胆 類 小心、小胆 参「臆」は「胸」の意味。

⑮ 敵をうまく**カイジュウ**した。（うまく言って手なずけること）
懐柔
壊×— 懐×—
参「懐」は「手なずける」の意味。

⑯ **カチカン**の違いにとまどう。（個人個人の判断）
価値観
——感×
参「観」は「見て考える」の意味。

⑰ **カッキテキ**な発明だ。（時代に区切りをつけるほど新しいさま）
画期的
活×気×—
熟 画然《かくぜん》、区画

⑱ 趣味は音楽**カンショウ**です。（芸術作品を味わうこと）
鑑賞
監×—
熟 鑑識、賞味 参「鑑」は「かんがみる」の意味。

⑲ 共 **カンシン**を買う。（「——を買う」で気に入られようとする）
歓心
感×— 関×—
熟 歓談、交歓 参「歓」は「喜ぶ」の意味。

⑳ 共 無味**カンソウ**な日常生活。（味わいやおもしろみがないこと）
乾燥
—操×
対 湿潤 参「燥」も「かわく」の意味。

㉑ **ガンメイ**でつきあいづらい人だ。（かたくなで道理がわからないこと）
頑迷
訓 頑《かたく》な 熟 頑固、混迷

㉒ 政策の決定に**カンヨ**する。（かかわること）
関与（干与）
訓 与《あずか》る 熟 参与

㉓ **カンヨウ**の精神が大切だ。（心が広いこと）
寛容
肝×要×
対 狭量 熟 寛恕《かんじょ》、包容 類 寛大

㉔ 共 **キバツ**なアイデアを出した。（思いもよらないほど変わっていること）
奇抜
寄×—
訓 抜《ぬ》ける 対 平凡 類 突飛

㉕ 医学の進歩に**キヨ**する。（力を尽くして役立つこと）
寄与
奇×—
訓 与《あずか》る 類 貢献

◉古語の読み （1）御息所 （2）渡殿 答えは右ページ

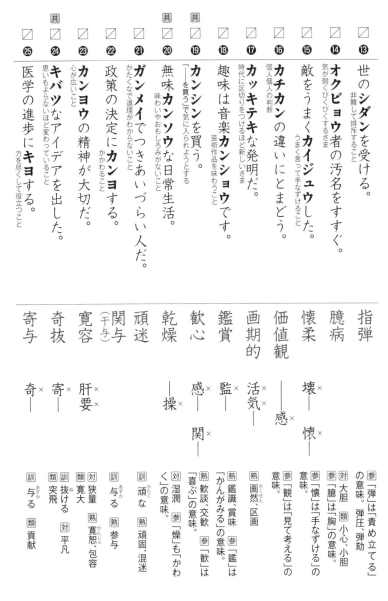

番号	問題	語義	解答	誤例	解説
☐ ❶	何でも**キヨウ**にこなす人だ。	巧みにやりとげるさま	器用		熟 大器、器量　参「器」は「才能や働きがある」の意味。
☐ ❷	彼の学説は**イタン**視されている。	正統でないもの	異端		対 正統　参「聖人の道とは別の一端をなすもの」が本義。
☐ ❸	**キョウギ**に解釈する。	せまい意味	狭義	挟×—	対 広義　参「義」は「意義」の意味。
共 ☐ ❹	観客から**キョウタン**の声があがる。	おどろき、深くこころを動かされること	驚嘆	警×—「驚」の「攵」に注意	訓 嘆《なげ》く(感動する)　熟 驚喜、慨嘆
共 ☐ ❺	**キョウラク**にふける生活。	目の前のたのしみを味わうこと	享楽	亨×—	訓 享《う》ける　熟 享受
共 ☐ ❻	新宿を**キョテン**に活動する。	足場となる重要な所	拠点	処×—	訓 拠《よ》る　熟 論拠、観点
☐ ❼	大衆を**ケイモウ**する。	正しい知識を与え、教え導くこと	啓蒙	啓×—	訓 蒙《こうむ》る　参「蒙」は「道理に暗い(者)」の意味。
共 ☐ ❽	あえて**ゲンキュウ**を避ける。	話題がある事柄におよぶこと	言及		訓 及《およ》ぶ　類 論及
☐ ❾	現状を**コウテイ**する。	存在や意義を認めること	肯定		訓 肯《うべな》う(承知する)　対 否定
☐ ❿	地形に地震活動の**コンセキ**が残る。	あとかた	痕跡		参「痕」「跡」ともに「あと」の意味。血痕
共 ☐ ⓫	経営の**サイリョウ**を任される。	その人の考えで判断し、処理すること	裁量	栽×—	訓 裁《さば》く、量《はか》る　熟 裁定
共 ☐ ⓬	経費を**サクゲン**する。	けずってへらすこと	削減	—滅×	訓 削《けず》る、減《へ》らす　対 添加、追加　熟 掘削

(1) あおうまのせちえ　(2) あざり(あじゃり)

⑬ 共 申し込みが**サットウ**する。（人や物が一挙に押し寄せること）
殺到（―倒×）
参「殺」は「程度がはなはだしい」の意味。

⑭ **ザンテイ**予算が組まれる。（仮の措置として決めること）
暫定（漸×―）
訓 暫《しばら》く　熟 暫時

⑮ 共 **シイ**的に解釈する。（自分が思うままの心・考え）
恣意
参「恣」は「ほしいままにする」の意味。放恣

⑯ **インボウ**をめぐらす。（ひそかに企てたよくない計画）
陰謀（隠謀）（穏×―）
訓 謀《はか》る　熟 謀議、謀略

⑰ 共 経済**シヒョウ**が発表される。（基準となる目じるし）
指標
熟 指示《さしず》、指図、標識、墓標

⑱ 第一人者と**ジフ**する。（じぶんの能力などにじしんをもつこと）
自負
訓 負《お》う　熟 抱負

⑲ 共 **セイミツ**検査が必要だ。（くわしく細かいこと）
精密
対 粗雑　参「精」は「くわしい」の意味。精巧、精査

⑳ **シュウシ**、にこやかに談笑する。（はじめからおわりまで）
終始（―止×）
参「始終」も同じ意味で使われることがある。

㉑ 事態の**シュウシュウ**がつかない。（混乱した物事をまとめること）
収拾（―集×）
訓 収《おさ》める、拾《ひろ》う

㉒ **ジョウキ**を逸した行動をとる。（普通のやり方）
常軌
参「常軌を逸する」で「常識外れの言動を取る」の意味。

㉓ 和《なご》やかなムードが**ジョウセイ**される。（雰囲気や状態などをゆっくり作ること）
醸成（―生×）
訓 醸《かも》す　熟 醸造

㉔ 共 壁に**ショウゾウ**画を掲げる。（人の姿や顔を写したもの）
肖像（―象×）
参「肖」は「もとの姿に似ている」の意味。

㉕ 共 年金が選挙の**ショウテン**となる。（人々の関心が集まるところ）
焦点
訓 焦《あせ》る、焦《こ》げる　熟 焦燥（躁）、焦土

●古語の読み　(1) 白馬節会　(2) 阿闍梨　　答えは右ページ

共 ☐ ❶ 双方のジョウホが必要だ。
自分の主張を引っ込めて相手の主張を受け入れること
譲歩
「譲」の旁左下「ノ」を忘れないこと
訓 譲《ゆず》る　類 妥協　熟 委譲

☐ ❷ 終日、ショサイで執筆する。
本を読んだり執筆したりするための部屋
書斎
―斉×
参「斎」は「物忌みのためにこもる部屋」の意味。

共 ☐ ❸ ジンジョウな手段では勝てない。
特別ではなく、普通であること
尋常
参「尋」は「普通、なみ」の意味。

共 ☐ ❹ セイケツは健康の第一歩である。
衛生的なこと
清潔
―潔×　―潔×
対 不潔　熟 清浄、清楚《せいそ》、潔白

☐ ❺ 彼は法律にセイツウしている。
くわしく知っていること
精通
参「通」は「よく知っている」の意味。

☐ ❻ 理由を聞いてもシャクゼンとしない。
疑いや迷いが解けてすっきりすること
釈然
釈―×
参「釈」は「はっきりする」の意味。

共 ☐ ❼ タサイな催しが開かれた。
種類がおおく華やかなこと
多彩
―彩×
訓 彩《いろど》る　類 多種多様　熟 彩色

共 ☐ ❽ マンネリにダすおそれがある。
好ましくない状態になる
堕す
墜×
参 口語形では「堕する」とも言う。

共 ☐ ❾ チジョクに堪えられず失踪した。
はじ、はずかしめ
恥辱
訓 恥《は》じる、辱《はずかし》める　対 名誉　熟 恥部、屈辱

共 ☐ ❿ 時代をチョウエツした傑作である。
基準・限界をはるかにこえること
超越
訓 超《こ》える、越《こ》える　熟 超克、越境

共 ☐ ⓫ 温暖化のチョウコウが顕著だ。
物事がおこる前ぶれ
兆候（徴候）
―侯×
訓 兆《きざ》し　類 前兆　参「候」も「きざし」の意味。

共 ☐ ⓬ チョウハツには乗るな。
刺激してそそりたてること
挑発
訓 挑《いど》む　参「発」は「おこる」の意味。「挑撥」とも書く。

（1）ういこうぶり　（2）おんようじ（おんみょうじ）

13 共 時代の**チョウリュウ**にのる。（満ち引きによる海水の動き。比喩的に、時勢の動き）
潮流
類 時流 熟 思潮、風潮

14 実力をしっかりと**ニンシキ**する。（対象について知り理解すること）
認識
訓 認《みと》める 参「識」は「知る」の意味。博識、面識

15 心臓が**ヒダイ**する。（太りおおきくなること）
肥大
訓 肥《こ》える 熟 肥満、肥厚

16 共 **フキュウ**の名作を読む。（後世まで長く残ること）
不朽
普× 及×
類 不滅 参「不朽之芳《のほう》」は「不滅の名声」の意味。

17 **フゼイ**のある家並みが続く。（そのもの独特の味わい）
風情
類 情趣《じょうしゅ》 熟 風流《ふうりゅう》、慕情《ぼじょう》

18 共 生活がすっかり**ヘンボウ**した。（姿や様子がかわること）
変貌
—貌×
類 変容 参「貌」は「顔、姿などの形」の意味。

19 **ホンポウ**な性格である。（思うままに振る舞うこと）
奔放
—放×
熟 奔走、狂奔

20 失策をあげれば**マイキョ**に遑《いとま》がない。（一つ一つ数え上げること）
枚挙
枚×—
類 列挙 参「枚」は「一つ一つ」の意味。

21 いちいち確かめるのは**メンドウ**だ。（手間がかかりわずらわしいこと）
面倒
—到×
類 厄介 参 面倒をみる（世話をする）

22 臨時に店員を**ヤト**う。（賃金を払って人を使う）
雇う
熟 雇用《こよう》、解雇《かいこ》 参 日雇《ひやと》い

23 **ユウガ**な物腰の女性だ。（しとやかで上品なこと）
優雅
訓 雅《みや》び 類 優美、典雅

24 共 **リフジン**な要求をする。（むりを押し通そうとすること）
理不尽
訓 尽《つ》くす 類 不合理、不条理

25 **ロコツ**な表現をひかえる。（感情や本心をむきだしに示すこと）
露骨
訓 露《あらわ》れる 対 婉曲《えんきょく》
熟 露悪、骨肉（肉親）

◉古語の読み （1）初冠 （2）陰陽師 答えは右ページ

書き取り

ランクB 8

☐ ❶	専門家の指導を**アオ**ぐ。	教示や援助を求める	仰ぐ	仰×	熟 渇仰《かつごう》、信仰《しんこう》、仰角《ぎょうかく》
☐ ❷	悪天候のため登頂を**アキラ**める。	断念する	諦める	締×	熟 諦念《ていねん》、諦観《ていかん》
☐ ❸	相手の**イコウ**を十分にくみ取る。	物事にどう対処するかについての考え	意向	―行×	類 意志、意図
☐ ❹	**イサギヨ**く責任を取って辞職した。	未練がましくなく立派だ	潔い	潔× 潔×	熟 潔癖《けっぺき》、高潔《こうけつ》
☐ ❺	世界文化**イサン**に登録された。	前代の人が残した業績	遺産	遣×―	訓 遺《のこ》す 熟 遺影、遺稿
☐ ❻	油断しないよう自らを**イマシ**める。	過ちのないよう注意を与える	戒める	戎×	熟 自戒《じかい》、懲戒《ちょうかい》
☐ ❼	卒業生に講演を**イライ**する。	用件をたのむこと	依頼		訓 依《よ》る、頼《たよ》る 参 帰依《きえ》
☐ ❽	君とは浅からぬ**インネン**がある。	運命でつながっている関係	因縁	―緑×	熟 誘因、宿縁《しゅくえん》 参 「因」も「縁」も「ゆかり」の意味。
☐ ❾	見事な景色に心を**ウバ**われた。	強くひきつける	奪う	奮×	熟 奪還《だっかん》、収奪《しゅうだつ》
☐ ❿	ファンが会場を**ウ**め尽くした。	隙間なく満たす	埋める		熟 埋蔵《まいぞう》 参 「うずめる」とも読む。
☐ ⓫	努力をして新しい技を**エトク**した。	よく理解してじぶんのものにすること	会得		類 体得 参 「会」は「理解する」の意味。
☐ ⓬	悲しみが胸中を**オウライ**する。	思いが浮かんだり消えたりすること	往来	住×―	訓 往《ゆ》く 熟 往復、往診

(1) かたたがえ　(2) からぎぬ

⓭ ☐ 道徳の退廃は**ガイタン**（なげきいきどおること）に堪えない。／慨嘆／概×―／熟 憤慨、慨世《がいせい》（世の中のありさまを嘆くこと）

⓮ ☐ 巨額の借金を**カカ**（解決すべきことをもつ）えて破綻する。／抱える／抱×／熟 抱負《ほうふ》、抱擁《ほうよう》

⓯ ☐ 当時を思うと**カクセイ**（時代がへだたること）の感がある。／隔世／融×―／熟 隔絶、遠隔

⓰ ☐ **カクダン**（程度の差がはなはだしいさま）の進歩を遂げる。／格段／―段×／類 格別　熟 別段

⓱ ☐ 神仏の**カゴ**（神仏が力をくわえて守り助けること）を祈る。／加護／熟 加持祈禱《かじきとう》、鎮護《ちんご》

⓲ 共 ☐ **カホウ**（幸せ）は寝て待て。／果報／家×宝×／熟 成果、因果応報

⓳ 共 ☐ 優勝に**カンキ**（大きなよろこび）の声があがった。／歓喜／感×―／訓 歓《よろこ》ぶ　対 悲哀《ひあい》　類 喜悦

⓴ 共 ☐ 取り扱いの**カンベン**（手軽でべんりなこと）な道具。／簡便／間×―／類 軽便《けいべん》　熟 料簡《りょうけん》、便覧《びんらん》、簡易

㉑ 共 ☐ 緊張した関係を**カンワ**（やわらげゆるめること）する。／緩和／援×―／訓 緩《ゆる》める、和《やわ》らげる　対 強化

㉒ 共 ☐ 師の教えを心に深く**キザ**（深く心にとどめる）む。／刻む／刻×／熟 刻印《こくいん》、篆刻《てんこく》

㉓ 共 ☐ **キテイ**（さだめたやり方）に従って選挙で会長を選ぶ。／規定／―程×／熟 規制、必定《ひつじょう》

㉔ 共 ☐ 研究もようやく**キドウ**（物事の進む一定の方向）に乗った。／軌道／規×―／参「軌」も「道」も「みち」の意味。

㉕ ☐ 交通違反を**キビ**（手心を加えない）しく取り締まる。／厳しい／激×／熟 厳罰《げんばつ》、謹厳

◉古語の読み　（1）方違へ　（2）唐衣　答えは右ページ

書き取り　ランクB 9

[共] ❶ **キョドウ**（立ち居振る舞い）不審者をマークする。
挙動
[類] 挙措《きょそ》の意味。 [参] 「挙」は「行い」

❷ 古い校舎の壁には**キレツ**（割れ目）がある。
亀裂
×—列　×—烈
[熟] 亀甲《きっこう》、裂傷《れっしょう》

[共] ❸ **キンセイ**（釣り合いがとれていること）のとれた体つき。
均整（均斉）
[訓] 整《ととの》う [類] 均衡、バランス

❹ 周囲から**ケイエン**（かかわりをもたないように避けること）される。
敬遠
敬×—
[参] 「敬《うやま》って近づかない」が本義。

❺ 船舶に**ケイコク**（事前に注意をうながすこと）を発する。
警告
「警」の「攵」に注意
[訓] 告《つ》げる [熟] 警報、戒告

[共] ❻ **コウキュウ**（長くいつまでも変わらないこと）の平和を念願する。
恒久
桓×—
[類] 永久 [参] 「恒」は「いつも変わらない」の意味。恒例

[共] ❼ 世界記録が**コウシン**（あたらしく改めること）された。
更新
[参] 「更」は「新しくする、入れかえる」の意味。

[共] ❽ 電気製品を**コウニュウ**（買い求めること）する。
購入
講×—
[訓] 購《あがな》う（買い求める） [対] 売却 [熟] 購買

❾ ローマ帝国**コウボウ**（おこることと滅びること）の歴史を繙《ひもと》く。
興亡
[訓] 興《おこ》る、亡《な》い [類] 興廃、栄枯盛衰

❿ 不当な利益を**サクシュ**（しぼりとること）する。
搾取
[訓] 搾《しぼ》る [熟] 搾乳、圧搾

⓫ 友人を海外旅行に**サソ**（何かをしようと勧める）う。
誘う
[参] [熟] 勧誘《かんゆう》、誘致、誘導 「いざなう」とも読む。

[共] ⓬ 予想外の苦戦を**シ**（むりにやらせる）いられた。
強いる
[熟] 強制《きょうせい》、強行

(1) きょうそく　(2) けそう

共 ⑬ 復旧作業をシキする。(さしずすること) 指揮
類 采配《さいはい》 熟 発揮
参「揮」は「ふるう」の意味。

⑭ 雇用対策のシシンをまとめる。(進むべき方向を示すもの) 指針
参「針」は「めざす方向」の意味。方針、針路

⑮ ジチョウ気味に語る。(じぶんでじぶんをあざけること) 自嘲
訓 嘲《あざけ》る 熟 嘲罵《ちょうば》、嘲笑

⑯ 道楽で集めた骨董《こっとう》品をジマンする。(じぶんのことを他人に誇ること) 自慢 ―漫×
参「慢」は「おごりたかぶる」の意味。

⑰ メダル獲得がシャテイに入る。(勢力が及ぶ範囲) 射程 ―定×
訓 射《い》る 熟 射的、道程《どうてい》
参「程」は「距離」の意味。

⑱ 劇団をシュサイする。(全体をまとめること) 主宰 ―宰×
参 主催(中心となって催す)との違いに注意。

⑲ 他者の考えをジュヨウする。(うけ入れること) 受容
参「受」「容」ともに「受け入れる」の意味。

⑳ 規格にジュンキョして製作する。(あるものをよりどころにして、それにしたがうこと) 準拠 ―処×
参「準」「拠」ともに「よりどころとなるもの」の意味。

共 ㉑ シュンジに消えてなくなった。(きわめてわずかなじかん) 瞬時 瞬×―
訓 瞬《また》く 類 刹那《せつな》
熟 一瞬

㉒ 全軍をショウアクする。(全面的に支配下に置くこと) 掌握
訓 掌《てのひら》、掌《たなごころ》(手中に握ること)

共 ㉓ 不幸な生が芸術にショウカされる。(物事が一段上の状態に高まること) 昇華 ―化×
参「固体が直接、気体になること」の意味も。

共 ㉔ 新居にショウタイする。(客としてまねくこと) 招待 紹×―
訓 招《まね》く 類 招聘《しょうへい》

共 ㉕ 補正予算がショウニンされる。(みとめること) 承認
訓 承《うけたまわ》る、認《みと》める
類 承諾、了承

◉古語の読み (1) 脇息 (2) 懸想 答えは右ページ

番号	問題	意味	解答	誤答例	解説
❶	**シンリャク**戦争を謝罪する。	他国に攻め入って主権をおかすこと	侵略（侵掠）	浸×—　—進×	参「略」は「奪い取ること」の意味。攻略、略奪
❷	**ズイショ**に工夫の跡が見られる。	いたるところ	随所（随処）	堕×—	訓 随《したが》う　熟 随意、随時
❸ 共	友人に入会を**スス**める。	誘いかける	勧める（奨める）	進×—	熟 勧告《かんこく》、勧誘、勧善懲悪《かんぜんちょうあく》
❹ 共	六十歳で百名山を**セイフク**した。	困難に打ち勝って目的を達すること	征服	制×—	熟 征伐《せいばつ》、降服
❺	大言壮語の**セイヘキ**がある。	くせ	性癖		訓 癖《くせ》　熟 潔癖《けっぺき》
❻ 共	安全**ソウチ**が作動する。	ある目的のために備えられた設備	装置		類 装備　熟 装着、付置
❼	華麗さと**ソウチョウ**さを兼ね備える。	おごそかで、おもおもしいこと	荘重	壮×—	類 荘厳　参「荘」は「いかめしくおごそかな」の意味。
❽ 共	引っ越しが原因で**ソエン**になる。	交際が絶えて親しみが薄れること	疎遠	疎×—	対 親密　参「疎」は「親しくない」の意味。
❾ 共	**ソザツ**な工事が原因だ。	いいかげんでおおざっぱなこと	粗雑	祖×—　阻×—　租×—	訓 粗《あら》い　熟 粗品《そしな》、煩雑《はんざつ》
❿	人間の**ソンゲン**を冒してはならない。	けだかいこと	尊厳	「厳」の「攵」に注意	対 丁寧　訓 尊《とうと》い、厳《おごそ》か　熟 尊重、威厳
⓫ 共	職務**タイマン**で会社をくびになった。	なまけておこたる態度	怠慢	—漫×	訓 怠《なま》ける、怠《おこた》る　参「慢」も「おこたる」の意味。
⓬	土産を**タズサ**えて帰郷した。	身につけて持つ	携える		熟 携帯《けいたい》、提携《ていけい》、必携《ひっけい》

(1) こきでん　(2) ごんのそち（ごんのそつ）

⑬ 失踪者を**タズ**ね回った。（ありかや行方を探し求める）
尋ねる
熟 尋問《じんもん》、尋常《じんじょう》（普通の）

⑭ 共 **ダセイ**で繰り返している。（今までの習慣やくせ）
惰性
類 習性　熟 惰眠、怠惰

⑮ 蟹《かに》と**タワム**れて悲しみを癒やした。（遊び興じる、ふざける）
戯れる
熟 戯曲《ぎきょく》、遊戯《ゆうぎ》　参「じゃれる」「ざれる」とも読む。

⑯ 共 政府を**ダンガイ**する。（罪過などを暴き、責任を追及すること）
弾劾　―該×　―効×
参「弾」「劾」ともに「しらべる、あばく」の意味。

⑰ 共 病気が完全に**チユ**する。（病気・怪我などがなおること）
治癒　―愈×
訓 治《なお》る、癒《い》える　類 平癒
熟 全治、癒着

⑱ 共 大理石に**チョウコク**を施す。（ほりきざんで造作すること）
彫刻　―刻×
訓 彫《ほ》る、刻《きざ》む　類 彫塑

⑲ 全財産を**ツイ**やして家を建てる。（使ってなくす）
費やす　尽×
熟 浪費《ろうひ》、消費

⑳ 寄付金を**ツノ**る。（広く集める）
募る
熟 募集《ぼしゅう》、徴募《ちょうぼ》

㉑ 規則に**テイショク**する行為だ。（法律・規則などにふれること）
抵触　低×―
参「抵」も「触」も「ふれる」の意味。

㉒ 共 選挙違反を**テキハツ**する。（悪事を暴いて公にすること）
摘発
参「摘」も「発」も「あばく」の意味。

㉓ 共 責任を**テンカ**する。（人のせいにすること）
転嫁　添×加×　―化×
参「嫁」は「他人に押しつける」の意味。

㉔ 光を水面に**トウシャ**する。（光などをなげかけること）
投射　倒×斜×
類 投影　熟 投資、照射

㉕ 共 本懐を**ト**げる。（成し終える）
遂げる　逐×
熟 遂行《すいこう》、未遂《みすい》

◉古語の読み　（1）弘徽殿　（2）権帥　　答えは右ページ

書き取り　ランクB 11

❶ トツジョ姿を現した。（出し抜けなさま）
突如
類 卒然、突然 熟 如実《にょじつ》

❷ 加齢とともに腕がニブる。（技能が低下する）
鈍る
熟 鈍化《どんか》 参「鈍《にぶ》い」を「のろい」と読めば別の意味。

❸ 急場にノゾんでもあわてずに。（ある機会・場面に出合う）
臨む
望×
類 直面する 熟 臨場感《りんじょうかん》

❹ 共 門下から名演奏家がハイシュツした。（優れた人物が世にでること）
輩出
排×―
類 続出 熟 後輩

❺ 共 組織の細胞をバイヨウする。（微生物、細胞などを育てること）
培養
倍×―
訓 培《つちか》う、養《やしな》う 熟 培地

❻ 自然をハカイする。（こわすこと）
破壊
―壊×
訓 破《やぶ》る、壊《こわ》す 対 建設

❼ 詳しい説明をハブく。（取り除いて減らす）
省く
熟 内省《ないせい》、省力《しょうりょく》 参「省《かえり》みる」とも。

❽ 教育界にハモンを投ずる。（輪の形で広がるもよう、影響）
波紋
参「紋」は「模様」の意味。紋様、指紋

❾ ヒッス条件を明らかにする。（絶対になくてはならないこと）
必須
類 不可欠 参「須」は「もとめる」の意味。

❿ 共 伝統軽視のフウチョウがある。（世の中の傾向）
風潮
類 時流 熟 風評、風聞、思潮

⓫ 両者はフカブンに結びついている。（わけることができないさま）
不可分
参「分《わ》くべからず」と訓読できる。

⓬ 憂いをフクんだ微笑を浮かべた。（中にもつ）
含む
熟 含蓄《がんちく》、包含《ほうがん》

(1) したがさね　(2) じもく

⑬ 共 震災被害の町を**フッコウ**する。（もとのように盛んになること）
復興
訓 興《おこ》る　類 復活、再興

⑭ 共 政治の**フハイ**を嘆く。（いたみ、くさること）
腐敗　―敗×
熟 腐爛《ふらん》(乱)、腐朽

⑮ 共 参考**ブンケン**を調べる。（参考となる書物など）
文献
類 資料　参「献」は「昔からのしきたりに詳しい人」の意味。

⑯ 他の概念を**ホウセツ**する。（より大きな概念につつみ込むこと）
包摂　包×―
訓 包む　参「摂」は「おさめる」の意味。

⑰ 共 伝統を**ボクシュ**する。（自分の説・態度を堅くまもること）
墨守
参 故事「墨翟之守《ぼくてきのまもり》」から。

⑱ 共 運を天に**マカ**せる。（するがままにゆだねる）
任せる（委せる）
熟 委任《いにん》、放任

⑲ 反対意見を**マッサツ**した。（否認し去ること、消し去ること）
抹殺　―殺×
類 抹消　参「抹」は「消す、見えなくする」の意味。

⑳ **ムジャキ**な子どものように笑った。（あどけなく素直なこと）
無邪気
類 天真爛漫《てんしんらんまん》　熟 風邪《かぜ》、邪悪

㉑ **メイジョウ**しがたい光景である。（「――しがたい」で言葉で表現するのが難しい）
名状
参 普通、打消の表現を伴って用いる。

㉒ **メンミツ**なプランを立てる。（細かくゆきとどいていること）
綿密
対 杜撰《ずさん》

㉓ 共 伝染病が**モウイ**をふるった。（激しい勢い・力）
猛威
類 暴威　参「威」は「人を恐れ服従させる力」の意味。

㉔ 共 **モハン**解答を活用して復習した。（見習うべき手本）
模範　―範×
参「模」は「まねる」（模倣）、「範」は「手本」（規範）の意味。

㉕ 共 戦場で**ユウカン**に戦った。（おそれることなく積極的なこと）
勇敢　―敢×
熟 敢闘、果敢　参「敢」も「いさましい」の意味。

◉古語の読み　(1) 下襲　(2) 除目　答えは右ページ

❶ 風水害が**ユウリョ**（心配してこまごま考えること）される。
憂慮　―慮×
類 危惧　熟 憂鬱《ゆううつ》、深慮

❷ 老後の暮らしを思い**ワズラ**（思い悩む）う。
煩う　患×
参「患う」は「病気になる」の意味。

❸ **アンイ**（深く考えないさま）な妥協は避けるべきだ。
安易　―易×
対 至難《しなん》　熟 安直、平易

共 ❹ **クッタク**（心配事があってくよくよすること）のない笑顔を見せる。
屈託　―詫×
熟 屈折、受託

共 ❺ 今回の決定には**イギ**（反対の考え）を唱えたい。
異議　―義×
類 異論　参「異義」は別の意味。

共 ❻ **イショウ**（工夫）を凝らした作品。
意匠
熟 師匠、名匠　訓 匠《たくみ》　類 デザイン

共 ❼ 清掃業務を**イタク**（他に頼みゆだねること）する。
委託　―詫×
訓 委《ゆだ》ねる　類 委嘱、寄託

❽ 科学技術が**イチジル**（めざましく）しく進歩する。
著しい　煮×
熟 著名《ちょめい》、顕著《けんちょ》

共 ❾ 選手は**イッセイ**（同時）にスタートした。
一斉　―斎×
参「斉」は「ひとしい、そろっている」の意味。

❿ 彼女は嘘《うそ》を**イ**（好ましくないものとしてとおざける）む気持ちが強い。
忌む
熟 忌憚《きたん》、忌明《いみあ》け、忌地《いやち》

共 ⓫ 多発する**イリョウ**（病気やけがを治すこと）事故。
医療
熟 療育、診療

⓬ **インシツ**（暗くてじめじめした嫌な感じ）なやり方は許されない。
陰湿　―執×
熟 陰険、湿原

(1) じょうし　(2) すくせ

⑬ ☐ 武芸のオウギを極める。（最も大事なことがら）
奥義　—技×
参「おくぎ」とも読む。

⑭ 共 ☐ 彼は好奇心がとてもオウセイだ。（活力や意欲がさかんなさま）
旺盛　旺×—
参「旺」は「盛んな」の意味。

⑮ ☐ 学園の創立当時をカイコする。（過去をなつかしく思うこと）
懐古　壊×—　懐×—
訓 懐《なつ》かしむ、古《いにしえ》
熟 懐旧、復古

⑯ 共 ☐ 荒れ地をカイコンして畑にする。（山野を切りひらいて耕地にすること）
開墾　—懇×
参「墾」は「切り開く」の意味。

⑰ 共 ☐ プログラムを一部カツアイする。（やむをえず捨てる）
割愛
参「愛」は「惜しむ」の意味。愛惜

⑱ ☐ 彼女はカンがよくはたらく。（直感的に感じ取る能力）
勘　堪×　感×
類 第六感　熟 山勘《やまかん》

⑲ ☐ カンキュウ自在の投球術。（遅いことと速いこと）
緩急　援×—
訓 緩《ゆる》い　類 遅速《ちそく》　熟 弛《し》緩《かん》、緩慢

⑳ ☐ 自らの人生をカンショウする。（ものの本質を見つめること）
観照　鑑×賞×
熟 観取、照合　参「観」は「みる」の意味。

㉑ ☐ 政治にカンシンをもっている。（気にかけること）
関心　感×—　歓×—
類 興味　参「感心」「歓心」は別の意味。

㉒ 共 ☐ 困難にカンゼンと立ち向かう。（思い切って物事を行うさま）
敢然　敢×—
熟 敢行、卒然

㉓ ☐ 不注意にキインする事故だ。（物事がおこるもととなること）
起因　帰×—
熟 起源、主因

㉔ ☐ 彼の作品はイサイを放っている。（他と比べて際だったようす）
異彩　—才×　—彩×
参「異才」は「人と違うすぐれた才能（の人）」の意味。

㉕ ☐ イッサイの責任は私にある。（すべて）
一切
参「切」は音が「さい」の場合は「多い」の意味。

◉古語の読み　（1）上巳　（2）宿世　答えは右ページ

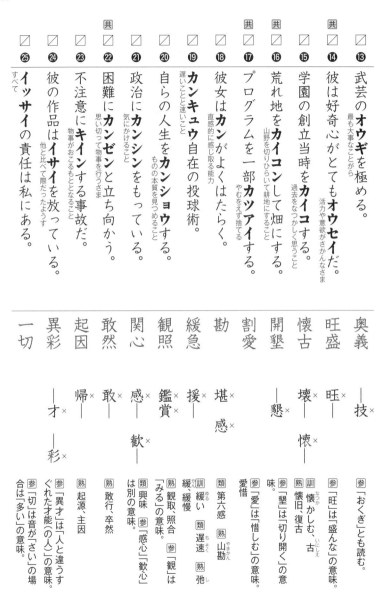

書き取り　ランクB 13

□❶ 消化**キカン**（一定の働きをもつ部分）の検査を受ける。
器官　機×関×
訓 器《うつわ》　熟 器材、五官《ごかん》

□❷ 身の**キケン**（あぶないこと）を感じて避難する。
危険　—検×　危×—
訓 険《けわ》しい　熟 危惧《きぐ》、険悪　対 安全

□❸ 行政**キコウ**（組織を組み立てる仕組み）を改革する。
機構　—講×
訓 構《かま》える　熟 機関、構想

共 □❹ **キチョウ**（とても大切なさま）な資源を保護する。
貴重
訓 貴《たっと》い、貴《とうと》い、重《おも》んずる

□❺ **キフク**（波乱）に富んだ生涯だった。
起伏
訓 伏《ふ》す　熟 雌伏《しふく》、伏兵

共 □❻ 急がば回れという**ギャクセツ**（矛盾しているようで正しいもの）。
逆説　—接×
類 パラドックス　熟 逆鱗《げきりん》

□❼ 鬼の**ギョウソウ**（顔つき）でつかみかかる。
形相
類 表情　熟 異形《いぎょう》　参「けいそう」と読むと別の意味。

□❽ 建築美の**キョクチ**（最高の状態）を示した宮殿。
極致　—到×　—致×
訓 極《きわ》める　参「致」は「最後までいきつく」の意味。

□❾ **キョヨウ**（受け入れること）範囲が広い。
許容
訓 容《い》れる(受け入れる)　類 容赦、容認

□❿ 相手との**キョリ**（へだたり）をはかりかねる。
距離　拒×—
参「距」は「へだてる」の意味。

共 □⓫ 少女の**クッセツ**（心情がゆがんで単純でないこと）した心理を描く。
屈折　—節×
類 屈曲　熟 屈伏(服)、挫折

□⓬ 日々**アンノン**（落ち着いて気楽なさま）に暮らしている。
安穏　—隠×　—稳×
訓 穏《おだ》やか　熟 平穏《へいおん》、穏健《おんけん》

(1) せいりょうでん　(2) ぞうし

⑬ ☐ 家族全員で花見に**ク**り出す。（大勢で勢いよく出かける）
繰る　操×
参「繰り上げ当選」「繰《く》り合わせる（都合をつける）」

⑭ ☐ 無謀な**クワダ**てをいさめる。（計画）
企て
熟 企画、企図《きと》、企業

⑮ ☐ **ケイソツ**な行為をとがめる。（深く考えないで行動すること）
軽率　―卒×
対 慎重　参「率」は「かるはずみ」の意味。

⑯ ☐ 早く処置した方が**ケンメイ**だ。（かしこくて適切な判断ができること）
賢明　懸×命×
訓 賢《かしこ》い　熟 賢者、聖賢

⑰ 共 ☐ **ケンヤク**生活を送る。（無駄を省いて出費を少なくすること）
倹約　検×―　険×―
対 浪費　類 節約《せつやく》、節倹《せっけん》

⑱ ☐ 先方の態度が**コウカ**する。（意見や態度がかたくなること）
硬化
対 軟化　熟 硬直、気化《きか》

⑲ ☐ 内部**コウソウ**が激化する。（互いにあらそうこと）
抗争
参「抗」は「手向かう」の意味。抗議、抗菌

⑳ ☐ **コウリョウ**たる風景が広がる。（あれ果てて寂しいさま）
荒涼
訓 涼《すず》しい　熟 荒廃、涼風

㉑ ☐ **ゴカイ**を招く表現を避ける。（言葉などのいみを取り違えること）
誤解
訓 誤《あやま》る　熟 誤診、誤算、錯誤

㉒ 共 ☐ 巻末の**サクイン**を活用する。（語句や事項などの配列を示した表）
索引　索×―
参「索」は「探し求める」の意味。捜索、詮索、検索

㉓ ☐ 人事を**サッシン**する。（弊害を除いて全くあたらしくすること）
刷新
訓 刷《す》る　参「刷」は「こすって清める」が本義。

㉔ ☐ 判定をめぐって観客が**サワ**いだ。（大勢で反対したり不平を訴えたりすること）
騒ぐ
熟 騒動《そうどう》、騒乱《そうらん》、喧騒《けんそう》

㉕ ☐ 業務に**シショウ**をきたす。（さしつかえ）
支障
訓 障《さわ》る　参「支」も「障」も「差し支える」の意味。

●古語の読み　(1) 清涼殿　(2) 曹司　　答えは右ページ

番号	問題	意味	解答	誤り	補足
❶	**ザンシン**なデザインで人気を博す。	おもむきを出すための工夫や発想がきわめてあたらしいさま	斬新	暫×―　漸×―	対 陳腐《ちんぷ》　参「斬」は「きわだつ」の意味。
❷	事の**シダイ**を説明する。	いきさつ	次第	―弟×	参「まかせる」「終わるとすぐに」の意味も。
❸	**ジュウジュン**すぎて物足りない。	素直で人に逆らわないこと	従順	―純×	参「従」「順」ともに「したがう」の意味。
❹ 共	村の婚姻**シュウゾク**を調査する。	ならわし	習俗	―浴×	類 風習、風俗
❺	**ジュンタク**な資金をつぎ込む。	ものが豊富にあること	潤沢	―択×	訓 潤《うるお》う　参「沢」も「うるおう」の意味。
❻	新しい環境に**ジュンノウ**する。	まわりに適合するようになること	順応	―能×	参「応」は「他の動きにしたがう」の意味。
❼	事の**シンギ**は定かではない。	まことといつわり	真偽	―為×	訓 偽《にせ》、偽《いつわ》る　熟 偽造、偽証、虚偽
❽ 共	産業の**シンコウ**策を練る。	物事を盛んにすること	振興		類 振起　熟 興亡
❾	**シンボウ**にも限界がある。	つらさや苦しさに耐えること	辛抱	―抱×	訓 辛《つら》い　類 我慢、忍耐
❿	**キノウ**的な設計で使いやすい。	備わっている働き	機能		熟 機構、技能
⓫ 共	精神的な**スイジャク**が著しい。	おとろえてよわくなること	衰弱	哀×―　「衰」の左下「ノ」を忘れないこと	訓 衰《おとろ》える　類 衰微、衰退
⓬	**セイチ**を極めた彩色が施される。	細かいところまで注意が行き届いていること	精緻	―致×　―緻×	類 精密、緻密

(1) そうぞく（しょうぞく）　(2) そくたい

⑬ 共 **セッチュウ**案を提出する。（それぞれのよいところを一つにまとめること）
折衷　―衷×（「衷」の左下「ノ」を忘れないこと）
参「衷」は「ほどよい程度」の意味。

⑭ **ソウイ**あふれる曲を書き続ける。（これまでにない新しい考えやアイデア）
創意
参「創」は「はじめてつくる」の意味。創業、創刊、独創

⑮ **ソッセン**して温暖化対策にあたる。（進んで事を行うこと）
率先　卒×―
訓 率《ひき》いる(したがえる)

⑯ 彼女はフランス語の**ソヨウ**がある。（ふだんの練習や学習で身につけた知識や技量）
素養
参「素」は「つねづね」の意味。平素、素行

⑰ 共 **タンセイ**なうしろ姿に惹《ひ》かれる。（姿やふるまいがきれいなさま）
端正　単×―　―整×
参「端整」は「顔かたちが整っているさま」の意味。

⑱ 絶望して**タンソク**をもらした。（なげいてためいきをつくこと）
嘆息
熟 嘆声、安息

⑲ 共 思いっきり高く**チョウヤク**する。（とび上がること）
跳躍　挑×―
訓 跳《と》ぶ、跳《は》ねる、躍《おど》る

⑳ 倉庫に食糧を**チョゾウ**する。（たくわえてしまっておくこと）
貯蔵　―臓×
訓 貯《た》める、貯《たくわ》える　熟 貯金、冷蔵

㉑ 重苦しい**チンモク**が続いた。（だまっていること）
沈黙
対 雄弁　熟 沈思黙考《ちんしもっこう》　類 無言

㉒ 体調のために酒を**ツツシ**む。（度を超さぬよう控えめにする）
慎む　謹×
熟 慎重《しんちょう》　参「謹《つつし》む」は「かしこまる」の意味。

㉓ 共 海外の企業と**テイケイ**する。（協同して事業などをすること）
提携
訓 提《さ》げる、携《たずさ》える

㉔ 愛が憎しみに**テンカ**する。（他の状態に変わること）
転化
訓 転《ころ》がる　類 変化、転成

㉕ **デントウ**芸術の継承に尽力する。（古くから受け継ぎつたわったもの）
伝統
類 慣習、風習

●古語の読み　(1) 装束　(2) 束帯　答えは右ページ

共 ☐ ❶ 絶好の機会が**トウライ**する。（機運がむいてくること）

☐ ❷ 危険が**トモナ**った手術だ。（事に応じて同時に存在する）

☐ ❸ 多機能を**ナイゾウ**した電話だ。（中に含んでいること）

☐ ❹ 言行が**ハイハン**する。（あいいれないこと）

共 ☐ ❺ 二国の文化を**ヒカク**研究する。（くらべること）

☐ ❻ **ヒクツ**な態度があさましい。（自らをいやしめ他にへつらうこと）

共 ☐ ❼ 犯行を**ヒニン**する。（事実であるとみとめないこと）

☐ ❽ **ヒフ**感覚を大切にする。（体の表面を覆っている組織）

☐ ❾ 思想的**ヘンコウ**が甚だしい。（考えなどがかたよって正しくないこと）

共 ☐ ❿ 安眠の**ボウガイ**になる。（じゃまをすること）

☐ ⓫ 欠点を**ホカン**する。（不足をおぎなって、かんぜんなものにすること）

共 ☐ ⓬ 身元**ホショウ**人を引き受ける。（確かであると請け合うこと）

---

❶ 到来　倒×—
熟 到底《とうてい》、周到

❷ 伴う
熟 随伴《ずいはん》、伴侶《はんりょ》、相伴《しょうばん》

❸ 内蔵　—臓×
参 「蔵」は「たくわえる」の意味。蔵書、埋蔵

❹ 背反　—判×
訓 背《そむ》く　類 矛盾、背馳《はいち》

❺ 比較
訓 比《くら》べる　類 対比、対照　参 「較」も「くらべる」の意味。

❻ 卑屈
訓 卑《いや》しい、屈《かが》む　熟 卑怯《ひきょう》、不屈

❼ 否認
訓 否《いな》　対 是認

❽ 皮膚
訓 膚《はだ》　類 肌《はだ》

❾ 偏向　遍×—　—行×
訓 偏《かたよ》る　熟 偏愛、意向

❿ 妨害　防×—
訓 妨《さまた》げる

⓫ 補完
訓 補《おぎな》う　熟 補遺《ほい》、完遂《かんすい》

⓬ 保証　—障×
訓 証《あかし》　参 「保」は「請《う》け合う」の意味。

（1）たいのや　（2）つごもり（みそか）

⑬ そんなつもりは**モウトウ**ない。（すこしも、まったく）
毛頭
参 下に打消をともなって使う。

⑭ 共 暴力に訴えるのは**ヤバン**だ。（文明が開けていないこと）
野蛮
対 文明　熟 蛮行《ばんこう》　類 未開

⑮ 事故の**ユウハツ**を防止する。（他のことをさそい起こすこと）
誘発
訓 誘《さそ》う　熟 誘引、挑発

⑯ 地下室に**ユウヘイ**される。（とじ込めること）
幽閉
類 監禁　参「幽」「閉」ともに「とじ込める」の意味。

⑰ **ユウベン**は銀、沈黙は金。（話術が巧みなこと）
雄弁
対 訥弁《とつべん》、沈黙

⑱ 共 後進に道を**ユズ**る。（他人に与え、まかせる）
譲る
旁の左下「ノ」を忘れないこと
熟 譲渡《じょうと》、委譲《いじょう》

⑲ 共 **ヨウニン**しがたい内容である。（よいとみとめてゆるすこと）
容認
類 是認　参「容」は「ゆるす」の意味。

⑳ 伝来の**リュウギ**に則《のっと》る。（技芸などにおける独特のやり方）
流儀
―義×
熟 流派、我流、葬儀、儀式

㉑ 共 高層ビルが**リンリツ**する。（ものが多くたち並ぶさま）
林立
参 林の木のように多く立ち並ぶことから。

㉒ **レイテツ**な目で先を見通す。（落ち着いて深く鋭く見通すさま）
冷徹
―徹×
類 明察《めいさつ》　熟 徹頭徹尾《てっとうてつび》

㉓ 戦いの跡が**レキゼン**と残る。（非常にはっきりしているさま）
歴然
類 明瞭　参「歴」は「はっきりした」の意味。

㉔ 長い**ロウカ**をしずしずと歩く。（部屋と部屋をつなぐ通路）
廊下
熟 回廊、画廊

㉕ **アイシュウ**を帯びたメロディ。（もの悲しい感じ）
哀愁
哀×―「哀」の左下「ノ」を忘れないこと
訓 愁《うれ》い　熟 哀訴《あいそ》、旅愁

●古語の読み　(1) 対屋　(2) 晦日　答えは右ページ

書き取り

ランクB 16

- ☐ ❶ 自然に対して**イケイ**の念を抱く。（心からおそれうやまうこと）　畏敬　［誤］畏× 敬×　訓 畏《おそ》れる、敬《うやま》う　熟 畏友、表敬
- ☐ ❷ 問題解決に政府の**イシン**をかける。（堂々として厳かなことと、それに対するしんよう）　威信　［誤］—心×　熟 威光、国威
- ☐ ❸ **イヨウ**を誇る高層建築。（堂々たる姿）　威容（偉容）　［誤］—様×　熟 威厳　参「容」は「姿」の意味。
- ☐ ❹ 彼の文章は**インエイ**に富んでいる。（微妙な変化があって趣が深いこと）　陰影　［誤］隠×—、—映×　熟 陰画、幻影　参「陰翳」とも書く。
- 共 ☐ ❺ **インリツ**を重んじた定型詩。（音楽的な調子、リズム）　韻律　熟 韻文、音韻、律詩《りっし》
- ☐ ❻ 見事な技に**エイタン**の声を上げた。（深く感動すること）　詠嘆　［誤］永×—　訓 詠《よ》む、嘆《なげ》く　参「詠歎」とも書く。
- ☐ ❼ 全国**エンゲキ**祭で表彰された。（芝居）　演劇　［誤］—戯×　熟 演目、寸劇、劇薬
- ☐ ❽ 王座を**オビヤ**かすほどに成長した。（あやうくする）　脅かす　［誤］威×　熟 脅迫《きょうはく》、脅威　参「脅《おど》かす」とも。
- ☐ ❾ この辺りは昭和の**オモカゲ**が残る。（思いおこさせる雰囲気）　面影　参「面《つら》」は「顔」、「影」は「姿」の意味。
- ☐ ❿ 彼は**オンケン**な性格だ。（おだやかで偏らないさま）　穏健　［誤］穏×—　訓 穏《おだ》やか、健《すこ》やか　対 過激　熟 穏和、健全
- ☐ ⓫ エースを決勝に**オンゾン**する。（使わずに大切にとっておくこと）　温存　訓 温《あたた》かい、温《ぬる》い　熟 温厚、実存
- ☐ ⓬ 平和主義を高く**カカ**げる。（主義や方針を示す）　掲げる　熟 掲示《けいじ》、掲載《けいさい》

（1）つまど　（2）のさき

13 ☐ 教育の**カクイツ**化が進む。（すべてを同じようにそろえること）
画一
対 多様 類 一律
熟 画然、区画

14 ☐ 読書は心の**カテ**と言える。（精神や生活のため必要なもの）
糧
熟 食糧《しょくりょう》、兵糧《ひょうろう》

15 ☐ 発言の**ガンイ**を読み取る。（表面には現れないいみ）
含意　×願―
訓 含《ふく》む 熟 含有量、真意

16 ☐ 厚生労働省の**カンカツ**する業種。（権限の及ぶ範囲）
管轄　×菅―　×―割
類 所管、所轄 参「轄」は「管理する」の意味。

17 ☐ **カンダン**なくしゃべり続ける。（一時途切れること）
間断
参「間断なく」で使うことが多い。

18 共 ☐ **カンレイ**に従って処理する。（ならわし）
慣例
訓 慣《なら》わし 類 常例、慣行

19 共 ☐ 父は今年**カンレキ**を迎える。（満六十歳）
還暦　×環―　×―歴
訓 還《かえ》る、暦《こよみ》 熟 償還、西暦

20 ☐ 世情を風刺した**ギガ**的な作品だ。（風刺を盛り込んだ滑稽な絵）
戯画　×劇―
訓 戯《たわむ》れる（遊ぶ、ふざける）

21 ☐ 進取の**キガイ**に富む。（くじけない強い心）
気概　×―慨
類 気骨 熟 概況、梗概《こうがい》

22 ☐ **ギジ**餌で魚を釣る。（区別ができないほどよくにているさま）
疑似（擬似）　×―以
訓 似《に》る 熟 疑惑、類似

23 共 ☐ **ギシキ**を簡略化して執り行う。（一定の作法で行われる行事）
儀式　×義―
類 式典 熟 威儀、地球儀

24 共 ☐ **キソ**学力の充実をはかる。（物事が成立する元になるもの）
基礎　×―礎
訓 基《もと》、礎《いしずえ》 熟 基幹、礎石

25 共 ☐ ライバルと技を**キソ**う。（張り合う）
競う
熟 競合《きょうごう》、競馬《けいば》

◉古語の読み （1）妻戸 （2）荷前 答えは右ページ

書き取り　ランクB 17

- 共 ❶ やっとのことで**キュウチ**（逃げようのない苦しい立場）を脱した。　窮地　究×―
  類 窮境《きゅうきょう》「立場、状態」の意味。 参「地」は「立場、状態」の意味。
- ❷ 世界的経済**キョウコウ**（経済の大混乱）。　恐慌　―荒×
  訓 慌《あわ》てる、慌《あわ》ただしい
- ❸ 一枚の絵に**キョウシュ**（おもしろみ）が尽きない。　興趣
  訓 趣《おもむき》 類 風趣 参「興」も「おもむき」の意味。
- 共 ❹ 反対派の主張に**キョウメイ**（深く同感すること）する。　共鳴
  訓 共《とも》に、鳴《な》る 類 共感
- 共 ❺ **キョショク**（うわべだけをかざること）に満ちた生活を送る。　虚飾　虚×―
  訓 虚《むな》しい（中身がない） 類 虚栄
- 共 ❻ 人生の**キロ**（わかれ道）に立つ。　岐路　帰×―
  参「岐」は「分かれ道」の意味。分岐、多岐
- ❼ 協議の結果、判定が**クツガエ**（ひっくり返る）る。　覆る　履×
  熟 転覆《てんぷく》、覆面《ふくめん》
- ❽ 喚起された**ケイショウ**（心に浮かぶ事物のすがた）を文章に表す。　形象　―像×
  訓 象《かたど》る（例「藤を象った紋章」）
- ❾ **ケイベツ**（見下したり、ばかにしたりすること）の眼差しを向ける。　軽蔑　―侮×
  参「蔑」は「さげすむ」の意味。蔑視、蔑称
- ❿ 選手団を**ゲキレイ**（はげまし、奮い立たせること）する。　激励　激×―
  訓 励《はげ》ます 参「激」は「感情を強く動かす」の意味。
- ⓫ 公権力による**ケンエツ**（調べあらためること）に反対する。　検閲
  参「閲」は「注意深く調べる」の意味。校閲、閲覧
- ⓬ 自己**ケンオ**（憎みきらうこと）に陥る。　嫌悪
  訓 嫌《きら》う 類 憎悪《ぞうお》 参「悪」も「きらう」の意味。

（1）のし　（2）ほい

		問題	意味	解答	誤り	解説
⑬		基本方針を**ケンジ**する。	かたく守ること	堅持		参 堅気《かたぎ》、堅苦《かたくる》しい
⑭	共	地域の復興に**ケンシン**する。	自分を犠牲にして人のために尽くすこと	献身		参「献」は「さしあげる」の意味。
⑮		新時代が**ゲンゼン**しつつある。	目のまえにあらわれること	現前		類 目前 参 前栽《せんざい》
⑯	共	政府の決定に**コウギ**する。	反対の考えを強く主張すること	抗議	―義×	訓 抗《あらが》う 参「議」は「意見、主張」の意味。
⑰		彼女は**コウキシン**が旺盛だ。	珍しいことや未知のことに興味をもつこころ	好奇心	―寄×―	参「奇」は「珍しい、不思議な」の意味。奇跡、奇行
⑱		説明が**チョウフク**している。	同じものが二つあること	重複	―復×	参「じゅうふく」とも読む。
⑲	共	**コウショウ**な趣味をもつ。	知性的で、気品があること	高尚		対 低俗 参「尚」は「程度が高い」の意味。
⑳	共	交渉の**コウセツ**が結果に表れる。	上手なことと、下手なこと	巧拙	功×―	訓 巧《たく》み、拙《つたな》い
㉑		勝ち負けに**コウデイ**する。	こだわること	拘泥		参「拘」「泥」ともに「こだわる」の意味。
㉒	共	限界まで身体を**コクシ**する。	こきつかうこと	酷使		訓 酷《むご》い 熟 残酷、苛酷《かこく》
㉓		趣向を**コ**らして完成させる。	一つのものに集中させる	凝らす	擬×	参「凝」は「固まる」（凝固《ぎょうこ》）、「集中する」（凝視）が本義。
㉔		海洋微生物を**サイシュ**する。	調査や研究のためにとること	採取	採×―	訓 採《と》る 熟 採決、採用
㉕	共	振り込め**サギ**が増加する。	人をだまして金品を奪うこと	詐欺	―斯×	参「詐」「欺」ともに「あざむく」の意味。

◉古語の読み （1）熨斗 （2）本意 答えは右ページ

書き取り　ランクB 18

❶ **ザンコク**な場面に思わず目を背ける。
むごたらしいこと
残酷
参「残」は「むごい」の意味。残虐、残忍

❷ 自我の本質は**シイ**にあるとされる。
考え
思惟　—唯×
参「しゆい」とも読む。「惟」も「おもう」の意味。

❸ 共 排出量削減の**シコウ**的実施。
ためしにやってみること
試行
訓 試《ため》す、試《こころ》みる　熟 試金石、試練

❹ 教育方針の**シザ**を固める。
見方の基礎になる立場
視座
熟 視野、視覚

❺ 彼の才能に**シット**する。
自分よりすぐれた人や恵まれた人をねたむこと
嫉妬　嫉×—
類 悋気《りんき》　参「嫉」「妬」ともに「ねたむ」の意味。

❻ **シフク**の時を過ごす。
この上ない幸せ
至福
訓 至《いた》る　熟 至誠《しせい》、必至《ひっし》

❼ **シボ**の情にかられる。
恋しく、なつかしくおもうこと
思慕　—幕×
参「慕」は「思いを寄せる」の意味。

❽ 個別性を**シャショウ**して検討する。
本質的でない要素・性質を考えから除くこと
捨象　—像×
訓 捨《す》てる　参「象」は「姿や形、ありさま」の意味。

❾ **シュウゼン**費がかさむ。
つくろって直すこと
修繕
訓 繕《つくろ》う　類 修理、営繕

❿ **ジュウゾク**外交が問題視される。
つきしたがうこと
従属
対 独立　参「属」は「つきしたがう」の意味。

⓫ 装飾にも**シュコウ**を凝らす。
おもむきやおもしろさを出すための工夫
趣向
訓 趣《おもむき》　熟 趣旨、情趣

⓬ 共 **シュビ**よく事が運んだ。
物事の経過や結果
首尾　守×備×
参 首（はじめ）から尾（終わり）まで。首尾一貫

（1）みぐし　（2）みょうぶ

⓭ 共 ジョウキョウをよく見きわめる。
移り変わる物事の、その時々のありさま
状況（情況） —况×
類 情勢、形勢 熟 実状、盛況

⓮ ショウジから朝の光が差し込む。
間仕切りの一種
障子 彰×—
訓 障《さわ》る 熟 障害、故障

⓯ 共 移転をショウダクする。
相手の意見・要求を受け入れること
承諾
訓 承《うけたまわ》る 対 拒否、拒絶 類 承知、受諾

⓰ 面接時のショサを学ぶ。
ふるまい、身のこなし
所作 処×—
参「作」は「ふるまい」の意味。動作、作法

⓱ プライバシーをシンガイする。
権利をおかして損うこと
侵害 浸×—
訓 侵《おか》す 参 浸《ひた》す

⓲ セイコウな訳文で意味が不明だ。
未熟でかたい感じがすること
生硬 精×巧×
参「生」は「熟しきらない」の意味。

⓳ 経済セイサイを発動する。
取り決めに背いたものを懲らしめること
制裁 —栽×
訓 裁《さば》く 参「制」は「抑えて従わせる」の意味。

⓴ 共 予算セッショウが始まる。
かけひきして問題を解決すること
折衝 —衡×
類 交渉 熟 折半《せっぱん》、緩衝《かんしょう》

㉑ 共 次戦でのセツジョクを誓う。
恥をそそ（すす）ぐこと
雪辱
訓 辱《はずかし》める、雪《そそ（すす）》ぐ（恥を消し去る）

㉒ セッパクする中東情勢を分析する。
緊張した状態になること
切迫
参「切」「迫」ともに「さしせまる」の意味。

㉓ 共 開会式で選手センセイを行う。
ちかうこと
宣誓 宜×—
訓 誓《ちか》う 参「宣」は「広く伝える」の意味。宣教

㉔ 共 血液がギョウコする。
こりかたまること
凝固
訓 固《かた》まる、凝《こ》る（かたまる） 対 融解

㉕ せっかくの美点がソウサイされる。
互いに差し引きして帳消しにすること
相殺 —済×
熟 減殺《げんさい》 参「殺」は「へらす」の意味。

●古語の読み （1）御髪 （2）命婦 答えは右ページ

	問題	意味	解答	誤答例	備考
❶	空き地に雑草が**ハンモ**する。	草木が盛んにしげること	繁茂		「繁」の「攵」に注意　類 叢生《そうせい》　熟 繁閑、繁忙
共 ❷	悪天候の中、**ソウサク**が行われる。	行方のわからない人を探すこと	捜索	搜×索×	訓 捜《さが》す　類 探索　参「索」も「さがす」の意味。
❸	早朝の庭**ソウジ**が日課である。	ゴミや汚れを取ってきれいにすること	掃除		訓 掃《は》く　熟 掃討《そうとう》、清掃
共 ❹	ドローンの**ソウジュウ**技術を学ぶ。	自分の思うままにあやつり動かすこと	操縦	繰×—	訓 操《あやつ》る　参「縦」は「思うままに」の意味。
❺	**ソウゾウ**どおりの結果になる。	経験していないことを思い浮かべること	想像	創×造×	参「像」は「おもい描いた姿」の意味。
❻	怒りの**ソウボウ**を露《あら》わにする。	顔つき	相貌	—貎×	参「相」「貌」ともに「かおの表情」の意味。
❼	自我の存在を**ソテイ**して論を進める。	ある命題を正しいものとすること	措定	組×—	類 定立《ていりつ》　参「措」は「おく」の意味。　措置、措辞
❽	万一に**ソナ**えて保険に入る。	前もって用意しておく	備える		熟 備考《びこう》、準備、警備
❾	**ムイ**徒食の生活を送った。	何もしないでいること	無為		参「作為のないこと」「生滅・変化しないもの」の意味も。
❿	**ゾンガイ**、早く解決した。	予想と異なること	存外		参「存」は「思うこと」の意味。存念、存分、一存
共 ⓫	自宅**タイキ**の指示が出される。	準備を整えてまっていること	待機	—期×	熟 接待、機微《きび》
共 ⓬	日頃の**タンレン**の賜物である。	心身・技能をきたえ強くすること	鍛錬（鍛練）	鍜×—	訓 鍛《きた》える　熟 鍛冶《かじ》、錬金術、精錬

（1）もぎ　（2）もや（おもや）

⑬ 共 **チセツ**な絵だが純朴さを感じる。（子どもっぽく下手なこと）
稚拙
訓 拙《つたな》い 対 熟練
参 「稚」は「幼い」の意味。

⑭ 共 **チョウカイ**処分となった。（不正に対し制裁を加えること）
懲戒
「懲」の「攵」に注意
訓 懲《こ》らしめる、戒《いまし》める
熟 懲罰、自戒

⑮ 彼は**コウケツ**な人物で知られる。（人格がけだかく私利私欲がないこと）
高潔
―潔×　―絜×
訓 潔《いさぎよ》い（清い） 対 卑劣
熟 高遠、潔癖、不潔

⑯ 共 もらった手帳を**チョウホウ**している。（役に立つので喜んで使うこと）
重宝（調法）
参 本義は「貴重な宝物」のこと。

⑰ **チンタイ**した空気を一新する。（一つ所にとどまり動かないこと）
沈滞
訓 滞《とどこお》る 類 停滞
熟 沈静

⑱ 飛行機が**ツイラク**事故を起こした。（高いところからおちること）
墜落
堕×―
類 転落 参 「墜」も「おちる」の意味。

⑲ 薬草を**ツ**む。（指先で挟んでとる）
摘む
紡×
熟 摘花《てきか》、摘要《てきよう》（重要な部分をぬき書きすること）

⑳ 共 糸を**ツム**ぐ。（よりをかけて糸にする）
紡ぐ
熟 紡績《ぼうせき》、紡錘《ぼうすい》、混紡《こんぼう》

㉑ 有益な情報**テイキョウ**があった。（役立てるために差し出すこと）
提供
訓 提《さ》げる、供《そな》える 熟 提言、供与

㉒ 業績不振な企業が**トウタ**される。（不要・不適なものを除くこと）
淘汰
類 取捨 参 自然淘汰

㉓ 学説の**トウヒ**を検討する。（正しいか正しくないか）
当否
―非×
類 良否、可否 参 「当」は「そのとおり」の意味。正当

㉔ **トウメイ**人間が活躍するドラマだ。（すき通って見えるさま）
透明
参 「透明性が問題である」なども使う。

㉕ **リンショウ**検査で採血した。（実際に患者の治療にあたること）
臨床
訓 臨《のぞ》む、床《とこ》 熟 臨終《りんじゅう》、病床

◉古語の読み （1）裳着 （2）母屋 答えは右ページ

書き取り　ランクB　20

	問題	意味	解答	誤字	解説
❶	新説をトナえる。	自分の意見を主張し広める	唱える	称×	熟 提唱《ていしょう》、唱和《しょうわ》
❷	赴任先の生活にナれる。	習熟する	慣れる（馴れる）		熟 慣習《かんしゅう》、慣行、慣例
❸	部屋の空気がニゴる。	異物が混じって不純になる	濁る		対 澄む　熟 混濁《こんだく》、濁流《だくりゅう》
❹ 共	損害をバイショウする。	つぐなうこと	賠償	倍×—	訓 償《つぐな》う　類 弁償　参「賠」も「つぐなう」の意味。
❺ 共	新しい問題がハセイした。	分かれてできること	派生		参「派」は「わかれる」の意味。分派、流派
❻ 共	山林をバッサイする。	森などから木を切り出すこと	伐採	—採×	参「伐」は「木を切る」以外に「攻める」の意味。征伐
❼	自衛本能のハツロだ。	現れ出ること	発露		訓 露《あらわ》れる　類 流露
❽	細菌がハンショクする。	生物が増えること	繁殖	—植×「繁」の「攵」に注意	訓 殖える　類 生殖　参「繁」は「盛んな」の意味。
❾ 共	ヒゲした態度をとる。	自分をいやしく見せること	卑下	否×—	訓 卑《いや》しめる　対 自慢　類 謙遜
❿	水は生命にフカケツなものだ。	なくてはならないさま	不可欠		参「欠くべからず」と訓読する。
⓫	古地図をフクセイする。	もとのものと同じものをつくること	複製		対 オリジナル、本物　類 コピー、模造
⓬ 共	費用をフタンする。	仕事や義務を身に引き受けること	負担		訓 担《かつ》ぐ、担《にな》う　類 重荷

（1）わろうだ（えんざ）　（2）あさじう

番号	問題	意味	解答	誤答例	解説
⑬	法に**フ**れる行為は慎む。	規則に違反する	触れる		熟 抵触《ていしょく》、触発《しょくはつ》
⑭ 共	議論が**フンキュウ**する。	複雑にもつれ乱れること	紛糾	粉×—	訓 紛《まぎ》らわしい 類 混乱 参「糾」は「からめる」の意味。
⑮ 共	この冬の寒さには**ヘイコウ**する。	手の打ちようもなく困るさま	閉口		類 辟易《へきえき》、往生《おうじょう》
⑯	何の**ヘンテツ**もない男だ。	普通と違うこと	変哲		参「変哲もない」で「普通、平凡」の意味。
⑰	大都市の人口は**ホウワ**状態だ。	最大限までに満ちていること	飽和	飽×—	熟 飽食、融和
⑱	芸術とはおよそ**ムエン**な人だ。	関係がないこと	無縁	—緑×	類 無関係 熟 縁故、絶縁
⑲	創立八十周年を**ムカ**える。	その時期・状態を目前にする	迎える	迎×	熟 歓迎《かんげい》、迎春《げいしゅん》
⑳	立証すべき**メイダイ**である。	与えられたかだい	命題		熟 命名、課題
㉑	惨状が**モウマク**に焼き付いた。	眼球内で外界の像を結ぶ部分	網膜	綱×—	訓 網《あみ》 熟 法網《ほうもう》、横隔膜《おうかくまく》
㉒	**モクゲキ**者の証言を得る。	実際に見ること	目撃	注意「撃」の右上「几」に	類 実見《じっけん》 参「撃」は「ぶつかる、ふれる」の意味。
㉓	ねじが**ユル**い。	締める力が十分でない	緩い	援×	熟 緩慢《かんまん》、緩和、弛緩《しかん》
㉔	**リンジョウ**感あふれる描写。	まるでその所にいるようなかんじ	臨場		訓 臨《のぞ》む 熟 臨床、臨終《りんじゅう》
㉕	よく考えずに**ルイスイ**で答える。	よく似ている点をもとにおしはかること	類推		訓 推《お》す 参「類」は「似ている」の意味。

◉古語の読み (1) 円座 (2) 浅茅生 答えは右ページ

書き取り

ランクC 1

番号	問題	意味	解答	誤字注意	解説
❶	**レイギ**正しく挨拶をした。	人が守るべき行動様式	礼儀	―義×	類 マナー、エチケット　熟 礼節
❷	人生の**アイカン**を感じる。	悲しみとよろこび	哀歓	衰×―　―感×	訓 哀《かな》しむ、歓《よろこ》ぶ　熟 悲哀、歓喜
❸	**アイマイ**な態度に終始する。	はっきりしないさま	曖昧	愛×―　―味×	対 明瞭　参「曖」も「味」も「暗くてわからない」の意味。
❹	旧来の**アクヘイ**を打破する。	よくない風習	悪弊	―幣×　（「弊」は十五画）	対 良風、美風　類 悪風、悪習
❺	ちょっと走ったら**アンガイ**疲れた。	思いのほか	案外		類 意外、存外　参「案」は「考え」の意味。
❻	**イッシュン**の油断が事故に繋《つな》がる。	ほんの短い時間	一瞬	―瞬×	訓 瞬《また》く　参「瞬」は「まばたきほどの短い時間」の意味。
❼	**イギ**を正して応対する。	礼式にのっとった振る舞いや身なり	威儀	―義×	熟 威圧《いあつ》、儀式
❽	**イギ**のある仕事に満足する。	価値・重要性	意義	異×―　―議×	類 意味　熟 大意、講義
❾	世の不正に**イキドオ**る。	腹を立てる	憤る	噴×	熟 憤怒《ふんど》、義憤《ぎふん》
❿	敵が**イクエ**にも取り囲んでいる。	多くの物がかさなっているさま	幾重		参「幾」は数量が不定なことを表す。
⓫	古代の**イセキ**を発掘する。	昔の建物などのあと	遺跡（遺蹟）	遺×―	熟 遺恨《いこん》、人跡未踏《じんせきみとう》
⓬	願書を**イッカツ**して送る。	ひとまとめにすること	一括	―活×	訓 括《くく》る　対 分割　熟 括弧、統括

(1) あわせ　(2) いがき

⑬ 共 第一志望の大学の入試に**イド**む。（立ち向かう）
挑む　熟 挑《ちょうせん》戦、挑発

⑭ もはや前世紀の**イブツ**だ。（伝え残された過去のせいどやもの）
遺物　遣×—
熟 遺《い》恨《こん》、遺品、遺憾

⑮ 共 これも**インガ**と諦めることにした。（不運な巡り合わせ）
因果
参 因《いん》縁《ねん》と果報

⑯ **インサン**な事件が多発している。（暗くむごたらしいさま）
陰惨
訓 惨《みじ》め　参「陰」は「暗い」の意味。

⑰ 走者**イッソウ**の三塁打を放った。（残らず取り除くこと）
一掃　—走×
訓 掃《は》く　参「一」は「すべて」の意味。

⑱ 共 彼は温室育ちで世事に**ウト**い。（よくわからない）
疎い　疎×
熟 疎《そ》隔《かく》、疎《そ》通《つう》　参「疎《おろそ》か」とも。

⑲ あいつは**エタイ**の知れない男だ。（ほんとうの姿や考え）
得体　会×—
類 正体　参「得」は「よくわかる」の意味。体得

⑳ 議会ではやじの**オウシュウ**があった。（相手に対して負けずにやり返すこと）
応酬
訓 酬《む》いる（返す）　熟 応戦、報酬

㉑ 彼は**オダ**やかな人柄で知られる。（落ち着いていておとなしい）
穏やか　穏×
熟 穏《おん》当《とう》、穏《おん》和《わ》

㉒ 共 報告の内容を**ガイカツ**する。（内容をおおざっぱにまとめること）
概括　慨×—　—活×
訓 括《く》る　熟 概要、総括

㉓ **カイシン**の一打で勝利した。（こころから満足に思うこと）
会心　回×—　快×—
熟 会《え》得《とく》、会《え》釈《しゃく》　参「会」は「理解する」の意味。

㉔ 共 少年時代の**カイソウ**にふける。（過去のことを思い起こすこと）
回想　懐×—
類 追憶、回《かい》顧《こ》　熟 回《え》向《こう》、挽《ばん》回

㉕ 能ある鷹《たか》は爪を**カク**す。（他人に知られないようにする）
隠す　隠×
熟 隠《いん》匿《とく》、隠《いん》蔽《ぺい》

◉古語の読み　(1) 袷　(2) 斎垣　答えは右ページ

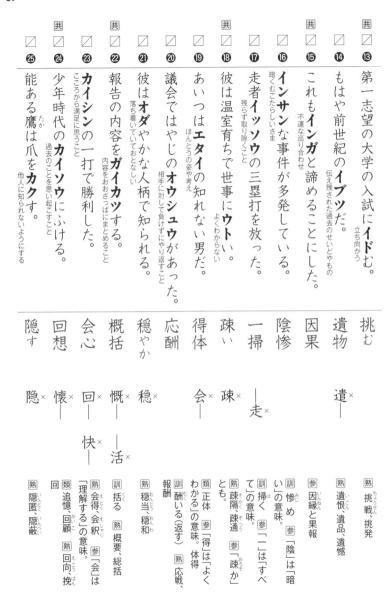

書き取り

ランクC 2

❶ 共 **カッコ**たる信念をもって発言する。
（しっかりして容易には動かされないさま）
確固　―個×
熟 確証、確認、固着《こちゃく》

❷ 心の**カットウ**に苦しむ。
（どちらを選ぶか迷い悩むこと）
葛藤　―闘×
参「もつれ合った葛《かずら》や藤」より。

❸ 今回の決定には**ガテン**がいかない。
（事情を理解・納得すること）
合点
類 承知　参「がってん」から転じた読み。

❹ 私の発言が物議を**カモ**した。
（雰囲気を作り出す）
醸す　譲×　壌×　旁の左下「ノ」を忘れないこと
熟 醸成《じょうせい》、吟醸《ぎんじょう》

❺ **カレン**な花に心がなごむ。
（いじらしくかわいらしいさま）
可憐　―隣×
訓 憐《あわ》れむ　参「憐」は「かわいがる」の意味。

❻ **カンキョウ**にまかせて一首詠む。
（おもしろみをかんじること）
感興　歓×―
参「興」は「おもしろみ」の意味。興味、即興

❼ 当時の**キオク**が薄れてきた。
（忘れず覚えておくこと）
記憶　―臆×
訓 記《しる》す　対 忘却
参「憶」は「おぼえる」の意味。

❽ 絶好の**キカイ**が訪れた。
（何かをするのにちょうどよいとき）
機会
類 時機、チャンス
参「会」は「時」の意味。

❾ ようやく復興の**キザ**しが見えた。
（物事の起こる気配）
兆し
熟 兆候《ちょうこう》、前兆

❿ 自由な活動を**キセイ**する。
（決まりによって限界を定めること）
規制
参「規」は「きまり」、「制」は「おさえる」の意味。

⓫ **キセン**を制して優位に立つ。
（事が始まろうとする直前）
機先　気×―
参「機」は「物事をするのに適したとき」の意味。

⓬ 共 なだらかな**キュウリョウ**が続く。
（あまり高くない山）
丘陵　―陸×
参「丘」も「陵」も「おか」の意味。

(1) いそじ　(2) いつきのみや

⑬ 共 生物学と化学の**キョウカイ**《さかい目》領域。
境界
熟 越境、辺境　参 「界」も「さかい」の意味。

⑭ 他人**ギョウギ**《立ち居振る舞い》な挨拶は抜きだ。
行儀　―義×
参 他人行儀(親しいのによそよそしくすること)

⑮ **キョウセイ**《力ずくで何かをさせること》的に送還する。
強制
対 任意　類 強要

⑯ 悟りの**キョウチ**《心の状態》に達する。
境地　―致×
訓 境《さかい》　類 心境　参 「境」は「心の状態」の意味。

⑰ びっくり**ギョウテン**《非常に驚くこと》の新事実。
仰天　仰×―
訓 仰《あお》ぐ(上を向く)　熟 仰角

⑱ 緊張が**キョクゲン**《ぎりぎりのところ》に達した。
極限　局×―
訓 極《きわ》まる　類 限界　参 「局限」は別の意味。

⑲ 理想の**グゲン**《はっきりした形としてあらわすこと》を目指して努力する。
具現
熟 具体、顕現

⑳ **ク**ち果てる《空しく消えてなくなる》ことのない名声。
朽ちる
熟 不朽《ふきゅう》、老朽

㉑ 共 会社再建に悪戦**クトウ**《くるしみに耐えながら戦うこと》する。
苦闘
訓 闘《たたか》う　類 苦戦

㉒ 町の**ケイカン**《すばらしい眺め》を維持する。
景観
熟 景気、景品

㉓ 不祥事が**ケイキ**《引き続いておこること》する。
継起
訓 継《つ》ぐ、起《お》きる、起《お》こる　熟 継承、躍起

㉔ 共 日本の将来に**ケイショウ**《危険を予告し、注意を促すこと》を鳴らす。
警鐘　「警」の「攵」に注意
参 「警戒を促すための鐘《かね》」が本義。

㉕ 身を**ケズ**る《うすくそぎとる、へらす》思いで毎日を過ごす。
削る
熟 削減《さくげん》、添削《てんさく》

◉古語の読み　(1) 五十　(2) 斎宮　答えは右ページ

書き取り

ランクC 3

❶ **ケッコウ**なお住まいですね。（すぐれていて欠点がないさま）　結構　—講×

❷ **ケンガイ**で通話ができない。（範囲のそと）　圏外　圏×—

❸ インターネットで**ケンサク**する。（調べて探し出すこと）　検索　—索×

❹ 共　納めた保険料が**コウジョ**される。（金銭や数量を差し引くこと）　控除　—徐×

❺ 共　汚職が**コウジョウ**的におこなわれた。（一定して変わらないさま）　恒常　向×上×

❻ **コヨウ**状況が改善する。（ひとをやとうこと）　雇用

❼ 共　諸悪の**コンゲン**を絶つ。（物事のおおもと、はじまり）　根源（根元）

❽ 共　不要なファイルを**サクジョ**する。（けずりとること）　削除　—徐×

❾ 情報が**サクソウ**する。（物事が複雑に入り組んでいること）　錯綜

❿ **サクリャク**をめぐらす。（相手を陥れるはかりごと）　策略　策×—

⓫ 新道路交通法が**シコウ**された。（法令の効力を発生させること）　施行　旋×—

⓬ 政界を引退し、**シセイ**の人となる。（まちなか）　市井

❶ 参「結構」の本義「組み立て」から「見事」の意味が派生。

❷ 参「圏」は「かこいをしたところ、範囲」の意味。

❸ 参「索」は「探し求める」の意味。捜索、索引、思索

❹ 訓 控《ひか》える（差し引く）

❺ 参「恒」「常」ともに「変わらない」の意味。

❻ 訓 雇《やと》う　熟 解雇、採用

❼ 参「根」「源」ともに「物事の大もと」の意味。

❽ 訓 削《けず》る、除《のぞ》く　類 抹消《まっしょう》　熟 削減、除去

❾ 参「錯」は「まじる」、「綜」は「まとめる」の意味。

❿ 類 策謀《さくぼう》、計略　参「略」は「はかりごと」の意味。

⓫ 訓 施《ほどこ》す　参「せこう」とも読む。

⓬ 参「井」は「人家の集まったところ」の意味。

(1) いも・いもうと　(2) うら

⑬ 喫煙は肺**シッカン**と関係が深い。（病気）
疾患　疾×—
訓 患《わずら》う 参「疾」「患」ともに「病気」の意味。

⑭ 共 移転反対派が大勢を**シ**めた。（全体の中である割合をもつ）
占める　締×
熟 占用《せんよう》、占領、独占

⑮ 共 **シヤ**を広げることが必要だ。（知識や判断が及ぶ範囲）
視野
類 視界 参「野」は「ある一定の範囲」の意味。

⑯ 都市**シュウエン**の緑地を調査する。（もののまわり）
周縁　—緑×
対 中心 参「周」は「まわり」、縁は「ふち」の意味。

⑰ 共 生活**シュウカン**病を予防する。（生活の中でくり返し行う、決まった動作）
習慣
参「習」「慣」ともに「ならわし、しきたり」の意味。

⑱ 王座奪還に**シュウネン**を燃やす。（一つのことにとらわれ、動かない心）
執念
参「執」は「とらわれる」、「念」は「思い」の意味。

⑲ 共 城**シュウヘン**の寺社をめぐる。（あるもののまわり）
周辺
訓 周《まわ》り、辺《あた》り

⑳ **シュギョク**の工芸品を展示する。（美しくすぐれているさま）
珠玉
参「珠」は「真珠」、「玉」は「宝石」の意味。

㉑ 運転技術に**ジュクタツ**する。（じゅく練して上手になること）
熟達　—達×
類 習熟 熟 熟練、達人《たつじん》

㉒ 共 目的にあわせて**シュシャ**選択する。（良いものをとり、悪いものをすてること）
取捨
熟 採取 参「捨」には「寄付する」の意味もある。喜捨

㉓ 一同は早朝に**シュッタツ**した。（旅にでること）
出立
類 出発、旅立《たびだ》ち 熟 建立《こんりゅう》、自立

㉔ 報告書に**ジュンショク**を加える。（表面をつくろって飾ること）
潤色
訓 潤《うるお》う（飾り付ける）

㉕ 科学と倫理の**シヨウ**をめざす。（矛盾したがいねんを高い次元で統一すること）
止揚　—揚×
類 揚棄《ようき》、アウフヘーベン

●古語の読み (1) 妹 (2) 占（ト）　答えは右ページ

No.	問題	答え	誤答例	解説
❶	汚れた湖を藻の力で**ジョウカ**する。（きれいにすること）	浄化		参「浄」は「清らかな」の意味。洗浄、清浄、浄水
共 ❷	経営権を**ジョウト**する。（人にゆずりわたすこと）	譲渡	「譲」の旁左下「ノ」を忘れないこと	訓 譲《ゆず》る、渡《わた》す　類 譲与
共 ❸	**シンシュ**の精神で改革に臨む。（すすんで新しいものをとり入れること）	進取		対 退嬰《たいえい》
❹	若い頃は太宰《だざい》に**シンスイ**していた。（こころから尊敬すること）	心酔		訓 酔《よ》う　類 傾倒《けいとう》　熟 陶酔
❺	彼の**シンビ**眼は信用できる。（うつくしさを見極めること）	審美	真—×	参「審」は「詳しく調べる」の意味。審査、審判
❻	観光協会**スイショウ**の店を使う。（優れた点をあげて人にすすめること）	推奨		参「推」「奨」ともに「人にすすめる」の意味。推賞
❼	**スイソウ**で熱帯魚を飼う。（みずをたくわえる容器）	水槽	—漕×	参「槽」は「水や酒を入れる箱形の器」の意味。
❽	彼は**スミ**に置けない奴《やつ》だ。（「——に置けない」であなどれない）	隅	偶× 遇×	参「隅」は「角の内側の部分」。
❾	湾内で**セイキ**する現象を解明する。（物事が現れおこること）	生起	盛—×	訓 起《お》こる　参「生」も「おこる」の意味。
❿	**セイサイ**を欠いた試合。（活気にあふれていること）	精彩（生彩）	—彩×	参「彩」は「いろどり」の意味。光彩、迷彩
共 ⓫	ホルモンの**セイセイ**を促進する。（ものを作り出すこと）	生成		対 分解、消滅
共 ⓬	**ゼッタイ**許さない。（なにがなんでも）	絶対	—体×	対 相対　参「絶体絶命」では「絶対」と書かないこと。

(1) おおとなぶら　(2) おぶつみょう

⑬ 共 **セツレツ**な議論に閉口する。
（技術などがおとっていること）
拙劣
訓 拙《つたな》い 類 稚拙《ちせつ》、劣悪
対 巧妙

⑭ 雇用対策の**ゼヒ**を論ずる。
（正しいことと正しくないこと）
是非
─否×
参「是」は「正しい」、「非」は「正しくない」の意味。

⑮ 両者には意見の**ソウイ**が見られる。
（二つのものの間にちがいがあること）
相違（相異）
参「相」は「たがいに」の意味。相関、相互

⑯ **ソウケイ**に結論を出すべきでない。
（軽率に判断を下すこと）
早計
参「計」は「はかりごと」の意味。計略

⑰ **ソウゴン**な伽藍《がらん》が並ぶ。
（重々しくおごそかなこと）
荘厳
壮×─ 「厳」の「攵」に注意
類 荘重 参「しょうごん」と読むと別の意味。

⑱ 経済発展を**ソガイ**する要因。
（じゃまをすること）
阻害
祖×─ 粗×─ 租×─
訓 阻《はば》む 熟 阻隔《そかく》、妨害《ぼうがい》

⑲ それは**ゾクセツ**にすぎない。
（世間に言い伝えられている話）
俗説
欲×─ 浴×─
参「俗」は「世間」の意味。世俗、通俗

⑳ **タイコ**の化石が次々に発見される。
（有史以前）
太古
大×─
参「太」は「はなはだ」の意味。太平

㉑ 新勢力が**タイトウ**する。
（進出すること）
台頭
帯×─
参「擡頭」の代用。「だいとう」とは読まない。

㉒ 国交を**ダンゼツ**する。
（たちきること）
断絶
訓 断《た》つ、絶《た》つ 熟 断食《だんじき》、根絶

㉓ オペラを**タンノウ**する。
（十分味わって満足すること）
堪能
参「学芸にすぐれている」の意味も。

㉔ 共 十年来の**チキ**にめぐり逢《あ》う。
（以前からのしり合い）
知己
─巳× ─已×
訓 己《おのれ》 参「自分をよく理解してくれる人」の意味も。

㉕ 共 **チクイチ**検討する。
（ひとつひとつ順を追って）
逐一
遂×─
参「逐」は「順をおって」の意味。

●古語の読み （1）大殿油 （2）御仏名 答えは右ページ

書き取り

ランクC 5

❶ 環境問題についてチケン（実際にみてしるること）を広めた。
知見
熟 智慧《ちえ》、知悉《ちしつ》、見聞《けんぶん》

❷ 事故の怪我がチメイ（いのち取りとなること）傷となった。
致命
致×—
類 致死　参「致」は「最後までいきつく」の意味。

❸ 共 チリョウ（病気や怪我をなおすこと）のために入院する。
治療
—僚×
訓 治《なお》す　類 療治《りょうじ》
参「療」も「なおす」の意味。

❹ 共 肉筆の浮世絵をチンチョウ（めずらしがって大切にすること）する。
珍重
訓 重《おも》んじる（大切にする）

❺ 不純物が底にチンデン（溶けずに液中にしずむこと）した。
沈殿（沈澱）
—殿×
参「澱《おり》」は、「水底に溜《た》まるかす」の意味。

❻ 政策をツウレツ（非常に激しいさま）に批判する。
痛烈
—裂×
訓 烈《はげ》しい　類 猛烈、辛辣《しんらつ》
参「痛」は「非常に」の意味。

❼ 共 この和歌はユウゲン（詩歌などの深い趣・余情）の趣だ。
幽玄
参「幽」「玄」ともに「奥深い」の意味。幽谷、玄妙

❽ 疑問をテイ（はっきりとしめす）する。
呈する
訂×
挺×
熟 露呈《ろてい》、呈示《ていじ》　参「差し上げる」の意味も。贈呈

❾ 先の発言をテッカイ（出した意見などを取り下げること）する。
撤回
徹×—
類 取り消し　熟 撤廃、撤収、撤去

❿ 共 答案をテンサク（語句を加えたり除いたりして直すこと）する。
添削
点×—
訓 添《そ》える、削《けず》る　熟 添付、削除

⓫ トウガイ（内容があてはまること）人物に突きあたる。
当該
—該×
参「当」「該」ともに「あてはまる」の意味。

⓬ 共 事務をトる（仕事を進める）。
執る
熟 執行《しっこう》、執務　参「執」は「あつかう」の意味。

(1) かいまみ　(2) かがりび

⑬ 音楽を聴いて心を**ナグサ**める。
悲しみや苦しみをなだめる
慰める　尉×
［類］慰藉《いしゃ》、慰安、慰労

⑭ 友の不慮の死を**ナゲ**く。
深く悲しんで声に出す
嘆く
［類］悲嘆《ひたん》、嘆願、愁嘆《しゅうたん》

⑮ ほころびを**ヌ**う。
布などをつぎあわせる
縫う
［熟］縫合《ほうごう》、裁縫《さいほう》、天衣無縫《てんいむほう》

⑯ **ノウリツ**よく仕事をする。
仕事のはかどり具合
能率　—卒×
［類］効率　［熟］能弁、利率

⑰ 流行が全国に**ハキュウ**する。
影響が徐々に広がること
波及　破×—
［類］伝播《でんぱ》　［参］「波」は「伝わり広がる」の意味。

⑱ イースト菌で**ハッコウ**させる。
微生物が作用して分解すること
発酵（醱酵）
［熟］酵母《こうぼ》、酵素《こうそ》

⑲ 共 父は健康のため酒を**ヒカ**えた。
抑制する、制限する
控える
［熟］控除《こうじょ》、控訴《こうそ》

⑳ 思わず**ビショウ**をうかべる。
ほほえむこと
微笑　微×—（「攵」にも注意）
［訓］微《かす》か　［類］莞爾《かんじ》、嫣然《えんぜん》
［参］「微笑み」は「ほほえみ」と読む。

㉑ 感傷にとっぷりと**ヒタ**る。
ある状態に入りきる
浸る　侵×
［熟］浸水《しんすい》、浸透《しんとう》　［参］「浸《つ》かる」とも。

㉒ **ヒミツ**は漏らすな。
他人に隠している事柄
秘密
［類］機密　［参］「秘」も「密」も「人に知らせない」の意味。

㉓ 心理の**ビョウシャ**が巧みだ。
物事を客観的に表現すること
描写
［訓］描《えが》く、写《うつ》す　［熟］素描《そびょう》

㉔ **ヒロウ**が重なる。
つかれること
疲労
［訓］疲《つか》れる　［参］疲労困憊《こんぱい》。「労」は「くたびれる」の意味。

㉕ **フエキ**と流行を勘案する。
ずっと変わらないこと
不易　—易×
［対］流行　［類］不変
［参］「易」は「変わる」の意味。

◉古語の読み　（1）垣間見　（2）篝火　答えは右ページ

書き取り　ランクC 6

	問題	解答	解説
共 ❶	水が**フットウ**する。（煮えたつこと）	沸騰（―騰×）	訓 沸《わ》く 参「騰」は「上昇する」の意味。
❷	**フユウ**な階層の出である。（財産持ちで生活がゆたかなこと）	富裕（―裕×）	類 富貴《ふうき》、裕福
❸	綿毛が空中に**フユウ**する。（ふわふわと漂うこと）	浮遊	類 漂流 熟 浮揚《ふよう》、遊牧《ゆうぼく》
共 ❹	**フヨウ**家族が多い。（生活の面倒をみること）	扶養	類 養育 参「扶」は「世話をする」の意味。扶助
共 ❺	事実を**フンショク**する。（うわべだけをかざってごまかすこと）	粉飾（扮飾）（紛×―）	類 偽装《ぎそう》 参「粉」は「表面をとりつくろう」の意味。
共 ❻	ふすまを**ヘダ**てて話をする。（間に置いてしきる）	隔てる	熟 隔絶《かくぜつ》、隔靴掻痒《かっかそうよう》
❼	**ベンカイ**はたくさんだ。（言いわけ）	弁解	類 弁明、釈明《しゃくめい》 参「弁」は「言いわけする」の意味。
❽	学歴**ヘンチョウ**の傾向が続く。（一面だけをおもんじること）	偏重（遍×―）	訓 偏《かたよ》る 類 一辺倒 熟 偏見、重要
❾	**ボウショウ**をあげて争う。（間接的なしょうこ）	傍証	訓 傍《かたわ》ら、証《あかし》 熟 近傍、考証
共 ❿	稀《き》少《しょう》動物を**ホカク**する。（つかまえること）	捕獲（―穫×）	訓 捕《と》らえる、獲《え》る 熟 捕食、漁獲
⓫	タイヤが**マメツ**する。（すり減ること）	摩滅（磨滅）（―减×）	類 摩耗《まもう》 参「摩」は「こすれる」の意味。
⓬	**ミジュク**な子どもを鍛える。（まだ一人前でないこと）	未熟	訓 熟《う》れる 対 成熟、熟練 熟 未完、早熟

（1）かじきとう　（2）かぶらや

⑬ 教科書をムショウで配布する。（代金を取らないこと）
⑭ 父の説教にメンエキになる。（慣れて平気になること）
⑮ パスポートをテイジする。（差し出してしめすこと）
⑯ 深山ユウコクを訪ねる。（奥深く静かで暗いところ）
⑰ 仲間とユカイに過ごす。（楽しくて気持ちがよいさま）
⑱ 全権を代理人にユダねる。（すっかりまかせる）
⑲ ヨジョウあふれる作品だ。（終わった後まで残る味わい）
⑳ リダツ届けを提出する。（ある状態から抜け出すこと）
㉑ 父のリンジュウに間に合う。（死ぬ間際）
㉒ 強国にレイゾクを強いられる。（他に支配され付き従うこと）
㉓ レイタンな態度をとる。（不親切で思いやりがないようす）
㉔ ワクの中に氏名を記入する。（四方を囲む線）
㉕ アイセキの念に堪えない。（悲しみ残念に思うこと）

⑬ 無償　―賞×
訓 償《つぐな》う　対 有償　熟 賠償

⑭ 免疫
訓 免《まぬ》かれる　熟 疫病神《やくびょうがみ》、疫病、免責

⑮ 提示（呈示）　定×―
熟 提供、提起、暗示

⑯ 幽谷
参「幽」は「奥深い、暗い、静か」の意味。

⑰ 愉快
訓 愉《たの》しい、快《こころよ》い　対 不愉快

⑱ 委ねる
熟 委任《いにん》、委嘱《いしょく》

⑲ 余情
類 余韻　参「余」は「のこる」の意味。

⑳ 離脱
類 脱退、離反　参「脱」は「ぬけ出る」の意味。

㉑ 臨終
訓 臨《のぞ》む　類 最期《さいご》、往生際《おうじょうぎわ》

㉒ 隷属　令×―
対 独立　類 従属、隷従《れいじゅう》　参「隷」は「従う」の意味。

㉓ 冷淡
類 薄情　熟 冷血《れいけつ》、枯淡《こたん》

㉔ 枠
参 枠をはめる（制限を加える）

㉕ 哀惜　衰×―　「哀」の左下「ノ」を忘れないこと
訓 哀《かな》しむ、惜《お》しむ　熟 哀切、惜別

●古語の読み　（1）加持祈禱　（2）鏑矢　答えは右ページ

❶ **アンカン**としてはいられない。
何もせずのんびりしているさま
安閑　―間×
類 安穏《あんのん》　参「安」は「のんびり」、「閑」は「ひま」の意味。

❷ この公園は都市計画の**イッカン**だ。
つながりをもつものの一部
一環　―還×
熟 環状

❸ 共 私の音楽好きは父の**イデン**だ。
親の形質が子孫につたわる現象
遺伝　遣×―
参「遺」は「のこる」の意味。

❹ 相手の**イヒョウ**を突いた攻撃。
思いも及ばないこと
意表　異×―
類 意外　熟 意匠《いしょう》、表彰《ひょうしょう》

❺ お気持ちを**ウカガ**いたい。
お聞きする
伺う　窺×
熟 伺候《しこう》

❻ **ウチュウ**旅行も夢ではない時代だ。
すべての天体を含む空間
宇宙
熟 堂宇《どうう》、気宇壮大《きうそうだい》、宙釣《づ》り

❼ 早期の完成に**エイイ**努力している。
一生懸命励むこと
鋭意
類 専心《せんしん》　熟 先鋭《せんえい》、鋭気《えいき》

❽ **エイエイ**と家業に励む。
せっせと働くさま
営営
訓 営《いとな》む　熟 営利、営巣《えいそう》

❾ 全国優勝の**エイヨ**に輝いた。
ほめたたえられること
栄誉
訓 栄《は》える、誉《ほま》れ　類 栄光、名誉

❿ 交通事故の**ヒンド**を調べる。
くり返し起こる回数
頻度　瀬×―
参「頻」は「しばしば」の意味。頻発、頻繁《ひんぱん》

⓫ **エンギ**をかついで同じ道を通った。
吉凶のきざし
縁起　緑×―
熟 因縁《いんねん》、額縁《がくぶち》　参「縁」は「めぐり合わせ」の意味。

⓬ 職場の**イアン**旅行に出掛ける。
日ごろの労をねぎらうこと
慰安　尉×―
訓 慰《なぐさ》める　熟 安穏《あんのん》、安泰《あんたい》、慰労

(1) きさいのみや　(2) そち（そつ）

⑬ 共 あらゆる**カイソウ**に支持される。（社会的地位がだいたい等しい人々の集団）

⑭ 経済は**カイメツ**的な打撃を受けた。（すっかりこわれてなくなること）

⑮ 厳しい**カイリツ**を守って生活する。（守らなければならない厳しいおきて）

⑯ 共 舞台裏でいろいろ**カクサク**する。（はかりごとをめぐらすこと）

⑰ 共 世界一といっても**カゴン**ではない。（いいすぎ）

⑱ 主人公に**カタク**して私見を語る。（かこつけること）

⑲ **カダン**な挑戦が成功を生んだ。（思い切りよく行うこと）

⑳ 琴を**カナ**でる。（楽器を鳴らす）

㉑ なりふり**カマ**わず働いた。（気にかける）

㉒ 早期の退職を**カンショウ**された。（すすめること）

㉓ 豊かな**カンセイ**を育てる。（かんじとる能力）

㉔ 共 **カンセイ**な住宅街に暮らす。（しずかで落ち着いているさま）

㉕ 国会で証人として**カンモン**する。（議会などが呼び出してといいただすこと）

---

⑬ 階層　陛×—　類 階級　熟 段階、地層

⑭ 壊滅（潰滅）　懐×—　壊×—　訓 壊《こわ》れる、滅《ほろ》びる　類 崩壊、滅亡

⑮ 戒律　訓 戒《いまし》める　参「戒」「律」ともに「おきて」の意味。

⑯ 画策　—作×　—策×　類 策略、策謀《さくぼう》　参「画」は「いろいろ考える」の意味。

⑰ 過言　類 逸言《いつげん》　熟 過失《かしつ》、超過《ちょうか》

⑱ 仮託　—詫×　訓 託《かこつ》ける（他の事物のせいにする）

⑲ 果断　参「果」は「思い切りよく」の意味。果敢

⑳ 奏でる　秦×　熟 奏者《そうしゃ》、合奏《がっそう》

㉑ 構う　講×　熟 構図《こうず》、構成《こうせい》

㉒ 勧奨　—装×　訓 勧《すす》める、奨《すす》める　熟 勧告、奨学生

㉓ 感性　対 理性　類 感受性

㉔ 閑静　間×—　参「閑」も「しずか」の意味。森閑

㉕ 喚問　換×—　参「喚」は「よびよせる、さけぶ」の意味。召喚、叫喚

◉古語の読み　(1) 后宮　(2) 帥　　答えは右ページ

	問題	解答	誤答例	解説
共 ❶	吹奏楽部に入るようカンユウ《すすめさそうこと》する。	勧誘	歓—×	訓 勧《すす》める、誘《さそ》う　熟 勧告、誘導
❷	アンイツ《何もせずのんきに過ごすさま》な生活をむさぼる。	安逸		参「安」は「のんびりした」、「逸」は「気ままにする」の意味。
❸	昨年の実績をキジュン《比べるときによりどころとなるもの》に査定する。	基準	規—×	熟 基因、平準化　参「準」は「よりどころ」の意味。
共 ❹	キジョウ《つくえのうえ》の空論では通用しない。	机上		参 机上の空論（実際には役立たない理論）
❺	麒麟《きりん》は聖人の出現のキッチョウ《よいことが起こる前触れ》だ。	吉兆		訓 兆《きざ》し　熟 吉報、前兆
❻	申し入れをキャッカ《採用せず、退けること》する。	却下	去×—	類 棄却《ききゃく》　熟 返却、退却
共 ❼	殺人キョウサ《そそのかすこと》の罪に問う。	教唆		訓 唆《そそのか》す　熟 教示、示唆
共 ❽	自分こそ正しいとキョウベン《無理に言い張ること》する。	強弁		熟 強硬、強情《ごうじょう》　参「弁」は「論争する」の意味。弁明
❾	売上倍増にキョウホン《熱心に走りまわること》する。	狂奔		熟 狂喜、奔走　参「奔」は「勢いよく走る」の意味。
❿	解決まで紆余《うよ》キョクセツ《複雑ないきさつ》があった。	曲折		熟 曲面、湾曲、屈折
⓫	彼女はキワダ《他と区別がはっきりしていて目だつ》って成績が良い。	際立つ		熟 際限《さいげん》
⓬	気に入ったグショウ《目に見える形があること》画を飾る。	具象	—像×	訓 具《そな》わる　対 抽象　類 具体

（1）げす　（2）けびいし

⑬ **クノウ**を乗り越えて成功をつかむ。
くるしみなやむこと
苦悩　—脳×
訓 苦《くる》しむ、悩《なや》む 類 苦難《くなん》、苦悶《くもん》

共 ⑭ 電気**ケイトウ**の故障が原因だ。
同じ種類に属していること
系統
参「系」は「つながり」、「統」は「続くもの」の意味。系図、血統

共 ⑮ 社内が**ケッソク**して対処する。
一つにまとまること
結束
類 団結 参「束」は「たばねる」の意味。

共 ⑯ 専門家の**ケンカイ**が分かれる。
ある物事に対する評価や考え方
見解
類 意見、所見 熟 解明

⑰ 詐欺事件の**ゲンキョウ**が捕まる。
悪事の中心じんぶつ
元凶
参「凶」は「悪いこと、悪者」の意味。凶悪

共 ⑱ **ゲンコウ**の締め切り日が迫る。
公表するために書いた文書
原稿
参「稿」は「詩文の下書き」の意味。投稿、草稿

共 ⑲ **ケンジョウ**の美徳を備える。
へりくだってゆずること
謙譲　「譲」の旁左下「ノ」を忘れないこと
訓 譲《ゆず》る 類 謙遜《けんそん》、譲歩《じょうほ》

⑳ **ゴウマン**な態度をとる。
おごり高ぶって人を見下すこと
傲慢　—漫×　傲×—
対 謙虚 参「傲」も「慢」も「おごる」の意味。

㉑ 薬の**コウヨウ**を説明する。
ききめ
効用　功×—
訓 効《き》く 類 効能 熟 即効、時効、有用

㉒ 茫然《ぼうぜん》として**コクウ**を見つめる。
何もないくうかん
虚空　虚×—
訓 虚《むな》しい、空《から》、空《むな》しい

㉓ 受賞を**コジ**する。
かたく断ること
固辞　—辞×
参「辞」は「ことわる」の意味。辞退

㉔ 通説を**コンテイ**から覆す。
物事や考え方のおおもと
根底
類 根本、基底《きてい》

㉕ 公私**コンドウ**も甚だしい。
別の物をおなじ物として扱うこと
混同
訓 混《ま》じる 熟 混然、混沌《こんとん》

◉古語の読み （1）下衆 （2）検非違使 答えは右ページ

書き取り

ランクC 9

❶ 政局が**コンメイ**の度合いを増す。（複雑に入り組んで筋道がわからなくなること）
混迷（昏迷）
熟 迷子《まいご》 参「混」は「混《ま》じってはっきりしない」の意味。

❷ 時間を**サ**いて相談にのる。（都合して他の用にあてる）
割く　裂×
熟 割譲《かつじょう》 参「割る、割《わり》」とも。

❸ 不況で資金計画が**ザセツ**する。（仕事や計画が途中でだめになること）
挫折　―析×
訓 挫《くじ》ける 類 蹉跌《さてつ》、頓挫《とんざ》

❹ 祖母は礼儀**サホウ**に厳しい。（物事を行うやり方）
作法
参 詩歌・文章の作り方の場合は「さくほう」とも読む。

❺ 一晩中、**シオサイ**が聞こえていた。（波のざわめく音）
潮騒
参「しおざい」と読むこともある。

❻ 春暖は三月の**ジコウ**の挨拶だ。（四季折々のきこう）
時候　―侯×
参「候」は「季節」の意味。

❼ 運動で**シシ**の筋肉を鍛える。（両手と両足）
四肢
熟 肢体 参「肢」は「手足」の意味。

❽ 公共の**シセツ**を使う。（建物やせつび）
施設　旋×―
訓 設《もう》ける 参「施」は「実際に行う」の意味。

❾ 多くのひとに**シタ**われる。（離れがたく思ったり、恋しく思ったりする）
慕う　募×
熟 慕情《ぼじょう》、思慕《しぼ》、敬慕

❿ 共 この地方は温暖で**シツジュン**だ。（すいぶんが多くしめっていること）
湿潤
訓 湿《しめ》る、潤《うるお》う 対 乾燥

⓫ 共 随想の**シッピツ**を依頼される。（文章を書くこと）
執筆
訓 執《と》る（扱う） 熟 執務《しつむ》

⓬ 一連の問題に**シマツ**をつける。（片付けること）
始末
類 処理 参 他に「成り行き」「倹約」などの意味。

(1) げんざ（げんじゃ）　(2) こうい

番号	問題	解答	注意	解説
⑬	**ジュウコウ**な建物が点在する。（おもみがあって落ち着いているさま）	重厚		対 軽薄 熟 自重《じちょう》、濃厚
⑭	技能**シュウジュク**に五年をかけた。（あることに慣れ、上手になること）	習熟		訓 熟《う》れる 類 熟達 参「熟」は「十分に慣れる」の意味。
⑮ 共	精神の**ジュウソク**を求める。（満ちたりること）	充足		訓 充《み》たす、足《た》りる 類 満足 熟 充満、充電
⑯	軍が土地を**シュウダツ**する。（うばいとること）	収奪	—奮×	訓 収《おさ》める、奪《うば》う 熟 剝奪《はくだつ》、収納
⑰	その説は**シュコウ**しがたい。（うなずくこと）	首肯		訓 肯《がえ》んずる（承知する）
⑱	**シュンビン**な動きで攻撃をかわす。（頭がよくてすばしこいこと）	俊敏	瞬×— —便×	参「俊」は「才知に長《た》けていること」 類 機敏、鋭敏
⑲	**ショウサン**の的となる。（ほめたたえること）	称賛（賞賛）		参「称」「賛」ともに「ほめたたえる」の意味。
⑳ 共	受賞は**ショウジン**の賜物《たまもの》だ。（一つのことに打ち込んで励むこと）	精進		参「ひたすら仏道に励む」が本義。
㉑ 共	政界の**ショウソク**通で知られる。（人や物事の動静）	消息		参「消」は「死ぬ」、「息」は「生きる」の意味。
㉒	哲学書を**ショウリョウ**する。（たくさんの書物を読みあさること）	渉猟		参「渉」は「わたる」、「猟」は「探し求める」の意味。
㉓ 共	業界再編の**ショクバイ**となる。（反応の速度をあげる物質）	触媒	—謀×	参「媒」は「なかだち」の意味。媒体
㉔	**ジンイ**的なミスが原因だ。（ひとの手を加えること）	人為	—偽×	訓 為《な》す 対 天然、自然
㉕	老舗の**シンカ**を発揮した逸品。（本当のかちや能力）	真価		参「～が問われる」「～を発揮する」のように使う。

●古語の読み （1）験者 （2）更衣 答えは右ページ

❶ 今のシンキョウを吐露《とろ》する。（こころの状態）
心境
参 「境」は「おかれた状態、ありさま」の意味。

❷ シンソウ心理を解釈する。（心や物事の奥ふかくの隠された部分）
深層　真×相×
参 「層」は「かさなりをなすものの一つ」の意味。

共 ❸ 建物へのシンニュウを未然に防ぐ。（不法にはいり込むこと）
侵入　浸×—　進×—
訓 侵《おか》す　熟 侵犯《しんぱん》、不可侵

❹ 環境委員にスイセンされる。（適当であるとして人にすすめること）
推薦　—選×
訓 推《お》す、薦《すす》める　熟 推挙、自薦

❺ 腰をスえて新事業にとり組む。（しっかりと定着させる）
据える
参 「設置する」「任務につかせる」などの意味も。

❻ スンブンの狂いもない匠《たくみ》の技。（ごくわずか）
寸分
参 多くは下に打消を伴って使われる。

❼ 社会のセイインたるを自覚する。（団体などをつくっているメンバー）
成員
参 「構成員」の意味。

❽ 種《しゅ》ごとにセイショク期が異なる。（うみふやすこと）
生殖　—植×
訓 殖《ふ》える　類 繁殖
熟 殖財、養殖

❾ セイトウの王位継承権をもつ。（創始者の直系の立場のもの）
正統　—当×
対 異端《いたん》

❿ セイヤクが多くて利用率が下がる。（条件を設けて自由に活動させないこと）
制約
参 「制」は「おさえる」、「約」は「取り決め」の意味。

共 ⓫ 警察はソウサに乗り出した。（犯罪に関する証拠を探して調べること）
捜査　捜×査×
訓 捜《さが》す　参 「査」は「しらべる」の意味。　考査

⓬ 仕事のしすぎで健康をソコなう。（体調や気持ちを悪くする）
損なう
熟 損傷《そんしょう》、破損《はそん》、損壊《そんかい》

(1) ししんでん　(2) じゅだい

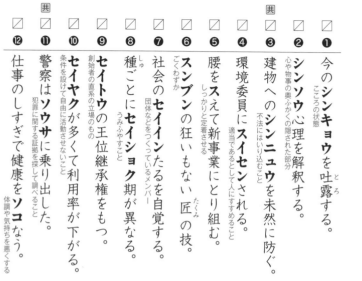

番号	問題	解答	誤答例	解説
⑬	**ソシキ**（特定の目的をもった集団）的な不正蓄財が発覚する。	組織	―識×	訓 織《お》る 参「織」は「くみたてる」の意味。
⑭	二人の作風は**タイキョク**（逆側のきわみ）にある。	対極	―局×	参「対」は「向かい合う」の意味。
⑮	**タイグウ**（給与や労働条件などの取り扱い方法）改善の声が届かない。	待遇	―偶× ―隅× ―寓×	参「待」は「もてなす」の意味。接待、招待
⑯	左右**タイショウ**（位置関係で等しく向き合うさま）の模様を描く。	対称	―照× ―象×	類 相称 参「称」は「つりあう」の意味。
⑰	**タクバツ**（他よりすぐれていること）な発想に感心する。	卓抜	択×―	類 卓逸《たくいつ》 参「択抜」は「選び抜き出すこと」の意味。
⑱ 共	話の**タン**（きっかけ）を開く。	端	単×	熟 端緒、発端 参「端《はし》」は「糸口、はじめ」の意味。
⑲ 共	反政府運動は悉《ことごと》く**ダンアツ**（権力をもって抑えつけること）された。	弾圧		訓 弾《たま》 類 抑圧 熟 弾劾《だんがい》、指弾
⑳ 共	**タンセイ**（心を込めてすること）を凝らして盆栽を育てた。	丹精（丹誠）		類 赤心《せきしん》 参 古くは「たんぜい」と読んだ。
㉑ 共	**タンパク**（あっさりしているさま）な味の料理を作る。	淡泊（淡白）		対 濃厚 参「泊」は「さっぱりしている」の意味。
㉒	投票結果が**チクジ**（順を追ってつぎつぎに）発表される。	逐次	遂×―	類 順次 熟 逐条《ちくじょう》、逐年《ちくねん》
㉓	いいところに**チャクガン**（目の付け所）した。	着眼		訓 着《つ》ける 類 着目
㉔ 共	双方の**チュウカイ**（なかだちをすること）をする。	仲介	中×―	類 周旋《しゅうせん》、斡旋《あっせん》 参「仲」は「人と人の間」の意味。
㉕ 共	**チュウヨウ**（偏らず穏当なこと）を愛し過度を嫌う。	中庸	―要×	類 中道《ちゅうどう》、中正《ちゅうせい》 参「庸」は「普通」の意味。凡庸

◉古語の読み (1) 紫宸殿 (2) 入内 答えは右ページ

共 ❶ 苦難をチョウコクする。（困難苦難に耐え、乗りこえること）
超克　彫×刻×
類 克服　参「克」は「打ち勝つ」の意味。

❷ 環境にテキオウする。（状況に合うように変化すること）
適応　敵×―
類 順応　熟 適当、応戦

❸ テンプの才能に恵まれる。（生まれつき授かったもの）
天賦　―附×　―付×
類 天稟《てんぴん》、天性　参「賦」は「生まれつきの資質」の意味。

❹ 思いがけない質問にトウワクする。（どう対処していいかわからなくて迷うこと）
当惑　答×―　―迷×
訓 惑《まど》う　類 困惑　熟 疑惑、不惑

❺ 利益をドガイシする。（まったく考えに入れないこと）
度外視
類 無視

共 ❻ ドクソウ性を追求した作品である。（新しく考えつくり出すこと）
独創
訓 創《つく》る　類 創造

❼ 帰郷のトジ、温泉に立ち寄る。（目的地に行くとちゅう）
途次　―時×
類 途上《とじょう》、道すがら

❽ 表面はナメらかな手触りだ。（すべすべしている）
滑らか
熟 平滑《へいかつ》、円滑《えんかつ》、円転滑脱《えんてんかつだつ》

❾ 復旧工事はナンジュウした。（はかどらず困ること）
難渋　―柔×　難×―
類 難航《なんこう》　参「渋」は「うまくすすまない」の意味。

❿ 記事を朝刊にノせる。（掲げて記す）
載せる　乗×
熟 掲載《けいさい》、記載《きさい》

共 ⓫ 負担がバイカする。（もとの量の二つ分に増えること）
倍加
類 倍増、激増

⓬ 海峡のハケンを握る。（他者を征服して勝ち取った力）
覇権
参「覇」は「武力などで天下をとる」の意味。　制覇

(1) しょうそこ　(2) しょうにん・うえびと

⑬ 商売**ハンジョウ**（にぎわい栄えること）の御利益《ごりやく》がある。

繁盛（繁昌）　「繁」の「攵」に注意

熟 繁栄、繁華街《はんかがい》　参「繁」も「さかん」の意味。

共 ⑭ 体調管理を**バンゼン**（ぬかりがないこと）にする。

万全

訓 全《すべ》て　類 完璧、完全
参「万」も「すべての」の意味。

⑮ 強豪チームを**ヒキ**（引き連れる）いる監督になる。

率いる　卒×

参 送り仮名に注意。
熟 引率《いんそつ》、率直《そっちょく》

⑯ **ヒゾク**（品のないさま）な会話を慎む。

卑俗　非×―

訓 卑《いや》しい　熟 野卑《やひ》、俗物
類 低俗

⑰ 敗北は**ヒッシ**（かならずそうなること）の状況だ。

必至　―死×

類 必然、蓋然《がいぜん》

⑱ 文芸作品を**ヒヒョウ**（善し悪しを論ずること）する。

批評

類 論評　参「批」は「善し悪《あ》しを決める」の意味。

⑲ 彼女は**エイリ**（洞察がするどく判断が素早い）な頭脳の持ち主だ。

鋭利

参「利」も「するどい」の意味。

⑳ 自動車事故が**ヒンパツ**（続いて多く起こること）する。

頻発

対 散発《さんぱつ》　類 続発　熟 頻繁

㉑ 関係が**フクザツ**（込み入っていること）である。

複雑

対 単純、簡単　類 錯綜《さくそう》

共 ㉒ 資格を**フヨ**（授けあたえること）する。

付与（附与）

類 授与　熟 付着、贈与

㉓ 党内が二つに**ブンレツ**（いくつかにわかれること）した。

分裂

訓 裂《さ》ける　対 統一、融合
類 分離

㉔ **ヘイゼイ**（常日ごろ）から天災に備える。

平生

類 平素、日常　参「平」は「ふつう」の意味。

㉕ 民主主義の**ホウガ**（物事の起こるきざし）が見える。

萌芽

訓 萌《も》える（芽《め》が出る）

◉古語の読み　(1) 消息　(2) 上人　答えは右ページ

❶ 被災地に立ち**ボウゼン**とする。（ぼんやりとして我を忘れるさま）
茫然（呆然）
類 啞然《あぜん》　熟 茫漠《ぼうばく》
参「茫」は「ぼやけた」の意味。

❷ 再会の喜びに**ホウヨウ**する。（だきかかえること）
抱擁　抱×―
参「擁」は「抱《だ》きかかえる」の意味。

共 ❸ 世界記録を**ホジ**する。（もち続けること）
保持
訓 保《たも》つ　類 維持、持続

❹ 宇宙旅行を**ムソウ**する。（・非現実的なことを思い描くこと）
夢想
類 空想、幻想　熟 夢幻

共 ❺ **ヤクドウ**する肉体は美しい。（生き生きとかつどうすること）
躍動
訓 躍《おど》る　熟 躍進、飛躍

❻ 子どもとお**ユウギ**をする。（幼児が楽しみながら行う運動）
遊戯　―技×
訓 戯《たわむ》れる　熟 遊山《ゆさん》、児戯
参「ゆげ」（仏教語）

❼ 既に**ユウコウ**期限が切れている。（ききめがあること）
有効
訓 効《き》く　対 無効　熟 効力、効能

❽ 諸民族の**ユウワ**をはかる。（うちとけて仲良くすること）
融和（宥和）
訓 和《なご》む　参「融」は「お互いにうちとける」の意味。

❾ 寺の**ユライ**を聞く。（物事のたどってきた道すじ）
由来
類 由緒《ゆいしょ》、来歴　参「由」は「いわれ」の意味。

❿ **ヨジョウ**作物を利用する。（あまり）
余剰
類 剰余　参「剰」も「余っている」の意味。

⓫ 勝敗は**ヨソク**し難い。（結果をおしはかること）
予測
訓 予《あらかじ》め　類 推測、予想

⓬ 隣家は**ルス**勝ちだ。（出かけて家を空けること）
留守
類 不在　熟 留意《りゅうい》、保守《ほしゅ》

(1) せ　(2) も

⓭ 共 変な噂《うわさ》が**ルフ**（行き渡ること）している。
流布　×留―
参「流」は「広まる」、「布」は「ゆき渡らせる」の意味。

⓮ **レイキャク**（ひやすこと）期間を置く。
冷却
訓 冷《ひ》やす　参「却」は「しりぞく」の意味。退却

⓯ 共 **レンタイ**（一緒に協力すること）責任を負う。
連帯　×―体
訓 連《つら》なる　参「帯」は「つながりをもつ」の意味。

⓰ 社会問題に**ロンキュウ**（関係する部分に言いおよぶこと）する。
論及　×―究
類 言及　参「論究」は別の意味。

⓱ 湖底から地下水が**ワ**（地中から吹き出る）く。
湧く
熟 湧出《ゆうしゅつ》、湧水《ゆうすい》

⓲ 永年のご**アイコ**（目をかけること）に感謝致します。
愛顧
訓 顧《かえり》みる　参「顧」は「目をかける」の意味。

⓳ この店は客の**アツカ**（接する態度）いがよくない。
扱い　×扨
参 送り仮名に注意。

⓴ 対戦相手を**アナド**（見下げて軽んじる）って大敗した。
侮る　×悔
熟 軽侮《けいぶ》、侮蔑《ぶべつ》

㉑ 突然の指名に少々**アワ**（驚きうろたえる）てた。
慌てる
熟 恐慌《きょうこう》

㉒ 市民の**イコ**（くつろぐこと）いの広場。
憩い
熟 休憩《きゅうけい》

㉓ 貸し**イショウ**（儀式などに用いる着物や服）で間に合わす。
衣装（衣裳）
訓 装《よそお》う　類 装束《しょうぞく》、仮装《かそう》

㉔ この決定に**イゾン**（反対の考え）はありません。
異存　×意―
類 異議、異論　参「存」は「考え」の意味。所存

㉕ **イチガイ**（ひとまとめにして）に間違いだとは言えない。
一概　×―慨　×―既
参「概」は「おおよそ」の意味。熟 概要、大概

◉古語の読み　(1) 兄（背・夫）　(2) 裳　答えは右ページ

書き取り

ランクC 13

❶ 初戦の相手を**イッシュウ**する。
試合などで簡単にやっつけること
一蹴
―就×
訓 蹴《け》る　熟 蹴球

❷ 店を息子に任せて楽**インキョ**する。
仕事を退いてのんびり暮らすこと
隠居
陰×―　隐×―
類 隠遁《いんとん》、隠棲《いんせい》(俗世間を捨てる)　訓 隠《かく》れる

❸ 予定外の収入で懐が**ウルオ**った。
ゆとりができる
潤う
濡×
熟 潤沢《じゅんたく》、利潤《りじゅん》

❹ **オモムキ**のある庭園を歩く。
風情のあるようす
趣
類 情趣《じょうしゅ》、風趣《ふうしゅ》、野趣《やしゅ》

❺ 今回の事は**オンビン**に運びたい。
表だたないよう内々で処理すること
穏便
稳×―
熟 平穏、便宜《べんぎ》、便乗《びんじょう》

❻ 共 負傷者を手厚く**カイホウ**する。
病人やけが人の世話をすること
介抱
―抱×
参「介」は「たすける」の意味。介護

❼ 共 この追加点で勝利を**カクシン**した。
かたくしんじて疑わないこと
確信
―心×
参「確信犯」の意味に注意。

❽ 市民の**カクセイ**を促す演説をする。
目がさめること
覚醒
参「覚」も「醒」も「目がさめる」の意味。

❾ **カクゼン**とした違いがある。
区別がはっきりとしているさま
画然
類 截然《せつぜん》　参「画」は「くぎる」の意味。画期的

❿ 内需**カクダイ**をはかる。
広げておおきくすること
拡大
訓 拡《ひろ》げる　対 縮小
類 拡張

⓫ **カクベツ**の配慮をいただく。
普通とは違うこと
格別
類 格段、特別　熟 格子《こうし》

⓬ 研究の基礎を**カクリツ**する。
しっかりと定めて動かないようにすること
確立
類 樹立　参「確」は「しっかりして動かない」の意味。

(1) ぞうしき　(2) たきもの

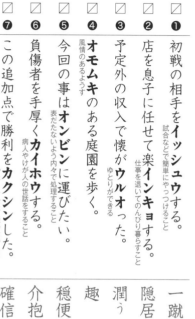

⑬ 共 車で現場に**カ**けつけた。（大急ぎで目的の場所に行く）
駆ける
熟 先駆《せんく》、駆使《くし》、駆除《くじょ》

⑭ 料理は味の**カゲン**が難しい。（ちょうどいい具合にすること）
加減
類 調節

⑮ 雄大な自然を**サンビ**する。（ほめたたえること）
賛美（讃美）
参「賛」「美」ともに「ほめる」の意味。

⑯ 情報**カタ**で混乱した。（おおすぎるさま）
過多　寡×―
対 過少　類 過剰

⑰ 共 **カタヨ**った考え方は受け入れ難い。（一方による）
偏る（片寄る）
熟 偏愛《へんあい》、偏向《へんこう》

⑱ 反論したが**カッパ**された。（大声でしかりつけること）
喝破　渇×―
参「喝」は「どなる」、「破」は「負かす」の意味。一喝、論破

⑲ 敵の油断に**カツロ**を見出《みいだ》す。（命の助かる方法）
活路
参「活」は「生きる」、「路」は「道」の意味。

⑳ **カド**の緊張から台詞《せりふ》を忘れた。（適切なていどを越えているさま）
過度
対 適度　熟 過大、過敏

㉑ 共 工場は二十四時間**カドウ**している。（機械などの運転）
稼働　嫁×―
訓 稼《かせ》ぐ、働《はたら》く　類 操業

㉒ **カモク**で落ち着いた人物。（口数のすくないさま）
寡黙
類 無口

㉓ 自分の**カラ**に閉じこもる。（自分の世界を外界と隔て守るもの）
殻　穀×　殼×（「几」にも注意）
熟 貝殻《かいがら》、地殻《ちかく》

㉔ 共 親の愛情に**カワ**いていた子ども。（恵まれない状態にある）
渇く　乾×
熟 飢渇《きかつ》、枯渇《こかつ》　参「渇」は「のどがかわく」が原義。

㉕ 共 適当な**カンカク**をあけて並べる。（物と物とのあいだ）
間隔　―融×
訓 隔《へだ》てる　熟 隔壁、隔絶

◉古語の読み　（1）雑色　（2）薫物　答えは右ページ

番号	問題	解答	誤り	解説
❶	**カンキャク**（いいかげんにしておくこと）を許さない事態となる。	閑却	簡×―	類 等閑《とうかん》　参「閑」は「いいかげん」の意味。
共 ❷	委員会の参加を**ガンキョウ**（ひどくがんこなさま）に拒む。	頑強		熟 頑固
❸	**カンゲン**（うまいことば）につられて痛い目を見る。	甘言	換×―	対 苦言　類 巧言《こうげん》、美辞《びじ》
❹	救急**カンジャ**（病人やけが人）に対応する。	患者		訓 患《わずら》う　熟 疾患、患部
共 ❺	体は**ガンジョウ**（がっしりとして強いさま）にできている。	頑丈		対 華奢《きゃしゃ》　類 頑健、強靱《きょうじん》　参「岩乗」とも書いた。
❻	校長に**カンダイ**（心がひろく思いやりがあるさま）な処置を求める。	寛大		対 厳格《げんかく》　類 寛容《かんよう》
共 ❼	**カンノウ**（感覚器を通して得られる快さ）をくすぐる作品。	官能	―悩×　―脳×	熟 官吏《かんり》、退官、効能
共 ❽	彼は劇団の**カンバン**（人の注意を引き、評判を得る人・物）役者だ。	看板	―版×	訓 看《み》る　熟 看取、看守
共 ❾	品質**カンリ**（とりしきること）に留意する。	管理	菅×―	参「管」は「つかさどる」、「理」は「整える」の意味。
共 ❿	**キカイ**（あやしくぶきみなようす）な事件が連続している。	奇怪		訓 怪《あや》しい　類 奇妙　参「奇」も「あやしい」の意味。
⓫	中小**キギョウ**（営利目的で経営を行う組織）の経営を支援する。	企業	起×―	訓 企《くわだ》てる　熟 企図《きと》、家業
⓬	この車は小回りがよく**キ**（よく働く）く。	利く	効×	熟 利口《りこう》、利発《りはつ》

(1) たてじとみ　(2) たとうがみ

共

⑬ **ギコウ**を凝らした作品を制作する。
表現や製作のわざ・工夫

⑭ **キセイ**品よりも注文して作りたい。
前もって作ってあること

⑮ 新政権への**キタイ**が高まる。
よい結果をあてにしてまつこと

⑯ 動植物の**ギタイ**に感心する。
動物が色や形を周りのものに似せること

⑰ 相手の行動に**ギネン**を抱く。
うたがいの心

⑱ **キュウヨ**の一策で苦境を脱した。
苦しまぎれ

⑲ **キョウレツ**な印象を受けた。
力がつよくてはげしいさま

⑳ **キョエイ**心で身を滅ぼした。
実際よりよく見せようとすること

㉑ **キョクチ**的な豪雨に見舞われた。
限られたちいき

㉒ 不審な言動が**ギワク**を招いた。
強くあやしむこと

㉓ 負担を**キントウ**に分け合う。
差がないようにするさま

㉔ **グチョク**に信念を貫く。
正直すぎて融通がきかないこと

㉕ 部下を**クンカイ**する。
物事の善悪を教えさとすこと

---

⑬ 技巧　─攻×　─工×
訓 巧《たく》み　熟 巧拙《こうせつ》、精巧《せいこう》

⑭ 既製　─制×
訓 既《すで》に　熟 既成、製造

⑮ 期待
熟 予期、待望　参「期」は「まちのぞむ」の意味。

⑯ 擬態　疑×─
参「擬」は「似せる」の意味。　熟 擬《ぎ》似、模擬

⑰ 疑念　擬×─
類 懐疑心《かいぎしん》、疑心

⑱ 窮余　究×─　─与×
訓 窮《きわ》まる　熟 窮状、窮乏

⑲ 強烈　─裂×
訓 烈《はげ》しい　熟 烈火《れっか》、猛烈

⑳ 虚栄　虚×─
訓 虚《むな》しい（みせかけだけの）　類 虚飾

㉑ 局地　極×─
類 局所　参「極地」は別の意味。

㉒ 疑惑
訓 惑《まど》う　熟 疑問、困惑

㉓ 均等　均×─
類 平等　熟 平均、均一

㉔ 愚直
訓 愚《おろ》か　熟 愚行《ぐこう》、正直《しょうじき》

㉕ 訓戒　─戎×
訓 戒《いまし》める　参「訓」は「教えさとす」の意味。

◉古語の読み　(1) 立蔀　(2) 畳紙　　答えは右ページ

書き取り

ランクC 15

- 共 ☐ ❶ **ケイカイ**に仕事をこなす。
  身がるですばやいこと
  軽快
  訓 軽《かろ》やか、快《こころよ》い
- ☐ ❷ 増加**ケイコウ**に歯止めをかける。
  状態がある方へかたむくこと
  傾向
  訓 傾《かたむ》く　類 趨勢《すうせい》、動向
- 共 ☐ ❸ スポーツによる人格**ケイセイ**。
  かたちづくること
  形成
  熟 造形、養成
- ☐ ❹ **ケイハク**な物言いにあきれる。
  態度に慎重さがなく、誠実さがないこと
  軽薄　「薄」の右上「、」を忘れないこと
  対 重厚　参 「薄」は「心がこもっていない」の意味。
- ☐ ❺ **ケイルイ**は一人もいない。
  面倒を見なくてはならない家族
  係累　―類×
  参 「係累」は「つなぎしばる」が本義。
- 共 ☐ ❻ 映画史の中で**ケッシュツ**した作品。
  抜きんでてすぐれていること
  傑出
  参 「傑」は「抜きん出ている」の意味。
- 共 ☐ ❼ 議論で**ケンアク**な雰囲気になる。
  よくないことが起こりそうなさま
  険悪　剣×―　倹×―
  訓 険《けわ》しい　熟 陰険《いんけん》、冒険《ぼうけん》
- ☐ ❽ **ゲンソウ**的な世界が広がる。
  現実にはないことをあることとして思い描くこと
  幻想
  訓 幻《まぼろし》　熟 幻滅、夢幻
- ☐ ❾ その道の先達に教えを**コ**う。
  人に何かをしてくれるように願うこと
  請う（こう）
  熟 要請《ようせい》、請求
- ☐ ❿ 病気の**コウイショウ**が残る。
  病気やけがが治ったあとに残る機能障害
  後遺症　―遣×―
  訓 遺《のこ》る　熟 遺産、遺族
- 共 ☐ ⓫ **ゴウカ**な食事を楽しむ。
  ぜいたくで派手なさま
  豪華　―華×
  類 豪勢　華麗《かれい》、栄華《えいが》　熟 豪快《ごうかい》、豪壮《ごうそう》、
- ☐ ⓬ 努力不足を**コウカイ**する。
  あとになってくやむこと
  後悔
  訓 悔《く》いる、悔《くや》しい
  類 悔恨《かいこん》、悔悟《かいご》

(1) たんごのせちえ　(2) ちょうず

⑬ 人前でゴウキュウする。（大声をあげてなくこと）
号泣
参「号」は「叫ぶ」の意味。怒号

⑭ 彼は必ず合格するとゴウゴした。（自信ありげに大きなことを言うこと）
豪語
参「豪」は「勢いが盛ん」の意味。豪雨、豪雪

⑮ 武力コウシが非難を浴びる。（権利に基づいておこなうこと）
行使
参 権利を使うのは「行使」、義務を行うのは「履行」。

⑯ 丁寧に時代コウショウを行う。（文書などに基づき過去の事実関係を明らかにすること）
考証
熟 証拠《しょうこ》、証文《しょうもん》

⑰ 初舞台でコウジョウを述べる。（くちで話して伝える挨拶）
口上
—状×
参「上」は「申し上げる」の意味。上告、上申

⑱ 共 小説のコウソウを練る。（これから行う物事の骨組みをまとめること）
構想
講×—
熟 機構、想起、着想

⑲ 温泉のコウノウを調査する。（ききめ）
効能
—脳×
巧×—
類 効力、効験《こうげん》

⑳ 共 春のコウレイ行事が開催される。（いつも決まって行われること）
恒例
桓×—
対 異例 参「例」は「いつものとおり」の意味。

㉑ 共 ゴカンを生かして商品名をつける。（言葉のもつ微妙なかんじ）
語感
熟 語彙《ごい》、語気《ごき》

㉒ 共 コショウの原因を調査する。（機械などが正常に動かなくなること）
故障
故×—
訓 障《さわ》る 参「故」は「さしさわり」の意味。

㉓ 民族独立の思想をコスイする。（奮い立たせること）
鼓吹
誇×—
訓 鼓《つづみ》 参「鼓」は「はげます」の意味。鼓舞

㉔ コトワザから文化を探る。（風刺などを含む、言い伝えられた短い言葉）
諺
類 俚諺《りげん》、格言、警句《けいく》、金言

㉕ 経年により建物がコワれる。（ものの形がくずれる）
壊れる
懐×
熟 崩壊《ほうかい》、壊滅《かいめつ》

●古語の読み　(1) 端午節会　(2) 手水　答えは右ページ

書き取り

ランクC 16

共

❶ 市役所に**コンイン**届けを出す。
結こんすること
婚姻
類 結婚　参「婚」「姻」ともに「夫婦になる」の意味。

❷ 生活**コンキュウ**世帯を支援する。
貧しくて生活に苦しむこと
困窮
因×—　—究×
参「困」「窮」ともに「こまって苦しむ」の意味。

❸ 親米**イッペントウ**の政策。
ひとつのものに偏ること
一辺倒
——到×
熟 辺鄙《へんぴ》、海辺《うみべ》、倒産

❹ 警官と**イツワ**って悪事を働く。
事実と違うことをわざと言ったりやったりする
偽る
類 欺《あざむ》く　熟 偽善《ぎぜん》、偽証《ぎしょう》

❺ 両者の主張に**サイ**はない。
違いや隔たり
差異
類 相違　熟 千差万別《せんさばんべつ》

❻ **サイジキ**で季節を確かめる。
俳句の季語を集めて分類整理した書物
歳時記
参 年中行事を集めた書物は「歳事記」と書く場合もある。

❼ **サイミン**療法が効果を現す。
ねむけをもよおさせること
催眠
訓 催《もよお》す　熟 主催、開催

❽ **サクラン**状態に陥る。
気持ちや思考がみだれること
錯乱
参「錯」は「乱れて入りくむ」の意味。錯綜《さくそう》、交錯

❾ 日本経済が直面する課題を**サグ**る。
さがし求める
探る
深×
熟 探検《たんけん》、探偵《たんてい》　参「探《さが》す」とも。

❿ **ジセキ**の念にさいなまれる。
みずからをせめること
自責
訓 責《せ》める　熟 叱責《しっせき》、呵責《かしゃく》

⓫ 茶道の神髄を**サト**る。
はっきりと理解する
悟る
熟 覚悟《かくご》、悔悟《かいご》、悟性《ごせい》

⓬ **サンイツ**した資料を収集する。
ちらばって行方がわからなくなること
散逸
熟 散漫《さんまん》、拡散、逸話、逸脱《いつだつ》

（1）とうぐう　（2）ないし

13 □ 敗者にも**サンジ**が送られた。（ほめたたえる言葉）
賛辞（讃辞）　―辞×
参「賛」は「ほめたたえる」、「辞」は「言葉」の意味。

14 □ **カコク**な政治に苦しむ民衆。（非常に厳しくむごいこと）
苛酷
訓 酷《むご》い　熟 苛烈《かれつ》、酷使
参「苛」も「むごい」の意味。

15 □ 微妙な色の違いを**シキベツ**する。（見分けること）
識別　織×―
類 判別、鑑別　熟 認識《にんしき》、知識

16 □ 世界記録を**ジュリツ**する。（うちたてること）
樹立
類 確立

17 □ **ジサン**できるほどうまくは描けない。（じぶんの行いをじぶんでほめること）
自賛（自讃）
参「自分の画に自分で賛（詩文を添えること）をする」が本義。

18 共 □ 明治期の文芸**シチョウ**を研究する。（その時代の人々がもつしそうの傾向）
思潮
参「思想の流れ」が本義。

19 □ 時代の先頭を**シック**する。（速く走ること）
疾駆　疾×―
訓 駆《か》ける　参「疾」は「すばやい」の意味。

20 □ **ジヒ**を垂れる甲斐《かい》もない奴《やつ》だ。（いつくしみ、あわれむこと）
慈悲
訓 慈《いつく》しむ　熟 慈愛、慈母、慈善

21 □ 比喩や倒置は**シュウジ**法の一つだ。（言葉を巧みに用いて表現すること）
修辞　―辞×
参「修」は「かざる」の意味。

22 共 □ 熱による**シュウシュク**に注意する。（ちぢむこと）
収縮
対 膨張（脹）　参「収」は「ひきしまる」の意味。

23 □ 希望の企業に**シュウショク**する。（仕事につくこと）
就職
対 退職　類 就労　熟 就任、去就

24 □ 悪い**シュウヘキ**をやめさせる。（身についてしまったくせ）
習癖
訓 癖《くせ》　熟 習性、潔癖《けっぺき》

25 □ 松尾芭蕉《ばしょう》の**シュツジ**を調べる。（人の生まれ、事物のでどころ）
出自
参「自」は起点を示す語で「～より」の意味。

●古語の読み　(1) 春宮（東宮）　(2) 内侍　　答えは右ページ

❶	幼児期の**ジギャク**行為を研究する。（じぶんでじぶんを苦しめること）	自虐	―虐×	訓 虐《しいた》げる(むごくあつかう)　熟 虐待、暴虐
❷	紫外線を**ショウシャ**して殺菌する。（光などを当てること）	照射		訓 照《て》らす、射《い》る　熟 射出《しゃしゅつ》
❸	頭痛の**ショウジョウ**がひどくなる。（病気やけがのようす）	症状	症×―	類 病状、容体
❹	火山活動の**ショウチョウ**を調査する。（おとろえたり、さかんになったりすること）	消長		参「長」は「盛んになる」の意味。成長、助長
❺	役員として**ショグウ**する。（地位・職務にふさわしく扱うこと）	処遇	所×―	類 待遇　参「遇」は「もてなす」の意味。
❻	駅までの**ショヨウ**時間をたずねる。（ひつようとすること）	所要	―用×	類 必要
❼	与えられた**シレン**を乗り越える。（意志や決心のかたさをためすこと）	試練		類 苦難
❽	**シンコウ**心が厚い人。（神仏を敬うこと）	信仰	―仰×	訓 仰《あお》ぐ　類 信心　参「仰」は「あがめる」の意味。
❾	芸術の**シンズイ**を極める。（それを理解し味わうためにいちばんたいせつな本質）	真髄（神髄）	―随×	熟 脳髄《のうずい》、心髄
❿	情報を**ズイジ**更新する。（いつでも）	随時	隋×―　堕×―	参「随」は「気の向くまま」の意味。随意、随筆
⓫	木々の間から空が**ス**けて見える。（すき間から向こうが見える状態になる）	透ける	誘×	熟 透明《とうめい》、透視《とうし》、浸透《しんとう》
⓬	子どもの**スコ**やかな発育を願う。（丈夫であるさま）	健やか		熟 健全《けんぜん》、頑健《がんけん》、健啖《けんたん》(たくさん食べること)

(1) ひさげ　(2) ひとり

⑬ 試験が**ス**むまでゲームはしない。
物事がきちんと終わる
済む
熟 決済《けっさい》、完済、返済

⑭ 雲が晴れ、**ス**んだ青空がのぞいた。
濁りがなく、すきとおる
澄む
対 濁《にご》る 熟 澄明《ちょうめい》

⑮ 論理の**セイゴウ**性がとれていない。
矛盾なくぴたりとあっていること
整合
「整」の「攵」に注意
訓 整《ととの》える 熟 整然、合致《がっち》

⑯ 会社は**セイスイ**の岐路にある。
さかんになることとおとろえること
盛衰
―哀×
「衰」の左下「ノ」を忘れないこと
訓 盛《さか》る、衰《おとろ》える 熟 栄枯盛衰

⑰ 野鳥の**セイタイ**を観察する。
いきものが自然界にいるようす
生態
―体×
熟 実態、形態

⑱ 共 **セイチョウ**な川の流れに気が安らぐ。
きよらかにすみきっていること
清澄
対 汚濁《おだく》 熟 清貧《せいひん》、澄明《ちょうめい》

⑲ **セキヒン**の暮らしを脱する。
極めてまずしいこと
赤貧
―貪×
類 極貧 参 「赤」は「むき出しのまま」の意味。

⑳ 食糧不足が**セツジツ**な問題だ。
身にせまるさま
切実
類 深刻、痛切

㉑ 今日は**センタク**日和《びより》だ。
衣類の汚れを落としてきれいにすること
洗濯
参 「洗」「濯」ともに「あらい清める」の意味。

㉒ 分《ぶん》**ソウオウ**の暮らしを送る。
ふさわしいこと
相応
対 不相応 参 相応《ふさわ》しい

㉓ **ソウダイ**な計画が発表される。
おおきくて立派なこと
壮大
荘×―
参 「壮」は「立派な」の意味。壮観、豪壮

㉔ 雪山での**ソウナン**が相次ぐ。
生死にかかわる危険にあうこと
遭難
―難×
訓 遭《あ》う 熟 遭遇

㉕ 被害に**ソクオウ**して救援物資を送る。
状況に合わせてすばやく行動すること
即応
則×―
訓 応《こた》える 参 「即」は「すぐに」の意味。即時、即答

番号	問題	解答	誤字	解説
☐ ❶	**ソンダイ**な態度が嫌われる。（自分が偉いと思って人を見下すさま）	尊大	損×—	[類] 傲慢《ごうまん》、不遜《ふそん》 [熟] 尊敬、尊重《そんちょう》
☐ ❷	**タイゼン**たる山容を望む。（落ち着いていて動じないさま）	泰然	大×—	[類] 沈着《ちんちゃく》 [熟] 泰然自若《じじゃく》、安泰
共 ☐ ❸	値段の**タカ**は問わない。（おおいことと少ないこと）	多寡	—加×	[類] 多少 [熟] 衆寡《しゅうか》
共 ☐ ❹	長い髪が肩まで**タ**れる。（下の方へだらりと下がる）	垂れる	直×	[熟] 垂直《すいちょく》、懸垂《けんすい》
共 ☐ ❺	幸福を**タンキュウ**する。（さがしもとめること）	探求	—究×	[参] 「探究」は「真の姿を見きわめる」の意味。
☐ ❻	世代間の差を**ツウカン**する。（身にしみて深くかんじること）	痛感		[参] 「痛」は「非常に」の意味。痛飲、痛切
☐ ❼	表情から彼の**テイネン**が見てとれた。（あきらめの気持ち）	諦念		[訓] 諦《あきら》める [類] 諦観 [参] 森鷗外の晩年の境地。
☐ ❽	あまりのことに気が**テントウ**した。（慌ててうろたえること）	転倒	—到×	[参] 「顚倒」とも書く。「転んでひっくり返る」が本義。
☐ ❾	政局を**テンボウ**する。（広く見渡すこと）	展望	展×—	[訓] 望《のぞ》む（眺める） [類] 俯瞰《ふかん》 [参] 「展」は「広い」の意味。
☐ ❿	周囲の忠告を**トウカン**に付する。（扱いをいいかげんにすること）	等閑	—関×	[類] 閑却 [参] 「なおざり」とも読む。
☐ ⓫	全国的に物価が**トウキ**する。（ものの値段が急に上がること）	騰貴	謄×—	[類] 高騰、急騰、暴騰 [熟] 沸騰《ふっとう》
☐ ⓬	新技術を**ドウニュウ**する。（あらたに取りいれること）	導入	同×—	[訓] 導《みちび》く [熟] 先導、投入

（1）ふせご　（2）まつりごと

⑬ **トクシン**がいくまで話し合った。
よくわかって承知すること
得心
×徳— ×—特
類 納得 参「得心がいく」

⑭ **トッピョウシ**もない計画をたてる。
「——もない」で常識をはずれたさま
突拍子
×途— ×—特—
参 他に「調子のはずれた」の意味も。

⑮ 樹木の幹に薬剤を**トフ**して守る。
一面にぬりつける
塗布
×投—
訓 塗《ぬ》る 熟 塗抹《とまつ》 参「布」は「広げる」の意味。散布

⑯ 雨上がりの空に**ニジ**が架かる。
雨上がりなどに太陽と反対に弧状に現れる七色の帯
虹
参 虹は竜のような生物と思われていたので虫偏。

⑰ 最後まで**ネバ**って勝利を手にする。
根気強くがんばる
粘る
×粘
熟 粘着《ねんちゃく》、粘膜《ねんまく》 参 もとは「柔らかでくっつく」の意味。

⑱ 不用な備品を**ハイキ**する。
使うのをやめて捨てること
廃棄
×排— 棄
訓 廃《すた》れる、棄《す》てる 類 破棄

⑲ 怒りが**バクハツ**する。
一時に激しく現れでること
爆発
×暴—
類 炸裂《さくれつ》 熟 爆笑、発作《ほっさ》

⑳ 共 会社経営に**ハタン**をきたす。
失敗してうまくいかなくなること
破綻
訓 綻《ほころ》びる(うまくいかなくなる) 類 失敗、破局

㉑ 敵の攻撃を**ハンシャ**的によける。
無意識のうちに起こる生理的な動き・変化
反射
参 もとは「光や音などがはね返ること」の意味。

㉒ 危機においても**ユウチョウ**に構える。
落ち着いているさま
悠長
×優—
類 悠然 熟 悠々自適、悠久

㉓ 人生の**ヒアイ**に満ちた物語を読む。
身にしみじみと感じられるかなしさ
悲哀
×—愛
熟 哀愁《あいしゅう》、哀悼《あいとう》、哀願

㉔ 無謀な計画を**ヒハン**する。
悪いところを根本的に指摘すること
批判
×非— ×避—
熟 批評《ひひょう》、批准《ひじゅん》

㉕ 映画館で**ヒマ**つぶしをする。
自由な時間
暇
熟 閑暇《かんか》、寸暇《すんか》、余暇

●古語の読み (1) 伏籠 (2) 政 答えは右ページ

書き取り

ランクC 19

❶ 擬人法も**ヒユ**（似たものにたとえて表現する方法）の一種である。
比喩
熟 直喩《ちょくゆ》、隠喩《いんゆ》

❷ 遺言状に**フウイン**（とじ目にはんこを押すこと）をして保管する。
封印
熟 封筒《ふうとう》、封鎖《ふうさ》

❸ **フウコウ**（自然の美しい眺め）明媚《めいび》な土地に暮らす。
風光
類 景色、風景

❹ **フショウジ**（ふ名誉で好ましくないできごと）を起こして失職した。
不祥事
―正×―　無×精×―
熟 吉祥《きっしょう》　参「祥」は「吉兆」のこと。

❺ 鉄道を**フセツ**（装置などを備え付けること）する。
敷設（布設）
「敷」の偏右上「丶」を忘れない、「攵」も注意
訓 敷《し》く、設《しつら》える　熟 敷衍《ふえん》、施設

❻ **ブベツ**（相手をばかにしてさげすむこと）的な態度をとる。
侮蔑
訓 侮《あなど》る、蔑《さげす》む　類 軽蔑、軽侮、侮辱

❼ 共 火山灰が**フンシュツ**（勢いよく外にふきでること）した。
噴出
訓 噴《ふ》く　熟 噴飯《ふんぱん》

❽ **ヘイゼン**（落ち着きはらっていること）として犯行を重ねる。
平然
類 平気

❾ **ヘンキョウ**（中央から離れた片田舎）の地で医療に従事する。
辺境
類 僻地《へきち》、辺土

❿ 共 仕事に**ボウサツ**（非常にいそがしいこと）される。
忙殺
亡×―
参「殺」は程度の激しいことを表す。殺到、黙殺

⓫ 迅速に**ホウドウ**（広く告げ知らせること）する。
報道
―導×
熟 報知《ほうち》、吉報《きっぽう》、道破《どうは》　参「道」は「言う」の意味。

⓬ 害虫の**ボクメツ**（すっかりほろぼし去ること）に取り組む。
撲滅
訓 滅《ほろ》ぼす　類 根絶　参「撲」も「ほろぼす」の意味。

（1）みかど　（2）みずきょう

⑬ 大理石で胸像を**ホ**る。（ものをきざんで形を作る）
彫る　掘×
熟 彫像《ちょうぞう》、彫刻《ちょうこく》

⑭ **ボンノウ**（心身をなやます欲望）を除いて悟りを開く。
煩悩　―脳×
訓 煩《わずら》う　熟 煩悶《はんもん》

⑮ 小舟は風波に**ホンロウ**（思うままにもてあそぶこと）された。
翻弄
訓 翻《ひるがえ》す、弄《もてあそ》ぶ　熟 玩弄《がんろう》、愚弄、翻意

共 ⑯ 赤字路線を**ハイシ**（制度・習慣などをやめること）する。
廃止　―使×　癈×―
訓 廃《すた》れる　類 撤廃《てっぱい》
対 存続

⑰ **マタタ**（まばたきする）く間の出来事だった。
瞬く　瞬×
熟 瞬時《しゅんじ》、瞬間

⑱ 甘い言葉で人を**マド**（心を引きつけて判断を誤らせる）わす。
惑わす
熟 誘惑《ゆうわく》、惑乱《わくらん》、惑溺《わくでき》

⑲ 両国は**ミッセツ**（関係が深いさま）な関係にある。
密接
類 緊密　参「密」は「すきまがない」の意味。

⑳ 心に**メイキ**（心に深くきざみつけること）すべき言葉である。
銘記　名×―　明×―
熟 墓碑銘《ぼひめい》、感銘《かんめい》　参「銘」は「刻んで記す」の意味。

㉑ **ユウシュウ**（うれいを含んだ悲しみ）の思いを深める。
憂愁
訓 憂《うれ》える（思い悩む）、愁《うれ》える（悲しむ）　熟 憂慮、愁嘆

㉒ **ユウゼン**（落ち着いてゆったりしているさま）と構える。
悠然　「悠」の「攵」に注意
参「悠」は「ゆったりしている」の意味。

㉓ **ハンショウ**（ある論を否定するしょうこ）を示して争う。
反証　判×―
訓 反《そ》る　熟 謀反《むほん》、反物《たんもの》、証左

㉔ 住民を安全な場所に**ユウドウ**（目的の所や状態へみちびくこと）する。
誘導　―動×
訓 誘《さそ》う、導《みちび》く　熟 誘惑、誘拐《ゆうかい》、引導、導入

共 ㉕ **ユダン**（気をゆるして注意をおこたること）もすきもない。
油断
参 油断もすきもない（少しも油断できない）

書き取り　**ランクC 20**

❶ 実験失敗の**ヨウイン**（主なげんいん）を探る。
　要因
　熟 起因《きいん》、因子《いんし》

❷ **ヨウボウ**（顔かたち）を気にする。
　容貌　—貎×
　類 面立《おもだ》ち　参「容」も「貌」も「顔の表情」の意味。

❸ 共 犯罪の**ヨクシ**（おさえてやめさせること）に効果がある。
　抑止　抑×—
　訓 抑《おさ》える　類 制止、抑制

❹ 期待はずれの結果に**ラクタン**（がっかりすること）する。
　落胆　—担×　—但×
　類 失望　熟 豪胆《ごうたん》、魂胆《こんたん》

❺ **リクツ**（物事の筋道）に合わない話だ。
　理屈
　類 道理　参「理」は「ことわり」の意味。倫理、哲理

❻ 各地を**ルロウ**（あてもなくさすらうこと）する。
　流浪
　類 浮浪、放浪、漂泊　参「浪」の本義は「なみ」。

❼ 周囲から**レイグウ**（ひややかな扱い）される。
　冷遇　—偶×
　対 厚遇《こうぐう》、優遇　熟 冷酷

❽ 共 その事実が**レイショウ**（事実を挙げて明らかにすること）となる。
　例証
　訓 証《あかし》　熟 例示、立証

❾ **レイラク**（おちぶれること）の晩年を過ごす。
　零落　冷×—
　対 栄達　類 凋落《ちょうらく》、落魄《らくはく》　参「零」も「おちる」の意味。

❿ 好きなものを**レッキョ**（一つ一つ並べあげること）する。
　列挙　烈×—
　類 枚挙

⓫ 伝統が**レンメン**（長く続いて途絶えないさま）と受け継がれる。
　連綿
　類 脈々《みゃくみゃく》

⓬ **ロボウ**（道ばた）に咲く野菊。
　路傍
　訓 傍《かたわ》ら　熟 路頭《ろとう》、路地《ろじ》、傍観

(1) みちょう　(2) みはし

⑬ 父が**アイセキ**していた古い器。（あいして大切にすること）
愛惜　哀×—
[訓] 惜《お》しむ「おしむ」の意味。[参]「愛」も「おしむ」の意味。

⑭ 初対面の相手に**アクシュ**を求める。（てをにぎり合うこと）
握手
[訓] 握《にぎ》る [熟] 把握《はあく》、掌握《しょうあく》

⑮ [共] **アッサク**空気を利用したブレーキ。（強い力で押し縮める）
圧搾　—作×
[訓] 搾《しぼ》る [熟] 搾乳、搾取

⑯ これで会社もしばらくは**アンタイ**だ。（落ち着いて危険のないさま）
安泰
[熟] 泰平《たいへい》、泰然自若《たいぜんじじゃく》

⑰ 彼は**イギョウ**を成し遂げた英雄だ。（大きくて立派な仕事）
偉業　違×—
[熟] 偉人《いじん》、偉大《いだい》

⑱ 現代人は時間に追われ**イソガ**しい。（することが多くて暇がない）
忙しい　急×
[熟] 多忙《たぼう》、忙殺《ぼうさつ》

⑲ 都会の**イチグウ**に居を構える。（かたすみ）
一隅　—偶×　—遇×
[類] 片隅、一角

⑳ わが子のように**イツク**しむ。（かわいがって大切にする）
慈しむ
[熟] 慈善《じぜん》、慈母《じぼ》

㉑ 二つの資料の**イドウ**を確かめる。（違い）
異同　—動×　移×—
[類] 相違

㉒ 老舗の旅館を**イトナ**む。（生活や仕事を怠りなく行う）
営む
[熟] 営繕《えいぜん》、運営《うんえい》

㉓ 彼のやり方は**インケン**だ。（表面上は普通だが、心に悪意のあるさま）
陰険
[訓] 陰《かげ》、険《けわ》しい [熟] 陰謀《いんぼう》、陰影、険悪、峻険《しゅんけん》

㉔ **インシュウ**にしばられたくはない。（昔からのならわし）
因習　困×—
[類] 旧習、慣習

㉕ 復讐《ふくしゅう》の計画を**インビ**に進めている。（かすかでわかりにくいさま）
隠微　—懲×　穏×—
[訓] 隠《かく》れる、微《かす》か

◉古語の読み　（1）御帳　（2）御階　　答えは右ページ

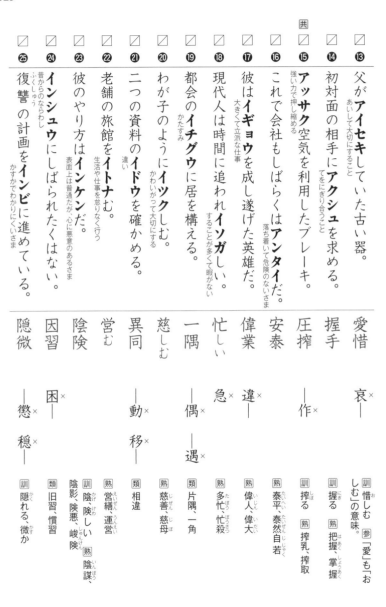

❶ **語彙**不足を読書で克服する。（あるまとまりをもった語の集まり）
ごい
参「彙」は「同類の集まり」の意味。

❷ 同一の**範疇**に属する要素。（属する部類）
はんちゅう
類 カテゴリー　参「疇」は「同類」の意味。

❸ 血管の**収斂**が起こった。（ちぢむこと）
しゅうれん
対 展開、発散、分岐　類 収束

❹ **脆弱**な構造の建物だ。（もろくよわいこと）
ぜいじゃく
訓 脆《もろ》い　類 柔弱

❺ 文脈を**辿**りながら読む。（たしかめながら進む）
たど
参「辿」は「山道をゆっくり歩く」の意味。

❻ 発言を**躊躇**する。（ためらうこと、ぐずぐずすること）
ちゅうちょ
訓 躊躇《ためら》う　類 逡巡《しゅんじゅん》

❼ **夥**しい数の報道陣が集まった。（数や量が非常に多い）
おびただ
熟 夥多《かた》

❽ 難解な説を**敷衍**して述べる。（意味をおし広げること）
ふえん
参「布衍、敷延（代用漢字）」とも書く。

❾ **一瞥**して真贋《しんがん》を見分ける。（ちらりと見ること）
いちべつ
類 一見《いっけん》、一目《ひとめ》　熟 瞥見《べっけん》

❿ 科学万能主義の**欺瞞**を暴く。（だますこと）
ぎまん
参「瞞」は「ごまかす」の意味。

⓫ 狂信と**敬虔**の違いを考察する。（深く敬うこと）
けいけん
参「虔」は「つつしむ」の意味。

⓬ 認識に多数の**誤謬**がある。（間違いやあやまり）
ごびゅう
訓 誤《あやま》る、謬《あやま》る　熟 謬見《びゅうけん》
類 虚偽

(1) みゆき　(2) めどう

⑬ 真摯な態度で対応する。（ひたむきでまじめなこと）
しんし
類 真率《しんそつ》、恪勤《かっきん》 参「摯」は「まじめ」の意味。

⑭ 平家《へいけ》は凋落の一途をたどった。（しぼみおとろえること）
ちょうらく
訓 凋《しぼ》む 類 零落、没落、衰退

⑮ 恩師の忠告を反芻する。（繰り返し味わうこと）
はんすう
類 咀嚼《そしゃく》 参「反」は「くり返す」の意味。

⑯ 徒に時を過ごす。（無益に、無駄に）
いたずら
熟 徒労《とろう》、徒情《あだ》け

⑰ 驚愕の事実が明らかになる。（非常に驚くこと）
きょうがく
参「愕」も「驚く」の意味。愕然

⑱ 饒舌な説明に閉口した。（口数が多いこと）
じょうぜつ
対 寡黙 類 多弁 熟 豊饒《ほうじょう》

⑲ 真夜中に寂寥の感が迫る。（ものさびしいさま）
せきりょう
訓 寥《さび》しい 類 寂寞《せきばく》、寥寥《りょうりょう》

⑳ 話題作を俎上に載せて批評した。（「俎上に載せる」で批評・議論の対象とする）
そじょう
訓 俎《まないた》 参「俎《そ》」は中国古代の供物を載せる台。

㉑ 不安を払拭しきれない。（ぬぐい去ること）
ふっしょく
訓 拭《ぬぐ》う、拭《ふ》く 参「払」「拭」ともに「とり去る」の意味。

㉒ 放埒な生活を改めたい。（気ままにふるまうさま）
ほうらつ
参「馬が埒《らち》（囲い）を離れる」が原義。

㉓ インフルエンザが蔓延している。（はびこること）
まんえん
参「蔓」は「つる草」、「はびこる」の意味。

㉔ 隣家との軋轢が生じる。（仲が悪いこと）
あつれき
類 確執《かくしつ》、相克《そうこく》 参「軋轢」は「車輪がきしる」が本義。

㉕ 無事の知らせに安堵する。（安心すること）
あんど
参「堵」は「かきね」の意味。

番号	問題	意味	答え	解説
❶	世論から乖離した政策を批判する。	そむき離れること	かいり	類 離反　参「乖」は「そむく」の意味。
❷	稀有な逸品が展示される。	めったにないこと	けう	参「希有」とも書く。
❸	豪華絢爛な歴史絵巻が展開される。	きらびやかなさま	けんらん	類 華麗　熟 爛熟《らんじゅく》、爛漫《らんまん》
❹	緑滴る若葉の季節だ。	あふれるばかりに満ちている	したた	訓 滴《しずく》　熟 点滴《てんてき》　参 古くは「しただる」とも読んだ。
❺	常套手段をもちいる。	ありふれたさま	じょうとう	類 慣用　熟 外套《がいとう》
❻	辛辣な批評をする。	非常に手厳しいさま	しんらつ	訓 辣《から》い　熟 辣油《ラーユ》、辣腕《らつわん》　類 痛烈
❼	人目を憚らず号泣する。	さしさわりがあるとしてひかえる	はばか	熟 忌憚《きたん》(言うのを遠慮すること)
❽	働く姿に生気が横溢する。	あふれるほど盛んなこと	おういつ	訓 溢《あふ》れる　類 充溢《じゅういつ》　参「汪溢」とも書く。
共 ❾	新しく寺院を建立した。	寺院・堂塔などを建てること	こんりゅう	参 もう一度建てることは「再建」。
❿	時代を遡って検証する。	過去や根本にたちかえる	さかのぼ	熟 遡行《そこう》、遡及《そきゅう》、遡上《そじょう》
⓫	恥を晒す。	広く人目に触れるようにする	さら	参「日光に晒す」「危険に晒す」などとも使う。
⓬	旧体制の残滓を一掃する。	のこりかす	ざんし	訓 滓《かす》、滓《おり》　類 残渣《ざんさ》

(1) やりど　(2) よそじ（よそ）

⓭ ひとしきり時雨が降った。（時雨：初冬の降ったりやんだりする雨）
しぐれ
参「時雨」は冬の季語、「時雨月」は陰暦十月。

⓮ 切手の蒐集をする。（蒐集：いろいろと集めること）
しゅうしゅう
訓 蒐《あつ》める 類 収集 熟 蒐荷《しゅうか》（＝集荷）

⓯ 人権蹂躙を訴える。（蹂躙：ふみにじること）
じゅうりん
類 毀損《きそん》 参「蹂」「躙」ともに「ふみにじる」の意味。

⓰ 両軍は河を隔てて対峙した。（対峙：向き合って立つこと）
たいじ
類 相対《あいたい》（「そうたい」と読むと別の意味）

⓱ 判定に何か不満げに呟いていた。（呟：小声でひとりごとを言う）
つぶや

⓲ デマが国中に伝播する。（伝播：つたわり広まること）
でんぱ
参「でんぱん」とは読まないこと。

⓳ 捏造した証拠で冤罪《えんざい》に陥れる。（捏造：でっちあげ）
ねつぞう
訓 捏《こ》ねる 参 捏《でっ》ち上げる

⓴ 財政が逼迫している。（逼迫：ゆとりのない状態）
ひっぱく
訓 逼《せま》る 熟 逼塞《ひっそく》（落ちぶれて隠れて暮らすこと）

㉑ 毎度の自慢話には辟易する。（辟易：うんざりすること）
へきえき
類 閉口

㉒ 被災地を慰藉してまわる。（慰藉：慰めること）
いしゃ
訓 慰《なぐさ》める 参「いせき」と読まないこと。「慰謝」とも書く。

㉓ 彼は所謂、「勝ち組」だ。（所謂：俗に言うところの）
いわゆる
訓 謂《い》う

㉔ 身近なことからすべてを演繹する。（演繹：一般的な前提から個別の結論を導き出すこと）
えんえき
対 帰納 参「繹」は「元をたどり明らかにする」の意味。

㉕ 国際紛争を惹起する。（惹起：事件や問題をひきおこすこと）
じゃっき
訓 惹《ひ》く 類 勃発《ぼっぱつ》

◉古語の読み （1）遣戸 （2）四十 答えは右ページ

❶ 直截簡明な表現である。
直截：くどくなくきっぱりしているさま
ちょくせつ（ちょくさい）
訓 截《た》つ　類 単刀直入　熟 截然《せつぜん》
参「ちょくさい」は慣用読み。

❷ 両親に育まれてすくすくと育つ。
育まれ：養いそだてる
はぐく
熟 成育《せいいく》、飼育

❸ 畢竟、栄枯盛衰は一炊の夢にすぎない。
畢竟：要するに
ひっきょう
参「畢」も「竟」も「終わる」の意味。

❹ 未曽有の経済危機を乗り切る。
未曽有：今まで一度もなかったこと
みぞう
参「未《いま》だ曽《かつ》て有らず」と訓読する。「曾」は旧字。

❺ 純真無垢な瞳に魅了された。
無垢：けがれていないさま
むく
訓 垢《あか》

❻ これが私が反対する所以である。
所以：わけ
ゆえん
類 理由、根拠

❼ 王者のタイトルを剥奪する。
剥奪：はぎとること
はくだつ
訓 剥《は》がす、奪《うば》う　熟 剥製《はくせい》、剥離

❽ その作家は厭世的傾向が強い。
厭世：世の中をいやなものと思うこと
えんせい
訓 厭《いと》う　対 楽天

❾ 相手を完膚なきまでに論破する。
完膚：「完膚なきまで」で徹底的に
かんぷ
参「完膚」は「傷ついていない完全な皮膚」の意味。

❿ 将来に危惧の念を抱く。
危惧：悪くなりはしないかと心配すること
きぐ
訓 危《あや》ぶむ　参「惧」は「危ないと思う」の意味。

⓫ 強靱な繊維を開発する。
強靱：しなやかで強いこと
きょうじん
参「靱」は「しなやか」の意味。「韌、靭」とも書く。

⓬ 彼は形而上の世界に関心がある。
形而上：感性を介した経験では認識できないもの
けいじじょう
対 形而下　熟 而立《じりつ》（三十歳）

（1）わび　（2）あいぎょう

⑬ 怪訝そうな顔つきをする。（不思議で納得がいかないさま）
けげん
訓 怪《あや》しい、訝《いぶか》しい

⑭ 江戸の戯作、黄表紙《きびょうし》を専攻する。（江戸後期の通俗小説類の総称）
げさく（けさく）
訓 戯《たわむ》れる 熟 戯曲

⑮ 渾身の力を振り絞り完成させた。（全身、満身）
こんしん
熟 渾然《こんぜん》、渾沌《こんとん》、雄渾《ゆうこん》 参「渾」は「すべて」の意味。

⑯ 長く猜疑心に苛《さいな》まれる。（人を疑ったりねたんだりする心）
さいぎしん
類 嫉妬《しっと》、邪推《じゃすい》 参「猜」は「疑う、そねむ」の意味。

⑰ 神の前で懺悔する。（罪を告白し悔い改めること）
ざんげ
訓 懺《く》いる 参「さんげ」（仏教語）

⑱ 内心忸怩たる思いだ。（恥じ入るさま）
じくじ
類 慚愧《ざんき》 参「忸」「怩」ともに「恥じる」の意味。

⑲ 食の嗜好は人によって万別だ。（たしなみ好むこと）
しこう
訓 嗜《たしな》む 熟 嗜癖《しへき》

⑳ 重い疾病で一時休学する。（病気）
しっぺい
訓 病《やまい》 類 疾患 参「疾」も「やまい」の意味。

㉑ 貴族社会が終焉する。（物事の終わり）
しゅうえん
類 臨終《りんじゅう》、末期《まつご》

㉒ 国際法を遵守する必要がある。（決まりや法律を守ること）
じゅんしゅ
類 遵奉《じゅんぽう》、遵法 参「遵」は「きまりに従う」の意味。

㉓ 衝突の刹那に火の手が上がった。（瞬間）
せつな
熟 名刹《めいさつ》 参「刹」は「非常に短い時間」の意味。

㉔ 僥倖に恵まれる。（思いがけない幸運）
ぎょうこう
類 幸運 対 不運

㉕ 悲惨な状況を見て戦慄が走る。（恐ろしくてふるえおののくこと）
せんりつ
訓 慄《おのの》く 類 慄然 参「戦」は「恐怖にふるえる」の意味。

◉古語の読み （1）侘び （2）愛敬 答えは右ページ

☐ ❶ 両者の見解に齟齬をきたす。（うまくかみ合わないこと）
そご
訓 齟《か》む　対 吻合《ふんごう》　参「齬」は「歯がかみ合わない」の意味。

☐ ❷ 内容をよく咀嚼する。（よく理解して自分のものにすること）
そしゃく
訓 咀《か》む、嚼《か》む　参「食べ物をかみこなす」が本義。

共 ☐ ❸ 体調が悪く仕事が滞っている。（順調に進まない）
とどこお
熟 滞納《たいのう》、停滞

☐ ❹ 周囲の非難に反駁する。（論じ返すこと）
はんばく
類 反論、論駁《ろんばく》

☐ ❺ 息子の死に母は慟哭した。（声をあげて泣くこと）
どうこく
訓 慟《なげ》く、哭《な》く（声を上げて泣く）

☐ ❻ 犯した過ちの重大さに煩悶する。（苦しみ悩むこと）
はんもん
訓 煩《わずら》う、悶《もだ》える　熟 煩雑、苦悶

☐ ❼ 氾濫する情報に翻弄される。（あふれ出ること）
はんらん
参「氾」も「濫」も「あふれる」の意味。

☐ ❽ 自分の手柄を吹聴して不評を買う。（言いふらすこと）
ふいちょう
類 披露　熟 吹鳴《すいめい》

☐ ❾ 地方を行脚して政策を説く。（ある目的で諸地方を巡り歩くこと）
あんぎゃ
熟 行灯《あんどん》、行火《あんか》

☐ ❿ 歌舞伎に関する蘊蓄を披露する。（学問や技芸についての深い知識）
うんちく
類 学殖、造詣《ぞうけい》　参「薀蓄」とも書く。

☐ ⓫ 未来永劫変わらない。（永久）
えいごう
参「劫」は「長い時間」の意味。

☐ ⓬ 生涯の愛読書に邂逅する。（思いがけず出会うこと）
かいこう
類 出会い　参「かいごう」と読まないこと。

（1）あさがれい　（2）あぶみ

⑬ 客層を考えて、出し物を塩梅する。（物事の様子を考えてうまく処理すること）
あんばい
参「按配、案配」とも書く。

⑭ 街は快哉を叫ぶ人々で溢《あふ》れた。（心からうれしいと思うこと）
かいさい
参「快なる哉《かな》」から。

⑮ 人口に膾炙するほど有名だ。（「人口に——する」で世間に知れ渡ること）
かいしゃ
類普及 参「膾」は「なます」、「炙」は「あぶり肉」のこと。

⑯ 迂闊にも財布を家に忘れた。（うっかりすること）
うかつ
熟迂言《うげん》、闊歩《かっぽ》 参「迂」も「闊」も「世事にうとい」の意味。

⑰ 毅然とした対応が求められる。（意志がしっかりしていて、ものに動じないさま）
きぜん
類断固 参「毅」は「意志が強く動じない」の意味。

共 ⑱ 空に向けて威嚇射撃をする。（力を使っておどすこと）
いかく
訓威《おど》す、嚇《おど》す 熟示威《じい》

⑲ 敢《あ》えて迂遠な方法を用いる。（まわりくどいこと）
うえん
参「迂」は「遠回りする」の意味。迂回《うかい》、迂路

⑳ 『浮雲』は近代小説の嚆矢である。（物事の始まり）
こうし
参「かぶら矢」（開戦の合図に射る矢）から。

㉑ 海外から指揮者を招聘する。（礼を尽くして人を招きよぶこと）
しょうへい
類招請《しょうせい》、招来 参「聘」も「まねく」の意味。

㉒ 創業者は好事家としても有名だ。（変わったことに興味をもつ人）
こうずか
類ものずき

㉓ 上人《しょうにん》は仏の権化と見られた。（仏が仮の姿で世に現れること）
ごんげ
対実化《じっけ》 類権現《ごんげん》、化身《けしん》

㉔ 計画に蹉跌をきたす。（つまずくこと、失敗すること）
さてつ
類挫折 参「蹉」も「跌」も「つまずく」の意味。

㉕ 贖罪として寺院を建てる。（財物を出して罪をつぐなうこと）
しょくざい
訓贖《あがな》う 参「購《あがな》う」との違いに注意。

◉古語の読み （1）朝餉 （2）鐙 答えは右ページ

読み取り　ランクA 5

❶ 頗る迷惑だ。
非常に、よほど
すこぶ
類 甚《はなは》だ　熟 偏頗《へんぱ》(かたよって不公平なこと)

❷ 問題を矮小化していては解決不能だ。
小さいこと
わいしょう
参「矮」は「低い」の意味。

❸ 仲間の紐帯を固くする。
物事を結びつけるもの
ちゅうたい
訓 紐《ひも》、帯《おび》　参「じゅうたい」と読むことも。

❹ 契約書に署名・捺印する。
はんこを押すこと
なついん
類 押印《おういん》、押捺《おうなつ》　参「捺」は「押す」の意味。

❺ 贔屓にしている力士。
気に入って特に目をかけること
ひいき
熟 判官贔屓《ほうがんびいき》(「はんがんびいき」とも)、贔屓目《ひいきめ》

❻ 彼は平家《へいけ》の末裔だという。
子孫
まつえい
類 後裔　参「裔」も「すえ(末)」の意味。

❼ 双方とも事情を知悉している。
知り尽くすこと
ちしつ
訓 悉《ことごと》く　熟 悉皆《しっかい》　類 熟知、精通

❽ 彼は並外れた吝嗇家《けち》だ。
りんしょく
参「吝」も「嗇」も「惜しむ」の意味。

❾ 権力を弄んでいると批判された。
思うままにあやつる
もてあそ
熟 翻弄《ほんろう》、愚弄

❿ 文化の爛熟期を迎えている。
頂点に達すること
らんじゅく
訓 爛《ただ》れる、熟《う》れる　熟 絢爛《けんらん》

⓫ 前例に倣って処理することにする。
まねる
なら
熟 模倣《もほう》

⓬ 彼とは慇懃な間柄です。
非常に親しく交わること
いんぎん
参「礼儀正しい」の意味もある。

(1) うどねり　(2) うねめ

⓭ ☐ 企業の隠蔽体質が問われる。（隠蔽：覆い隠すこと）
いんぺい
参「蔽」は「おおい隠す」の意味。

⓮ ☐ 攻撃のチャンスを窺う。（窺う：待ち構える）
うかが
参「窺」は「のぞき見る」の意味。

⓯ 共 ☐ 呪縛が解けたように動き出した。（呪縛：心理的に心の自由を奪うこと）
じゅばく
訓 呪《のろ》う、縛《しば》る　熟 呪詛《じゅそ》、捕縛

⓰ ☐ 全盛期を凌ぐ人気だ。（凌ぐ：力や量が、あるところをこえる）
しの
熟 凌駕《りょうが》、凌雲《りょううん》

⓱ 共 ☐ 梱包の緩衝材を再利用する。（緩衝：不和や衝突を和らげること）
かんしょう
訓 緩《ゆる》む　熟 弛緩《しかん》、衝撃

⓲ ☐ 国際情勢の帰趨に関心が集まる。（帰趨：ある物事が結果的に行き着くところ）
きすう
熟 趨勢《すうせい》、趨向《すうこう》

⓳ 共 ☐ 豪雨で甚大な損害を被った。（被る：他から恩恵や迷惑を受ける）
こうむ
熟 被災《ひさい》　参「蒙る」とも書く。

⓴ ☐ 業績悪化懸念は杞憂に終わった。（杞憂：する必要のない心配）
きゆう
訓 憂《うれ》える　類 懸念《けねん》、危惧《きぐ》、心配　参 杞(周代の国の名)

㉑ ☐ 無辜《むこ》の民を殺戮した。（殺戮：残忍な方法で殺すこと）
さつりく
類 惨殺、殺害　熟 戮力《りくりょく》　参 無辜の民(罪の無い人々)

㉒ ☐ 会長の恣意で方針が変更される。（恣意：勝手気ままな考え）
しい
参「恣」は「勝手気まま」の意味。

㉓ ☐ さまざまな桎梏を逃れる。（桎梏：自由を束縛するもの）
しっこく
類 束縛《そくばく》　参「桎」は「足かせ」、「梏」は「手かせ」の意味。

㉔ ☐ 俳諧連歌の発句が独立し俳句となった。（発句：初めの五・七・五の句）
ほっく
熟 発足《ほっそく》、発達《はったつ》、発言《はつげん》

㉕ ☐ 人生の教訓が詰まった箴言集だ。（箴言：教訓や戒めになる短い言葉）
しんげん
訓 箴《いまし》める　類 金言、格言

◉古語の読み　(1) 内舎人　(2) 采女　答えは右ページ

	問題	意味	解答	補足
❶	杜撰な計画を練り直す。	いいかげんで誤りが多いこと	ずさん	対 綿密　類 粗雑
❷	他人の行動を穿鑿する。	細かなところまで調べ立てること	せんさく	参「詮索」とも書く。
❸	王は妃《きさき》を寵愛した。	特別にかわいがること	ちょうあい	熟 寵幸《ちょうこう》、寵児《ちょうじ》　参「寵」は「かわいがる」の意味。
❹	神を冒瀆する行為だ。	神聖なものをけがすこと	ぼうとく	訓 冒す(けがす)　参「瀆」も「けがす」の意味。
❺	提案は悉く不採用となった。	一つ残らずすべて	ことごと	類 悉皆《しっかい》、知悉《ちしつ》
❻	世間の嘲弄にめげない。	ばかにして、あざけること	ちょうろう	訓 嘲《あざけ》る、弄《もてあそ》ぶ　類 嘲罵《ちょうば》、愚弄
❼	拙い英語で会話する。	下手で見劣りがする	つたな	対 巧み　熟 拙劣《せつれつ》、巧拙《こうせつ》
❽	挑戦する気力が萎えてしまった。	気力を失う	な	熟 萎縮《いしゅく》　参「萎《しお》れる、萎《しぼ》む」とも。
❾	遠来の友を懇ろにもてなした。	手厚く	ねんご	熟 懇切《こんせつ》、昵懇《じっこん》
❿	謀反を起こして主君を倒す。	時の為政者にさからうこと	むほん	訓 謀《はかりごと》　参「謀叛」とも書く。
⓫	党首として全国を遊説する。	各地を説いてまわること	ゆうぜい	参「遊」は「よそに出かける」の意味。
⓬	国語辞典の凡例をよく読んで使う。	書物の初めに記した編集目的や使用法	はんれい	訓 凡《およ》そ　熟 凡百《ぼんぴゃく》、平凡

(1) うらぼんえ　(2) えびら

番号	問題	意味	答え	解説
⑬	前言を翻すばかりでは信用されない。	急に変える	ひるがえ	熟 翻弄《ほんろう》、翻然《ほんぜん》
⑭	犯人の逃走を幇助して罰せられる。	手助けすること	ほうじょ	熟 幇間《ほうかん》(たいこもち) 参「幇」は「手助けする」の意味。
⑮	闘志が全身に漲った。	満ちあふれる	みなぎ	熟 漲天《ちょうてん》(天一面に広がる)
⑯	彼女は流暢な中国語を話す。	なめらかでよどみないさま	りゅうちょう	訓 暢《の》びる(のびのびとする) 熟 暢達《ちょうたつ》
⑰	一世を風靡した人気バンド。	多くの者をなびき従わせること	ふうび	訓 靡《なび》く 熟 靡爛《びらん》(ただれること)
⑱	ワインの芳醇な香りを楽しむ。	香りがよいさま	ほうじゅん	訓 芳《かんば》しい 参「醇」は「味の濃厚な酒」の意味。
⑲	普及の隘路を取り除く。	支障となるもの	あいろ	熟 狭隘《きょうあい》 参「狭い道」が本義。
⑳	悪辣な方法で手に入れる。	やり口が悪どいさま	あくらつ	類 邪悪、性悪《しょうわる》 熟 辣腕《らつわん》
㉑	否応なく連れ戻す。	有無を言わせず	いやおう	参「否応」は「不承知と承知」の意味。
㉒	神経を苛立たせる。	いらいらする	いらだ	訓 苛《いじ》める、苛《さいな》む
㉓	青春を謳歌する。	心おきなく楽しむこと	おうか	参「謳」も「うたう」の意味。
㉔	微に入り細を穿ち、問いただす。	「微に入り細を穿ち」で細かいところまで	うが	熟 穿孔《せんこう》 参「穿つ」は「穴を開ける」の意味。
㉕	年金問題云云は未解決だ。	引用した文を中断し、あとを省略したことを示す語	うんぬん	参「うんうん」の音変化。

◉古語の読み　(1) 盂蘭盆会　(2) 箙　答えは右ページ

❶ 懊悩する日日が続いた。
悩み苦しむこと
おうのう
参「懊」は「深く悩む」の意味。

❷ 静寂の病室から嗚咽の声が漏れた。
声をつまらせて泣くこと
おえつ
参「咽」は「のど」「むせぶ」の意味。

❸ 日本橋界隈をぶらつく。
あたり一帯
かいわい
参「隈」は「奥まった所」の意味。

❹ 人倫に背馳する行為。
そむくこと
はいち
訓 馳《は》せる（走らせる）

❺ 共 彼我の差一秒で惜敗した。
相手と自分
ひが
類 自他

❻ 業界での角逐に終止符を打つ。
互いに争うこと
かくちく
参「角」は「競う」、「逐」は「追い払う」の意味。

❼ 長年にわたって功徳を施す。
来世に幸せをもたらすよい行い
くどく
参「功」は「効き目」、「徳」は「よい行い」の意味。

❽ 若き日を含羞とともに思い出す。
はじらい
がんしゅう
訓 羞《は》じる　熟 羞恥《しゅうち》、含蓄、包含

❾ 共 胸襟を開いて話し合う。
「胸襟を開く」で隠し事をしない
きょうきん
訓 襟《えり》　参「胸襟」は「心の中」の意味。

❿ 蔑んだ目付きで相手を見返した。
劣っているとばかにする
さげす
熟 蔑視《べっし》、侮蔑《ぶべつ》

⓫ 精神を弛緩させることも大切だ。
ゆるむこと
しかん
訓 弛《ゆる》む、緩《ゆる》む　対 緊張《きんちょう》

⓬ 暖簾に腕押し。
「暖簾に腕押し」で手ごたえのないこと
のれん
参 糠《ぬか》に釘《くぎ》、豆腐に鎹《かすがい》

(1) おおとのごもる　(2) おしき

⑬ 従容として戦地におもむく。（従容：ゆったりと落ち着いているさま）
しょうよう
類 悠揚《ゆうよう》　参 従（ゆったりした）、容（落ち着いた）。

⑭ クラス中の羨望の的となる。（羨望：うらやましく思うこと）
せんぼう
訓 羨《うらや》ましい　類 垂涎《すいぜん》

⑮ 他の作品と比べても遜色がない。（遜色：他と比べ劣っていること）
そんしょく
熟 謙遜《けんそん》　参「遜」は「劣る、及ばない」の意味。

⑯ 彼はいつも恬淡としている。（恬淡：無欲であっさりしていること）
てんたん
類 淡泊　参「恬」は「あっさりしている」の意味。

⑰ 開幕以来怒濤の進撃を続けている。（怒濤：激しく打ち寄せる大波）
どとう
参「濤」は「大きな波」の意味。

⑱ 洒落た窓の洋館を訪ねる。（洒落た：あかぬけた）
しゃれ
類 洒脱《しゃだつ》、洒落《しゃらく》（さっぱりとしてこだわりのないこと）

⑲ 彼は貪欲な好奇心の持ち主だ。（貪欲：度をこして欲しがるさま）
どんよく
対 無欲　類 貪婪《どんらん》、強欲

⑳ 転校生はクラスに馴染んでいる。（馴染んで：なれて親しむ）
なじ
訓 馴《な》れる、染《そ》まる　熟 馴致《じゅんち》

㉑ 子どもの権利条約を批准した。（批准：条約の承認）
ひじゅん
参「准」は「許す」の意味。

㉒ 大器の片鱗をうかがわせる。（片鱗：ほんのわずかな部分）
へんりん
訓 鱗《うろこ》　熟 逆鱗《げきりん》、鱗粉《りんぷん》

㉓ 損失を補塡する必要がある。（補塡：不足を補うこと）
ほてん
訓 塡《は》める　熟 充塡、装塡

㉔ 団結して勝利に向かって邁進する。（邁進：ひたすら目標に向かって突き進むこと）
まいしん
参「邁」は「ゆく」の意味。

㉕ 彼はたぐい稀な才能の持ち主だ。（稀：数がきわめて少ないさま）
まれ
熟 稀少《きしょう》　参「希」とも書く。

◉古語の読み　(1) 大殿籠る　(2) 折敷　答えは右ページ

❶ 意識が朦朧としてきた。
（朦朧：ぼんやりしてはっきりしないさま）
もうろう
熟 朧気《おぼろげ》 参「朦」も「おぼろ」の意味。

❷ 事実を歪曲した報道に抗議する。
（歪曲：故意にゆがめること）
わいきょく
訓 歪《ゆが》む、歪《ひず》む

❸ 彼の大仰な身ぶりが気になる。
（大仰：大げさなさま）
おおぎょう
類 誇大、仰仰《ぎょうぎょう》しい

❹ 古来、多くの民から崇められた。
（崇め：尊いものとして敬う）
あが
熟 崇敬《すうけい》、崇拝《すうはい》

❺ 朝から悪寒がする。
（悪寒：全身がぞくぞくするような寒気）
おかん
熟 嫌悪、憎悪

❻ 袈裟《けさ》は解脱を求める印である。
（解脱：煩悩から自由になり、悟りの境地に達すること）
げだつ
参「解」の音は「カイ」「ゲ」。 訓 解《と》く、脱《ぬ》ぐ 熟 解熱《げねつ》

❼ 狡猾なプレーも時に必要だ。
（狡猾：悪がしこくずるいこと）
こうかつ
訓 狡《ずる》い 類 狡智《こうち》 参「猾」も「ずるい」の意味。

❽ 手術後の恢復が著しい。
（恢復：元の状態に戻ること）
かいふく
参「恢」は「とり戻す」の意味。「回復」とも書く。

❾ 芳しい結果とはいかなかった。
（芳しい：立派である）
かんば
参「かぐわしい」と読むと「よい香り」の意味。

❿ 寓話を生かしてスピーチを行う。
（寓話：ある教訓を伝える短い物語やたとえ話）
ぐうわ
熟 寓意《ぐうい》、寓居《ぐうきょ》(仮住まい)

⓫ 高邁な理想だけでは解決しない。
（高邁：志が高く、すぐれていること）
こうまい
熟 英邁《えいまい》 参「邁」は「すぐれる」の意味。

⓬ 彼女の歌は玄人はだしだ。
（玄人：技芸などに熟達している人）
くろうと
対 素人《しろうと》

(1) おどし (2) かけい

⑬ 大正五年、夏目漱石《そうせき》逝く。
死ぬ
ゆ(い)
熟 逝去《せいきょ》、急逝

⑭ 共 不祥事で大臣が更迭される。
事情があって、その職にある人を変えること
こうてつ
参「更」も「迭」も「入れかわる」の意味。

⑮ 春風の中を颯爽と歩く。
姿・態度がきびきびと勇ましいさま
さっそう
訓 爽《さわ》やか 類 精悍《せいかん》 熟 颯然《さつぜん》、爽快

⑯ 上司に顧客獲得の極意を学ぶ。
学問や技芸で核心となる大切な事柄
ごくい
類 奥義《おうぎ》 参「きょくい」と読まないこと。

⑰ 初戦敗退では恰好がつかない。
体裁
かっこう
訓 恰《あたか》も 熟 恰幅《かっぷく》 参「格好」は代用漢字。

⑱ 地震によって瓦礫の山と化した。
壊れた建造物の破片
がれき
参 瓦(かわら)と礫(小石)。

⑲ 克己して栄冠を勝ち取る。
自己にうち勝つこと
こっき
熟 克服《こくふく》、超克《ちょうこく》、利己《りこ》、知己《ちき》

⑳ 真実を隠蔽糊塗する。
一時しのぎにうわべだけ取り繕うこと
こと
訓 糊《のり》 熟 糊口《ここう》

㉑ 混沌とした政局が続いた。
区別がつかず、全体が混じり合っているさま
こんとん
対 秩序 参「渾沌」とも書く。

㉒ 己の罪業の深さを知る。
罪となる悪い行い
ざいごう
熟 業火《ごうか》、業苦《ごうく》 参「業」は仏教で「善悪の行い」のこと。

㉓ 些細なことでけんかになる。
取るに足りないさま
ささい
参「些」は「わずかな」の意味。些少《さしょう》、些事《さじ》

㉔ 雑駁な知識では究明できない。
ばらばらでまとまりがないこと
ざっぱく
類 粗雑、雑然 熟 駁論《ばくろん》、反駁《はんばく》

㉕ 軍隊がデモ隊を鎮めた。
力をもって安定させる
しず
熟 鎮圧《ちんあつ》、鎮定《ちんてい》、鎮魂祭《ちんこんさい》

●古語の読み (1) 緘 (2) 筧(懸樋) 答えは右ページ

❶ 灼熱の恋に憧れる。
焼けるように熱いこと
しゃくねつ
訓 灼《や》く　参「灼」は「焼く」「真っ赤」の意味。

❷ 何度も推敲をして仕上げる。
文章を何度も練り直すこと
すいこう
参「推《お》す」と「敲《たた》く」で表現に迷った故事から。

❸ 時代の趨勢に従うべきだ。
これから先のなりゆき
すうせい
類 動向、趨向《すうこう》　参「趨」は「ある方向にむかう」の意味。

❹ 御尊父の御逝去をお悼《いた》みいたします。
他人の死の尊敬語
せいきょ
訓 逝《ゆ》く　類 他界、死去

❺ 凄絶な戦いを繰り広げた。
非常にすさまじいさま
せいぜつ
訓 凄《すさ》まじい　熟 凄然《せいぜん》、凄惨《せいさん》

❻ どうにか開店の費用を捻出した。
無理して費用などを作り出すこと
ねんしゅつ
訓 捻《ひね》る　類 工面《くめん》

❼ 彼には人を惹きつける魅力がある。
人の心を誘い寄せる
ひ
熟 惹起《じゃっき》

❽ 景気は漸次回復に向かうだろう。
しだいに
ぜんじ
参「漸」は「だんだんに」の意味。漸進《ぜんしん》、漸増《ぜんぞう》

❾ 賊徒《ぞくと》が都じゅうを跳梁した。
のさばりはびこること
ちょうりょう
訓 跳《は》ねる　類 跋扈《ばっこ》　熟 跳躍

❿ 佇立したまま前方を眺めた。
しばらくの間立ち止まること
ちょりつ
訓 佇《たたず》む　熟 佇見《ちょけん》

⓫ 幼いころの記憶が蘇った。
衰えたものが再び盛んになる
よみがえ
熟 蘇生《そせい》　参 紫蘇《しそ》（植物のシソ）

⓬ 悪霊に取り憑かれる。
乗り移る
つ
熟 憑依《ひょうい》、信憑性《しんぴょうせい》

（1）かたぎぬ　（2）け

⓭ 敗北に**繋**がる判断だった。（結びつく）
つな
熟 連繫《れんけい》、繫留《けいりゅう》（それぞれ連係、係留とも書く）

⓮ 宇宙論の**先達**から話を聞く。（その道の先輩）
せんだつ（せんだち）
類 先学、先覚

⓯ 川底に土砂が**堆積**する。（うずたかく積み重なること）
たいせき
訓 堆《うずたか》い　類 累積

⓰ **頽廃**と背徳により国が滅びた。（不健全な気風になること）
たいはい
参「退廃」とも書く。

⓱ 自己を深く**韜晦**する。（才能・身分などをつつみかくすこと）
とうかい
対 吐露　参「韜」も「晦」も「かくす」の意味。

⓲ 敵は**雪崩**を打って敗走した。（「雪崩を打つ」で多くの人が一度に移動する）
なだれ
訓 崩《くず》れる

⓳ この辺りも**賑**やかになったね。（人手が多く活気がある）
にぎ
熟 殷賑《いんしん》（町などがにぎわっていること）

⓴ 友を疑う気持ちは**微塵**もない。（ごくわずか）
みじん
訓 微《かす》か、塵《ちり》　熟 塵埃《じんあい》、塵芥《じんかい》

㉑ 昨今の政治を**揶揄**した時事マンガ。（からかい）
やゆ
参「揶」も「揄」も「からかう」の意味。

㉒ 通路にまで人が**溢**れていた。（入りきらないほど多くある）
あふ
熟 横溢《おういつ》、充溢《じゅういつ》

㉓ **予**め調べた上で会議に臨む。（前もって）
あらかじ
熟 予定《よてい》、予行

㉔ 町に**異形**の一団が現れた。（普通とは違った怪しい姿）
いぎょう
参 例文中の意味では「いけい」とは読まない。

㉕ 彼はからっきし**意気地**がない。（物事に立ち向かい、やり通そうという気力）
いくじ（いきじ）
参 もとは「いきじ」と読んだ。

❶	ご先祖に感謝の回向をたむける。	死者の冥福を祈ること	えこう	参「廻向」とも書く。
❷	退職後は故郷に隠遁したい。	俗世間を退いて静かに暮らすこと	いんとん	参「遁」は「のがれる」の意味。
❸	申し出を婉曲に断る。	遠回しに言うこと	えんきょく	参「婉」は「おだやか」の意味。婉語《えんご》
❹	鷹揚な態度で応対する。	ゆったりとして小事にこだわらないさま	おうよう	訓 揚《あ》がる　参「鷹《たか》が空を悠々と飛ぶこと」から。
❺	口をきくのも億劫だ。	めんどうで気が進まないさま	おっくう	熟 永劫《えいごう》　参「おっこう(億劫)」の音変化。
❻	若くして奥義口伝を受ける。	言葉で伝えること	くでん	類 口授《くじゅ》、口訣《くけつ》
❼	諧謔精神を縦横に発揮する。	しゃれや冗談	かいぎゃく	熟 俳諧　参「諧」も「謔」も「たわむれる」の意味。
❽	会社勤めの傍ら農業を営む。	主となることをする一方で	かたわ	熟 傍聴《ぼうちょう》、傍系《ぼうけい》、傍線
❾	友達関係に間隙が生じる。	すき間	かんげき	訓 隙《すき》　類 空隙
❿	訃報に接し、急遽帰省する。	急いで物事を行うさま	きゅうきょ	参「遽」は「慌ただしい」の意味。
⓫	好悪の感情を抑える。	すき嫌い	こうお	参「悪《お》」は「憎む、嫌う」の意味。熟 憎悪《ぞうお》、嫌悪《けんお》
⓬	矜持を捨てて、一から出直す。	自分に対する誇り	きょうじ	類 自尊心　参「矜恃」とも書く。

(1) かたびら　(2) かち

⑬ 縁なき衆生は度し難し。（衆生：一切の生物）
しゅじょう
類 有情《うじょう》、群生《ぐんじょう》

⑭ 西欧の文物を憧憬する。（憧憬：あこがれること）
しょうけい（どうけい）
訓 憧《あこが》れる、憬《あこが》れる
参 「どうけい」は慣用読み。

⑮ 人を愚弄するにもほどがある。（愚弄：ばかにしてからかうこと）
ぐろう
訓 弄《もてあそ》ぶ　参 「愚」は「ばかにする」の意味。

⑯ 恩師の薫陶を受ける。（薫陶：人徳によって感化し、教育すること）
くんとう
参 もとは「香をたいて香りをしみこませ陶器をつくる」の意味。

⑰ 清和源氏の後裔を自称する。（後裔：子孫）
こうえい
類 後胤《こういん》、末裔《まつえい》

⑱ 出来事を大袈裟に伝える。（大袈裟：内容や態度が通常より誇張されているさま）
おおげさ
参 「袈裟がけに人を切ること」から。

⑲ 恍惚として演奏に聴き入る。（恍惚：心を奪われてうっとりすること）
こうこつ
類 陶然《とうぜん》　参 「恍」も「惚」も「うっとりする」の意味。

⑳ 共 格子窓の美しい町並みを保存する。（格子：細い木などを縦横に組み合わせたもの）
こうし
参 「かくし」の音便。

㉑ 滑稽な動作で観客を笑わせる。（滑稽：おもしろいさま）
こっけい
参 「おもしろおかしく巧みに言う」が本義。

㉒ あえない最期を遂げた。（最期：死に際、臨終）
さいご
類 末期《まつご》

㉓ 近代詩歌の流れを学ぶ。（詩歌：韻文の総称）
しいか
参 「しか」の慣用読み。

㉔ 領民を虐げ、税を搾り取った。（虐げ：むごく扱い苦しめる）
しいた
熟 虐待《ぎゃくたい》、残虐

㉕ 頻りに咳《せき》をして洟《はな》をかんだ。（頻りに：たびたび、しばしば）
しき
類 再三　熟 頻発《ひんぱつ》、頻繁《ひんぱん》

◉古語の読み　(1) 帷子　(2) 徒歩（徒）　答えは右ページ

❶ 執拗な取り立てを禁じる。（粘り強く、しつこいこと）
しつよう
訓 拗《す》ねる、拗《ねじ》ける　参「執」は「こだわる」の意味。

❷ 羞恥の念がないようだ。（恥ずかしく感じること、はじらい）
しゅうち
訓 羞《は》じる　類 恥辱《ちじょく》、慚愧《ざんき》

❸ 銃に弾を充塡する。（欠けたところや空所などをうめること）
じゅうてん
訓 充《み》たす、塡《は》める　類 装塡《そうてん》

❹ 熾烈な戦いを勝ち抜いてきた。（勢いが盛んで激しいこと）
しれつ
訓 烈《はげ》しい　類 猛烈　参「熾」は「火の勢いが盛ん」の意味。

❺ 反論は正鵠を得ている。（急所・要点）
せいこく
参「鵠」は「的の中心」。「正鵠を射る」ともいう。

❻ 街は静謐に戻った。（静かでひっそりとしているさま）
せいひつ
類 静穏《せいおん》、平穏《へいおん》　参「謐」も「しずか」の意味。

❼ 城の中の兵は殲滅された。（皆殺しにして滅ぼすこと）
せんめつ
類 全滅《ぜんめつ》、掃滅　参「殲」も「ほろぼす」の意味。

❽ 文学に造詣が深い。（知識や理解）
ぞうけい
類 蘊蓄《うんちく》　参「造」も「詣」も「達する」の意味。

❾ 端倪すべからざる事態。（推測すること）
たんげい
類 予測　参「端」は「いとぐち」、「倪」は「はて」の意味。

❿ 遊惰に耽溺した放蕩《ほうとう》者だ。（夢中になり他を顧みないこと）
たんでき
訓 耽《ふけ》る、溺《おぼ》れる　熟 耽読《たんどく》、惑溺

⓫ 道半ばで倒れた。（途中）
なか
熟 半端《はんぱ》、折半《せっぱん》

⓬ 恩師の媒酌で結婚した。（結婚の仲立ち）
ばいしゃく
参「媒妁」とも書く。

(1) がふ　(2) かわらけ

番号	問題	意味	答え	補足
⑬	巷の声に耳を傾ける。	町中の道、世の中	ちまた	熟 巷間《こうかん》、巷説《こうせつ》
⑭	先人の偉業を礼賛する。	ほめたたえること	らいさん	参「礼讃」とも書く。
⑮	不注意による過失を咎められた。	非難する	とが	参 良心が咎める（良心が痛む）
⑯	論文の要旨を捉える。	理解し把握する	とら	熟 捕捉《ほそく》、把捉《はそく》
⑰	未練が遁世を妨げる。	俗世間との関係を断つこと	とんせい	参「遁」は「のがれる」の意味。
⑱	版図を最大に広げる。	一国の領土	はんと	訓 図《はか》る 熟 版画、意図
⑲	戦乱の中で非業の死を遂げた。	思いがけない災難	ひごう	参 業を煮やす（煮えきらない態度に怒る）
⑳	他チームを総合力で凌駕している。	他を追い抜いてその上に立つこと	りょうが	訓 凌《しの》ぐ 参「駕」も「しのぐ」の意味。
㉑	放恣な生活を送っている。	勝手気ままで乱れているさま	ほうし	類 放縦《ほうじゅう》、放逸《ほういつ》 参「放肆」とも書く。
㉒	あまりの出来事に呆然とした。	あっけにとられるさま	ぼうぜん	訓 呆《ほう》ける、呆《あき》れる
㉓	約束を反故にされた。	無効にすること	ほご	参「反古」とも書く。
㉔	最近は専ら史跡巡りを楽しんでいる。	そのことだけをするさま	もっぱ	熟 専攻《せんこう》、専念《せんねん》
㉕	意志の脆さが克服しがたい。	精神的に弱い	もろ	熟 脆弱《ぜいじゃく》

◉古語の読み (1) 楽府 (2) 土器 答えは右ページ

❶ 正確な情報を摑むことが大切だ。
手に入れる
つか
参「手で持つ」「しっかりとらえる」の意味も。

❷ それは定款に反する行為だ。
組織や業務についての根本規則
ていかん
熟 約款《やっかん》 参「款」は「法令や規約の項目」の意味。

❸ 生憎の雨で、行事は延期された。
残念なさま
あいにく
参「あやにく」の音変化。

❹ 競争心を煽る戦術をとった。
ある行動をするようにたきつける
あお
熟 煽動《せんどう》、煽情《せんじょう》（それぞれ扇動、扇情とも書く）

❺ 大金を投じて古美術を購う。
買い求める
あがな
熟 購買《こうばい》、購読《こうどく》

❻ 勧進帳《かんじんちょう》の舞台として遍く知られる。
広く
あまね
熟 遍在《へんざい》、遍歴　参「普く、周く」とも書く。

❼ 彼は三か国語を巧みに操る。
使いこなす
あやつ
熟 操作《そうさ》、操業

❽ 運命に抗って生きる。
抵抗する
あらが
熟 抗癌剤《こうがんざい》、抵抗、抗議

❾ 思わず感涙にむせぶ。
感激のあまり流す涙
かんるい
熟 涙腺、血涙

❿ 共 供物、供花を霊前に供える。
神仏に供えるもの
くもつ
訓 供《そな》える　参 供花《きょうか》。「くぶつ」と読まないこと。

⓫ 諫めるのも聞かずに故郷を出る。
忠告する
いさ
熟 諫言《かんげん》、諫死《かんし》　参 多くは目上の人に対して使う。

⓬ 政界を退いて故郷に隠棲する。
俗世を離れて静かに暮らすこと
いんせい
訓 隠《かく》れる（退く）、棲《す》む　参「隠栖」とも書く。

（1）ひじり　（2）かんぶつえ

⑬ 成功が彼の自惚れを助長させた。
実際以上に自分がすぐれていると思い、得意になること
うぬぼ
[参]「己惚れ」とも書く。

⑭ 友人の出世をひそかに羨む。
他人をねたましく思う
うらや
[熟]羨望《せんぼう》

⑮ 圧政に対する怨嗟の声が上がる。
うらみ嘆くこと
えんさ
[参]「怨」は「恨《うら》み」、「嗟」は「嘆き」の意味。

⑯ 私の覚束ない英語で会話する。
たよりない
おぼつか
[参]「覚束ない」は借字。

⑰ 汚職事件で政権が瓦解する。
一部の壊れから全体が崩れること
がかい
[熟]瓦礫《がれき》、煉瓦《れんが》

⑱ 就任を頑なに拒む。
意地をはって態度を変えないさま
かたく
[熟]頑固《がんこ》、頑迷《がんめい》

⑲ 恩師の死を悼む。
人の死などを悲しみ惜しむ
いた
[熟]哀悼《あいとう》、追悼《ついとう》

⑳ 一抹の不安が頭をよぎった。
ほんの少し
いちまつ
[参]「抹」は「なする」で筆の一なすり。

㉑ どのような苦労も厭いません。
嫌って避ける
いと
[熟]厭世《えんせい》　[参]体を厭う（体を大事にする）

㉒ 境内は参拝の人で溢《あふ》れた。
寺社の敷地の中
けいだい
[熟]内裏雛《だいりびな》　[参]「けいない」と読まないこと。

㉓ 反対勢力が陰で蠢く。
虫がはうように、もぞもぞ動く
うごめ
[熟]蠢動《しゅんどう》

㉔ その話はどこか胡散臭い。
不審なさま
うさん
[類]胡乱《うろん》　[参]胡椒《こしょう》、胡瓜《きゅうり》、胡《こ》弓《きゅう》（弦楽器の一種）

㉕ 都会の喧噪を避けて暮らす。
やかましいこと
けんそう
[訓]喧《かまびす》しい、喧《やかま》しい　[対]静寂
[参]「喧騒」とも書く。

◉古語の読み　(1) 聖　(2) 灌仏会　答えは右ページ

	問題	意味	解答	解説
☐ ❶	山寺に籠もって修行した。	寺社に泊まって勤行・祈願する	こ	熟 参籠《さんろう》、籠城《ろうじょう》
☐ ❷	同輩の讒言により失脚した。	人を陥れるための悪口	ざんげん	類 讒説《ざんせつ》、中傷《ちゅうしょう》
☐ ❸	災厄を避ける方策を考える。	不幸なわざわい	さいやく	訓 災《わざわ》い、厄《わざわ》い　類 災難
☐ ❹	砲弾に身を曝しながら前進した。	危険な状態に置く	さら	熟 曝露《ばくろ》　参 「晒す」とも書く。
☐ ❺	行きつ戻りつ逡巡している。	ためらうこと	しゅんじゅん	訓 巡《めぐ》る　類 躊躇《ちゅうちょ》　参 「逡」は「ためらう」の意味。
☐ ❻	現金の出納の記録を調べた。	金銭などを出し入れすること	すいとう	訓 納《おさ》める　熟 納税《のうぜい》、納得《なっとく》　類 収支
☐ ❼	この碩学は博覧強記を示した。	学問が広く深い人、大学者	せきがく	類 碩儒《せきじゅ》、大家《たいか》　参 「碩」は「学問にすぐれた」の意味。
☐ ❽	両者には截然たる違いがある。	区別がはっきりしているさま	せつぜん	訓 截《た》つ　類 判然　参 「さいぜん」と読まないこと。
☐ ❾	瀟洒な西洋館が並んでいた。	すっきりとしてあかぬけているさま	しょうしゃ	類 洒脱《しゃだつ》　参 「瀟灑」とも書く。
☐ ❿	忽ち売り切れた。	またたくまに	たちま	熟 忽然《こつぜん》、粗忽《そこつ》
☐ ⓫	衷心から哀悼の意を表します。	心の奥底、本当の気持ち	ちゅうしん	類 衷情、本心　参 「衷」は「まごころ」の意味。
☐ ⓬	人格を陶冶する。	性質や才能を鍛え練り上げること	とうや	熟 薫陶《くんとう》、冶金《やきん》、鍛冶《かじ》

(1) きぬた　(2) くぎょう

⑬ 完成まで三年乃至四年はかかる。　〜から〜まで
ないし
参「または」の意味でも使う。

⑭ とんだ代物をつかまされた。　物や人
しろもの
参 侮りや皮肉を込めて使うことが多い。

⑮ 気勢を削がれる。　なくなるようにする
そ
熟 削減《さくげん》、添削《てんさく》

⑯ 老舗ののれんを守る。　代々同じ商売を続け繁昌している店
しにせ（ろうほ）
参「仕似《しに》す（先祖からの家業を継ぐ）」から。

共 ⑰ 悪事に手を染める。　関係するようになる
そ
熟 染色《せんしょく》、染髪《せんぱつ》　参「色をつける」が本義。

⑱ 相手の気持ちを忖度する。　他人の心中を推しはかること
そんたく
類 推察　参「忖」「度」ともに「はかる」の意味。

⑲ 心理描写に長けている小説だ。　十分に備わり優れている
た
類 熟達、長《ちょう》ずる　熟 長所、特長

⑳ 古本屋を数軒覗く。　ちょっと立ち寄る
のぞ
参 覘《うかが》う

㉑ 勝利に向かって驀進する。　勢いよくまっしぐらに進むこと
ばくしん
参「驀」は「馬ががむしゃらに突き進む」の意味。

㉒ 大空を飛翔する大鷲《おおわし》の勇姿。　空中をとぶこと
ひしょう
訓 翔《と》ぶ、翔《かけ》る

㉓ 波瀾に富んだ生涯をおくった。　変化のあるさま
はらん
熟 狂瀾怒濤《きょうらんどとう》　参「瀾」も「波」の意味。「波乱」とも書く。

㉔ 下町情緒にあふれた街を散歩する。　感情の動きをさそうような雰囲気
じょうしょ（じょうちょ）
参「じょうちょ」は慣用読み。

㉕ 話を聞いて食指が動いた。　あることをしたい気持ちになること
しょくし
訓 指《さ》す　参「食指」は「人さし指」。

●古語の読み　(1) 砧　(2) 公卿　答えは右ページ

❶ 他人の作品を剽窃する。（他人の作品を自分のものとして発表すること）
ひょうせつ
類 盗作　熟 窃盗《せっとう》　参「剽」は「かすめとる」の意味。

❷ 彼のよからぬ風聞を耳にした。（それとなく聞くうわさ）
ふうぶん
類 風評、風説　参「風」は「うわさ」の意味。

❸ 山頂から町並みを俯瞰する。（高い所から見下ろすこと）
ふかん
訓 俯《うつむ》く　類 鳥瞰《ちょうかん》　参「瞰」は「見下ろす」の意味。

❹ 罹災した人々を救援する。（災害にあうこと）
りさい
訓 罹《かか》る　熟 罹患《りかん》

❺ そんな料簡の狭いことではだめだ。（考え）
りょうけん
類 思慮《しりょ》　参「了見、了簡」とも書く。

❻ 突然の訃報に言葉を失った。（死亡の知らせ）
ふほう
参「訃」は「死亡をつげる」が本義。

❼ 憐憫の情を抑えがたい。（あわれみ）
れんびん
訓 憐《あわ》む、憫《あわ》れむ　熟 哀憐、憫察

❽ 亡き父を彷彿とさせる姿だ。（ありありと思い出すこと）
ほうふつ
参「髣髴」とも書く。

❾ 戦争が勃発した。（急に起こること）
ぼっぱつ
訓 勃《お》こる（急に起こる）　熟 勃興

❿ 面目躍如たるものがある。（はっきり表れているさま）
やくじょ
訓 躍《おど》る　熟 躍進、突如

⓫ 彼女は明晰な頭脳の持ち主だ。（明らかではっきりしているさま）
めいせき
参「晰」は「はっきりしている」の意味。

⓬ 漸く入学試験が終わった。（やっと）
ようや
熟 漸進《ぜんしん》、漸次《ぜんじ》

(1) くすし　(2) くせもの

⑬ 薬物の濫用が社会問題となる。
みだりに用いること
らんよう
熟 濫獲《らんかく》、濫伐《らんばつ》　参「乱用」とも書く。

⑭ 馥郁たる香りが立ちこめている。
良い香りが漂うさま
ふくいく
参「馥」も「郁」も「かんばしい」の意味。

⑮ 徹夜で読書に耽っていた。
熱中する
ふけ
熟 耽溺《たんでき》、耽美《たんび》

⑯ 敢えて、困難な道を選ぶ。
無理に押し切って
あ
熟 敢行《かんこう》、敢然《かんぜん》

⑰ からすが餌を漁っている。
欲しい物をさがし求める
あさ
参 動詞について「買い―」「読み―」などとも使う。

⑱ 一途な思いを打ち明ける。
一つのことに打ち込むさま
いちず
参「拡大の一途《いっと》」のように読む場合もある。

⑲ この地で産湯は三日目に行う。
生まれた子に初めて入浴させること
うぶゆ
類 初湯　熟 産着《うぶぎ》、産毛《うぶげ》

⑳ 倦まずたゆまず努力を続ける。
「倦まずたゆまず」で飽きたり怠けたりせず
う
熟 倦怠《けんたい》　参 倦む（飽き飽きする）

㉑ 四方を囲繞する柵を設ける。
まわりを取り囲むこと
いにょう（いじょう）
参「繞」は「めぐる、とりまく」の意味。

㉒ 犯人隠匿の嫌疑をかけられる。
人をかくまうこと
いんとく
訓 隠《かく》す　参「匿」も「かくす」の意味。秘匿、匿名

㉓ 近代日本成立の淵源を遡る。
物事が生起するみなもと
えんげん
訓 淵《ふち》（川などで深くよどんだ所）　類 起源、根源

㉔ 脅すような強い口調で言われた。
相手を怖がらせる
おど
熟 脅迫《きょうはく》　参「脅《おびや》かす、脅《おど》かす」とも。

㉕ 工事のため迂回をお願いします。
回り道をすること
うかい
参「迂」は「遠回りする」の意味。迂遠《うえん》

◉古語の読み　(1) 薬師　(2) 曲者　答えは右ページ

番号	問題	語意	解答	解説
☐ ❶	悪徳商法の好餌となる。	てがるなえじき	こうじ	訓 餌《えさ》　熟 餌食《えじき》、食餌《しょくじ》療法
☐ ❷	その役だけは御免蒙りたい。	「御免蒙る」で断る	こうむ	熟 啓蒙《けいもう》、蒙昧《もうまい》　参「被る」とも書く。
☐ ❸	日本を言霊の幸《さきわ》う国ともいう。	言葉に宿る霊力	ことだま	熟 御霊《みたま》、御霊代《みたましろ》
☐ ❹	他社製品と一線を画す。	はっきり分ける	かく	熟 区画、画期的
☐ ❺	友人を市長選に担ぎ出す。	上に立つ人として押し立てる	かつ	熟 担架《たんか》、分担　訓 担《にな》う
☐ ❻	堂々たる伽藍を構える。	寺院の建物	がらん	参 サンスクリット語の音写から。
☐ ❼	工業化の陥穽が浮き彫りになる。	わな	かんせい	訓 陥《おちい》る　参「穽」は「落とし穴」の意味。
☐ ❽	稀代の名監督、最後の作品。	きわめてまれなこと	きたい（きだい）	類 不正出《ふせいしゅつ》　参「希代」とも書く。
共 ☐ ❾	容疑者を詰問して不正をただす。	厳しくといただすこと	きつもん	訓 詰《つ》める　熟 難詰《なんきつ》
共 ☐ ❿	学資を工面する。	くふうして必要な金銭などを集めること	くめん	参「工」の音読みは「コウ」「ク」。　熟 工夫、工学
☐ ⓫	形骸化した制度を改める。	かたちだけが残り、実質的な価値がないこと	けいがい	参「生命や精神がないからだ」が本義。
☐ ⓬	啓蟄を過ぎても寒い日が続く。	太陽暦で三月の初めの頃	けいちつ	参「地中から虫がはい出る」が本義。

（1）ぐそく　（2）くわがた

⓭ 「艱難汝《なんじ》を玉にす」が座右の銘だ。
艱難：困難に出あって苦しみ悩むこと
かんなん
類 苦難、辛苦《しんく》、艱苦《かんく》　熟 艱難辛苦

⓮ 傲岸不遜な態度をとる。
傲岸：おごり高ぶっていばること
ごうがん
類 傲慢《ごうまん》、倨傲《きょごう》　参 「傲」は「おごり高ぶる」の意味。

⓯ 良心の呵責を感じる。
呵責：厳しく責めること
かしゃく
参 「呵」は「しかる」の意味。

⓰ たすきを背中で交叉させる。
交叉：二つ以上の線が一点で交わること
こうさ
訓 交《まじ》わる、叉《また》（ふたまた）　参 「交差」は代用漢字。

⓱ 耳元で愛を囁く。
囁く：ひそひそと話す
ささや
参 囁き千里（秘密がもれやすいたとえ）

⓲ 暫時、休憩をとることになった。
暫時：しばらくの間
ざんじ
訓 暫《しばら》く　熟 暫定

⓳ 突然の悲報に接し、挙措を失う。
挙措：「挙措を失う」で取り乱した振る舞いをする
きょそ
熟 挙動、措置　参 「挙」「措」ともに「振る舞い」の意味。

⓴ 事件の仔細を語った。
仔細：詳しい事情、一部始終
しさい
参 「子細」とも書く。

㉑ 橋の竣工を祝う。
竣工：工事が完成すること
しゅんこう
類 落成　対 起工　参 「竣」は「完了する」の意味。

㉒ 時宜に適った企画であった。
適う：ぴったりと当てはまる
かな
熟 適合《てきごう》、適格

㉓ 旅行先で硝子の細工物を買った。
ガラス
参 オランダ語からの造語。

㉔ 毎朝鐘楼に登り、鐘を撞《つ》いた。
鐘楼：かねつき堂
しょうろう（しゅろう）
訓 鐘《かね》　類 鐘堂《しょうどう》、鐘撞堂《かねつきどう》　熟 楼閣

㉕ 前途を嘱望された青年に任せる。
嘱望：将来に期待を寄せること
しょくぼう
類 期待　熟 嘱目《しょくもく》　参 「嘱」は「目をつける」の意味。

●古語の読み　（1）具足　（2）鍬形　答えは右ページ

- ❶ 所詮夢想でしかない。（所詮：つまるところ）
  しょせん
  類 結局 参「詮《せん》ずる所《ところ》」と訓読する。
- ❷ 心の深奥をのぞきこんだ。（深奥：奥深いところ）
  しんおう
  類 奥底《おくそこ》、深遠
- ❸ 人事百般を統べる。（統べる：支配する、統一する）
  す
  熟 統括《とうかつ》、統率
- ❹ 主君に背いて敵方に寝返った。（背く：逆らって従わない）
  そむ
  熟 背信《はいしん》 参「叛く」とも書く。
- ❺ いわれのない蔑視に苦しむ。（蔑視：さげすむこと）
  べっし
  訓 蔑《さげす》む 類 軽視 熟 蔑称
- ❻ 五穀豊穣を祈る。（豊穣：穀物が豊かにみのること）
  ほうじょう
  類 豊作 参「穣」は「みのる」の意味。
- ❼ 成功は努力の賜物である。（賜物：良い行いや試練などの成果）
  たまもの
  類 賜《たまわ》り物、御陰《おかげ》 熟 賜杯《しはい》、恩賜
- ❽ 重みで棚が撓む。（撓む：弓形に曲がる）
  たわ
  熟 不撓不屈《ふとうふくつ》 参 撓《しな》る
- ❾ 森に棲むキツネの生態を調べる。（棲む：巣を作って生活する）
  す
  熟 棲息《せいそく》、棲家《すみか》、同棲《どうせい》
- ❿ 人家が稠密する界隈である。（稠密：あつまりこみあっているさま）
  ちゅうみつ（ちょうみつ）
  類 密集 参「ちょうみつ」は慣用読み。
- ⓫ 部屋を使うには、その都度申告する。（都度：（その）たびごとに）
  つど
  類 毎度、毎回
- ⓬ 工場の煤煙で喘息《ぜんそく》の発作を起こす。（煤煙：すすとけむり）
  ばいえん
  訓 煤《すす》、煙《けむり》 熟 煤塵《ばいじん》、煤払《すすはら》い

(1) けさ　(2) こうろ

⑬ 今年も潑剌とした新人を迎えた。（生き生きとしているさま）
はつらつ
参「潑溂」とも書く。

⑭ 彼女に比肩する者はいない。（同等のものとして並ぶさま）
ひけん
参「比」は「ならべる」の意味。

⑮ 鄙には稀《まれ》な評判の美人だ。（都から離れた土地）
ひな
熟 辺鄙《へんぴ》　参 鄙《ひな》びる

⑯ 獰猛な顔つきをしている。（猛々しく荒々しいさま）
どうもう
類 獰悪《どうあく》　参「獰」は「わるい」「はげしい」の意味。

⑰ 軒端に風鈴をつるす。（軒先）
のきば
熟 軒並《のきな》み　参 軒《のき》は屋根の下端で、外に張り出した部分。

⑱ 今日は遠足には絶好の日和だ。（都合のよい天候）
ひより
熟 小春日和《こはるびより》、日和見《ひよりみ》

⑲ 不肖の息子ながら父の跡を継ぐ。（親や師匠に似ないで出来が悪いこと）
ふしょう
参 自分を謙遜するときにも使われる。「不肖私が～」など。

⑳ 母屋《おもや》の普請に取りかかる。（家などを建てること）
ふしん
訓 請《こ》う（人にたのむ）　類 建築

㉑ 襖と障子に落ち着きを覚える。（木枠の両面に布や紙を張った建具）
ふすま
類 唐紙《からかみ》

㉒ 胸に纏綿するものがある。（まとわりつくこと）
てんめん
熟 纏足《てんそく》　訓 纏《まと》う（からみつく、着る）

㉓ 自家撞着に陥る。（つじつまの合わないこと）
どうちゃく
訓 撞《つ》く　熟 撞木《しゅもく》、撞球《どうきゅう》（ビリヤード）　類 矛盾

㉔ 地位も名誉も放擲して隠居する。（投げ出してしまうこと）
ほうてき
訓 擲《なげう》つ　熟 打擲《ちょうちゃく》、投擲《とうてき》
類 放棄

㉕ 発心して勉強に励んでいる。（思い立つこと）
ほっしん
類 発起　参「（仏教で）信心を起こすこと」が本義。

◉古語の読み　（1）袈裟　（2）香炉　　答えは右ページ

❶ 妄執にとらわれる。
深く執着すること
もうしゅう
熟 妄言《もうげん》(「ぼうげん」とも読む)、妄信、妄想

❷ 休日は本を貪り読んでいる。
飽きずに欲し続ける
むさぼ
熟 貪婪《どんらん》、貪食《どんしょく》

❸ 彼は夭折の天才画家だ。
若くして死ぬこと
ようせつ
類 早世《そうせい》、夭逝《ようせい》　参「夭」は「若い」の意味。

❹ 落魄の身を詩にうたう。
おちぶれること
らくはく
類 零落《れいらく》　熟 気魄《きはく》　参「魄」は「たましい」が本義。

❺ 埒外のことには口を出すな。
一定の範囲の外
らちがい
対 埒内《らちない》　参「埒」は「馬場の囲い」の意味。

❻ 人前に出ると萎縮してしまう。
生気をなくしてちぢこまること
いしゅく
訓 萎《な》える　参「委縮」は代用漢字。

❼ 共 会計監査役を委嘱される。
特定の仕事を人に任せること
いしょく
訓 委《ゆだ》ねる　類 委託

❽ 師弟ではまだ雲泥の差がある。
二つの間に大きな差があること
うんでい
熟 泥濘《でいねい》(ぬかるみ)、泥酔

❾ 未《いま》だ嘗てない成功を収める。
以前、今まで
かつ
参「曽て」とも書く。

❿ 為替の相場を予測するのは難しい。
現金の代わりに証書で金銭のやり取りをする方法
かわせ
参 鎌倉・室町時代は「かわし」と読んだ。

⓫ 人類の叡知を刻む建造物。
深遠な道理をさとりうる、すぐれた才能
えいち
参「英知、叡智」とも書く。

⓬ 計画は概ね成功と言えるだろう。
だいたい
おおむ
熟 概要《がいよう》、概算

(1) このえ　(2) さいばら

⑬ 適任者は彼を措いていない。（措：さしおく、除く）
お
熟 措置《そち》、挙措《きょそ》

⑭ 大切な客なので疎かにできない。（疎か：いいかげんに扱うさま）
おろそ
熟 疎略《そりゃく》、疎外《そがい》

⑮ 凱旋パレードが行われる。（凱旋：戦いに勝って帰ること）
がいせん
参「凱」は「戦勝の歌」、「旋」は「帰る」の意味。

⑯ 授業中の欠伸を注意される。（欠伸：眠い時などに思わず行う呼吸運動）
あくび
参 部首「欠」の名称を「あくび」と言うことがある。

⑰ 留学先を斡旋してもらう。（斡旋：双方の間を取り持つこと）
あっせん
類 周旋《しゅうせん》、口利き、仲介

⑱ 陰謀の生贄になるつもりはない。（生贄：犠牲になること）
いけにえ
参「贄」は「贈り物」が原義。「生け贄」とも書く。

⑲ 我が身を省みて深く恥じ入る。（省みて：自分のしたことをふり返ってよく考える）
かえり
熟 自省《じせい》、反省　参 同訓異義語に「顧みる」。

⑳ 祭りのお神楽が遠くから聞こえる。（神楽：神をまつるための舞楽）
かぐら
参「神座（かみくら）」の音変化。

㉑ 微かな記憶しか残っていない。（微か：ほんの少しの）
かす
熟 微風《びふう》、微温、微細

㉒ 彼の演技は満場の喝采を博した。（喝采：声をあげて褒めそやすこと）
かっさい
熟 喝破《かっぱ》、風采《ふうさい》　参「いいぞ、と叫ぶこと」が本義。

㉓ 友達同士の絆を確かめ合う。（絆：人と人とのつながり）
きずな
類 縁《えん》、縁故

㉔ 忌憚なく、思うところを述べる。（忌憚：遠慮すること）
きたん
訓 忌《い》む、憚《はばか》る　類 遠慮

㉕ 彼は生真面目な性格だ。（生真面目：非常に真面目なこと）
きまじめ
参「生《き》」は「本物」の意味。生《き》醤油《じょうゆ》

●古語の読み　(1) 近衛　(2) 催馬楽　答えは右ページ

読み取り

ランクB 8

❶ 海外旅行中に重い病気に罹る。（病気や災難を身に受ける）　かか
参 「罹」は「こうむる、かかる」の意味。罹患《りかん》、罹災《りさい》

❷ 同志を糾合し、決起する。（人々を呼び集めること）　きゅうごう
参 「糾」は「縄をより合わせる」の意味。

❸ 苦衷、お察しいたします。（苦しい胸のうち）　くちゅう
熟 折衷《せっちゅう》、衷心《ちゅうしん》　参 「衷」は「心」の意味。

❹ 豪奢な暮らしぶりが話題になる。（ぜいたくで派手なこと）　ごうしゃ
訓 奢《おご》る（贅沢《ぜいたく》をする）　類 豪勢、豪華

共 ❺ 枯淡の趣をたたえる名器。（俗世から離れて淡々としているさま）　こたん
訓 枯《か》れる、淡《あわ》い　熟 枯渇、淡泊

❻ 犯人は忽然と姿を消した。（突然現れたり消えたりすること）　こつぜん（こつねん）
参 「こつねん」は古語。　類 突然

❼ もう昔日の面影はない。（むかし）　せきじつ
類 往年、往時、昔時《せきじ》

❽ 立場を異にする。（違っている）　こと
熟 異例、異彩《いさい》

❾ 日常の些事に喜びを感じる。（ささいなこと）　さじ
訓 些《いささ》か（ほんの少し）　参 「瑣事」とも書く。

❿ 上司の逆鱗に触れる。（目上の人の怒り）　げきりん
参 「天子の怒り」が本義。

⓫ 蓋し、名言である。（確かに）　けだ
熟 蓋然性《がいぜんせい》　参 「確度の高い推定」を表す。

⓬ その話には信憑性がない。（確かであると信頼できること）　しんぴょう
訓 憑《つ》く　熟 憑《つ》き物《もの》、憑依《ひょうい》　類 信頼

（1）さきもり　（2）しるし（げん）

⑬ 五月雨を集めて早し最上川《もがみがわ》
陰暦五月頃に降る長雨
さみだれ
類 梅雨 参 例文は松尾《まつお》芭蕉《ばしょう》『おくのほそ道』中の俳句。

⑭ 暫く黙って様子をうかがう。
少しの時間
しばら
類 暫時《ざんじ》

⑮ 委員会に諮問する。
意見を求めること
しもん
訓 諮《はか》る

⑯ 呪詛に満ちた言葉を吐いた。
わざわいが起こるように、のろうこと
じゅそ
参 「呪」も「詛」も「のろう」の意味。

⑰ 店から奉公人が出奔する。
その土地から逃げて行方をくらますこと
しゅっぽん
参 「奔」は「走る」「逃げ出す」の意味。奔走、奔流

⑱ 計り知れない悲しみの深淵に沈む。
深いふち
しんえん
訓 淵《ふち》 参 「淵」は「水の深い所」が原義。 対 浅瀬《あさせ》

⑲ 流石にダイヤの輝きは素晴らしい。
なんといってもやはり
さすが
参 「流石」は当て字。

⑳ 蚊を封じ込めた琥珀を賞賛する。
地質時代の樹脂が石化したもの
こはく
類 赤玉 参 「琥珀色」は茶色をおびた黄色。

㉑ 固陋な老人は説得しがたい。
かたくなで保守的なこと
ころう
類 依怙地《いこじ》、片意地、頑迷

㉒ 真紅の薔薇《ばら》を贈り物とした。
濃い赤色
しんく
訓 紅《べに》、紅《くれない》 熟 紅玉《こうぎょく》
参 「深紅」とも書く。

㉓ 水を両手で掬って飲んだ。
液体や粉末の一部を手などで取り出す
すく
参 柄杓《ひしゃく》を使う場合は「汲《く》む」。

㉔ 凄まじい食欲に圧倒された。
勢いや程度が異常に激しい
すさ
類 凄《すご》い 熟 凄惨《せいさん》、凄絶《せいぜつ》

㉕ 氏素性が知れない謎の人物だ。
人の生まれた家柄・血筋
すじょう
類 身元 熟 素顔《すがお》、素足《すあし》

◉古語の読み （1）防人 （2）験 答えは右ページ

番号	問題	意味	答え	解説
❶	清楚な装いの女学生が現れた。	清楚：さっぱりとしてきれいなこと	せいそ	類 清純　熟 楚楚《そそ》
❷	脊椎動物の進化について研究する。	脊椎：背骨を構成する骨	せきつい	類 背骨　熟 脊髄《せきずい》、椎骨《ついこつ》
❸	眼前に北アルプスの山々が聳える。	聳える：高く立つ	そび	参 漢語的には「聳立《しょうりつ》する」などと表現される。
❹	唾棄すべき人物と評された。	唾棄：いみきらい軽蔑すること	だき	訓 唾《つば》、棄《す》てる　類 侮蔑
❺	お追従を言う。	追従：人の機嫌を取り、こびへつらう	ついしょう	類 阿諛《あゆ》、迎合　参 「ついじゅう」と読むと別の意味。
❻	事件の真相を詳らかにする。	詳らか：くわしく明らかに	つまび	熟 不詳《ふしょう》、詳細《しょうさい》
❼	煽情的なポスターが問題となった。	煽情：欲情をあおりたてること	せんじょう	訓 煽《あお》る　参 「扇情」とも書く。
❽ 共	唆されてやってしまったことだ。	唆す：その気になるよう誘い導く	そそのか	熟 教唆《きょうさ》、示唆《しさ》
❾	父は大工の棟梁だ。	棟梁：かしら	とうりょう	訓 棟《むね》、梁《はり》
❿	読経の声が聞こえる。	読経：声をあげて経を読むこと	どきょう	対 看経《かんきん》　類 誦経《ずきょう》、読誦《どくじゅ》
⓫	彼は温厚篤実な好人物だ。	篤実：情にあつく誠実なこと	とくじつ	熟 篤志家《とくしか》　訓 篤《あつ》い（まじめで熱心な）
⓬	彼は身なりに頓着しない。	頓着：気にかけること	とんじゃく（とんちゃく）	参 「貪着《どんちゃく》（＝執着《しゅうちゃく》し心が囚《とら》われること）」が変化したもの。

（1）しげどう　（2）じじゅうでん

⑬ 貨幣を鋳造する。
溶かした金属を型に入れ器物をつくること
ちゅうぞう
訓 鋳《い》る 参「鍛造《たんぞう》」は熱した金属を打って形にすること。

⑭ わが子の笑顔に心が和む。
気持ちが穏やかになる
なご
参「和《やわ》らぐ」とも。

⑮ 納戸の衣類や道具を整理する。
衣服・道具をしまっておく部屋
なんど
訓 納《おさ》める 熟 納得《なっとく》、滞納《たいのう》

⑯ 厳しい修行ののち涅槃に至る。
すべての煩悩を解脱した悟りの境地
ねはん
類 入寂《にゅうじゃく》、入滅 参「釈迦《しゃか》の死」の意味も。

⑰ 風采が上がらないね。
外から見た、人の容姿や身なり
ふうさい
類 風体《ふうてい》 熟 采配《さいはい》 参「采」は「姿」の意味。

⑱ 蓋をしっかりと閉めて湿気を防ぐ。
容器の口をふさぐもの
ふた
熟 天蓋《てんがい》、頭蓋《ずがい》(「とうがい」とも読む)

⑲ 狙った獲物は逃さない。
目をつけて手に入れようとする
ねら
熟 狙撃《そげき》

⑳ 磐石の構えで決勝に臨む。
非常に堅固なこと
ばんじゃく(ばんせき)
参「大きな岩」の意味も。「盤石」とも書く。

㉑ 親の庇護のもとすくすく育つ。
かばい守ること
ひご
訓 庇《ひさし》、庇《かば》う、護《まも》る

㉒ 味方の勝利は必定だ。
そうなるに決まっていること
ひつじょう
類 必然、必至《ひっし》

㉓ 絶滅の危機に瀕する動物。
よくない事態が間近に迫っている
ひん
熟 瀕死《ひんし》 参「瀕」は「すれすれに近づく」の意味。

㉔ 真偽のほどを質す。
問い確かめる
ただ
熟 質問《しつもん》、質疑

㉕ 耽美的な作品を集めた。
美を至上価値とし求め熱中すること
たんび
訓 耽《ふけ》る 類 唯美《ゆいび》

◉古語の読み (1) 滋籐(重籐) (2) 仁寿殿 答えは右ページ

読み取り

ランクB 10

❶	カーテンをレースで縁取る。	まわりに飾りをつける	ふちど	熟 外縁《がいえん》、額縁《がくぶち》　参 「縁《へり》」とも。
❷	廉価販売で支店網を広げた。	安い値段	れんか	対 高価　類 安価　熟 廉売、低廉
❸	新しい辞書を編纂する。	材料を集め整理して書物をつくること	へんさん	参 「纂」は「あつめる」の意味。
❹	辺鄙な村で生まれ育った。	都会から遠くはなれて不便なさま	へんぴ	参 「鄙《ひな》」は「いなか」の意味。「都」の対義語。
❺	つるが螺旋状に巻きついている。	渦巻形になっていること	らせん	参 「螺」は「巻き貝」の意味。
❻	それは聞くだけ野暮ってもんだ。	人情の機微を解さないさま	やぼ	対 粋《いき》、粋《すい》　類 無《ぶ》(不)粋《すい》
❼	批判の矛先がこちらに向いてきた。	攻撃の方向	ほこさき	熟 矛盾
❽	経を読んで菩提をとむらう。	死後の冥福	ぼだい	参 菩提樹《ぼだいじゅ》、菩提寺《ぼだいじ》
❾	二千円の会費で賄う。	やりくりする	まかな	熟 贈賄《ぞうわい》、収賄《しゅうわい》
❿	試験を思うと憂鬱な気分だ。	気持ちが晴れないさま	ゆううつ	訓 憂《うれ》える　熟 憂愁《ゆうしゅう》、鬱積
⓫	寄席で古典落語を堪能した。	落語など大衆演芸の興業場	よせ	類 席亭《せきてい》
⓬	齢八十の老人。	年齢	よわい	類 歳《とし》

(1) しとね　(2) しほうはい

番号	問題	意味	読み	補足
⑬	兼好《けんこう》は有職故実に通じていた。	昔から伝わる朝廷の礼式などを研究する学問	ゆうそくこじつ	
⑭	嗚呼、楽しい一日だった。	心動かされたときに発する言葉	ああ	参 感嘆、悲しみ、喜び、嘆きなどを表す。
共 ⑮	仲間は異口同音に賛成してくれた。	口をそろえて同じことを言うこと	いくどうおん	参 四字熟語（→P.178❶）
⑯	齷齪と働くだけが人生ではない。	気持ちがせかせかするさま	あくせく	参「齷」「齪」ともに「歯と歯の間が狭いさま」を表す。
⑰	青菜は、緑の葉菜の総称だ。	なっぱ	あおな	参 青菜に塩（→P.186❸）
⑱	色の褪せた写真が飾ってある。	もとの色が薄くなる	あ	参「褪《さ》める」とも読む。
⑲	計画のために頭数をそろえる。	人数	あたまかず	類 員数《いんずう》、人員《じんいん》
⑳	わかりやすい例を挙げて説明する。	証拠や例を示す	あ	熟 挙手、挙行
㉑	こんな問題を解くのは朝飯前だ。	きわめて簡単なこと	あさめしまえ	参 朝食前に終えられるほど簡単だということ。
㉒	畦道を通って学校へ通った。	田と田の間の細い道	あぜみち	参「畝《うね》」を表すこともある。
㉓	辺りへの警戒を怠らない。	付近	あた	熟 周辺、近辺
㉔	くだらない争いは、もうたくさんだ。	あらそうこと	あらそ	熟 争乱、抗争《こうそう》
㉕	一人、依怙地になって反対する。	つまらぬことに意地をはること	いこじ	参「意固地」とも書く。

◉古語の読み （1）褥（茵） （2）四方拝 答えは右ページ

方位・方角・時刻・季節などに関係する難読語／旧国名・地名の難読語

古典常識として身につけておきたい方位や時刻、旧国名などに関係する難読語を読んでみよう。

●方位・方角・時刻・季節などに関係する難読語

甲（きのえ）（コウ）
乙（きのと）（オツ）
丙（ひのえ）（ヘイ）
丁（ひのと）（テイ）
戊（つちのえ）（ボ）
己（つちのと）（キ）
庚（かのえ）（コウ）
辛（かのと）（シン）
壬（みずのえ）（ジン）
癸（みずのと）（キ）
子（ね）（シ）
丑（うし）（チュウ）
寅（とら）（イン）
卯（う）（ボウ）
辰（たつ）（シン）
巳（み）（シ）
午（うま）（ゴ）
未（ひつじ）（ミ・ビ）
申（さる）（シン）
酉（とり）（ユウ）
戌（いぬ）（ジュツ）
亥（い）（ガイ）
艮（うしとら）（コン）

巽（たつみ）（ソン）
坤（ひつじさる）（コン）
乾（いぬい）（ケン）
玄武（げんぶ）
朱雀（すざく）
青竜（せいりゅう）
白虎（びゃっこ）
睦月（むつき）
如月（きさらぎ）
弥生（やよい）
卯月（うづき）
皐月（さつき）
水無月（みなづき）
文月（ふみづき・ふづき）
葉月（はづき）
長月（ながつき）
神無月（かんなづき）
霜月（しもつき）
師走（しわす）
啓蟄（けいちつ）
芒種（ぼうしゅ）
半夏生（はんげしょう）
霜降（そうこう）

●旧国名・地名の難読語

安芸（あき）
安房（あわ）
壱岐（いき）
因幡（いなば）
磐城（いわき）
岩代（いわしろ）
石見（いわみ）
近江（おうみ）
大隅（おおすみ）
隠岐（おき）
甲斐（かい）
上総（かずさ）
河内（かわち）
紀伊（きい）
上野（こうずけ）
薩摩（さつま）
讃岐（さぬき）
下総（しもうさ）
下野（しもつけ）
周防（すおう）
駿河（するが）
但馬（たじま）
対馬（つしま）
遠江（とおとうみ）
播磨（はりま）
肥後（ひご）

飛驒（ひだ）
常陸（ひたち）
備中（びっちゅう）
日向（ひゅうが）
備後（びんご）
豊前（ぶぜん）
豊後（ぶんご）
伯耆（ほうき）
美濃（みの）
美作（みまさか）
陸奥（むつ）
若狭（わかさ）
蝦夷（えぞ）
明日香・飛鳥（あすか）
畝傍（うねび）
斑鳩（いかるが）
平群（へぐり）
稗田（ひえだ）
恭仁京（くにきょう）
太秦（うずまさ）
御室（おむろ）
比叡山（ひえいざん）
祇園（ぎおん）
山科（やましな）
栗栖野（くるすの）
醍醐（だいご）

2 章

さまざまな書き取り

同音（訓）異義語の問題では太字の片仮名を漢字にし、四字熟語と慣用句などの問題では□に適切な漢字を一字入れて完成させなさい。対の概念とカタカナ語については、語の意味や訳語の漢字について繰り返し確かめましょう。

同音（訓）異義語の問題は全部で250あり、1回が50題からなっています。また、四字熟語の問題と慣用句などの問題は各200あり、それぞれ1回が50題、40題からなっています。さらに、対の概念とカタカナ語については、問題形式ではありませんが、それぞれ1回20語を掲げています。

これらの語は、共通テストや私立大入試で出題される選択肢付きの漢字問題だけでなく、評論問題の本文にも頻出するので、漢字の使い方やその意味、関連語などに注意して書けるようにしておきましょう。記述・論述式の解答を書く場合などにも、必ず役に立つはずです。

同音(訓)異義語 1

1. 詩の**アンショウ**は苦手だ。（文章などをそらで覚え、となえること）　暗唱(暗誦)
2. 捜査が**アンショウ**に乗りあげる。（「——に乗りあげる」で障害に阻まれ進行しなくなる）　暗礁
3. **アンショウ**番号を変更する。（本人であることを示すためにあらかじめ登録した数字や文字）　暗証
4. 喪が**ア**けて普段の生活が戻る。（ある期間が終わる）　明ける
5. 家を**ア**けて長旅に出る。（あいた状態にする）　空ける
6. 蓋を**ア**けて中身を確かめる。（覆いを取り除く）　開ける
7. **アツ**い病におかされる。（病気が重い）　篤い
8. **アツ**い言葉の壁を乗り越える。（容易に解決できない）　厚い
9. 豚肉を**アラ**く挽《ひ》いて調理する。（粒が大きい）　粗い
10. 彼は気性が**アラ**くて困る。（言動が洗練されていない）　荒い
11. **イサイ**は後日お話しします。（詳しい事情）　委細
12. 文学史上**イサイ**を放つ作家。（他と比べて際だったさま）　異彩

13. 若くして経営手腕を**アラワ**す。（能力や才能などがおもてに出る）　現す
14. 白は純潔な心を**アラワ**す。（意味する）　表す
15. 研究書を二冊**アラワ**す。（書物を書く）　著す
16. 相手の**イコウ**を確かめる。（物事にどう対処するかについての考え）　意向
17. 没後、**イコウ**集が刊行された。（死後に未発表のまま残された文書）　遺稿
18. 親の**イコウ**を笠に着る。（人を恐れさせ、従わせる力）　威光
19. 友の死を**イタ**む歌をつくる。（人の死を嘆き悲しむ）　悼む
20. 台風で家が**イタ**むのが心配だ。（物などが損なわれる）　傷む
21. 共 **イッカン**して無罪を主張する。（同じ考え・方法でやり通すこと）　一貫
22. 対策の**イッカン**として行う。（全体としてつながりをもつものの部分）　一環
23. 最終回に**イッシ**を報いる。（「——を報いる」で反撃する）　一矢
24. **イッシ**乱れず行動する。（「——乱れず」で少しも乱れないさま）　一糸

(1) うたあわせ　(2) しゃく

No.		問題	意味	解答
25	共	**イギ**を正して式に臨む。	礼式に則った振る舞いや身なり	威儀
26	共	決定に対して**イギ**を申し立てる。	反対の意見	異議
27		法律制定の**イギ**を説く。	物事のもつ価値	意義
28	共	字句の**イドウ**を調べる。	違い	異同
29		営業部に**イドウ**となる。	職場で部署が変わること	異動
30		辞任を強く**イリュウ**する。	思いとどまらせること	慰留
31		現場に**イリュウ**品が残される。	置き忘れ	遺留
32		遊びはそれぞれの時代を**ウツ**す。	あるものが他のものの姿を現す	映す
33		連絡先をこまめに手帳に**ウツ**す。	その通り書き取る	写す
34		議論の**オウシュウ**がなされる。	相手に対して負けずにやり返すこと	応酬
35		帳簿類が**オウシュウ**される。	証拠品などを取り上げること	押収
36		札束で**オド**らされる。	操られて行動する	踊る
37		喜びに胸が**オド**る。	わくわくする	躍る

No.		問題	意味	解答
38		風雨を**オカ**して下山する。	あえて無謀なことをする	冒す
39		罪を**オカ**して服役する。	法律や規則を破る	犯す
40		隣国を**オカ**して略奪する。	他国や他人の家に入り、権利を損なう	侵す
41		一年の仕事を**オサ**める。	物事を終わりにする	納める
42		大学で英語を**オサ**める。	学んで自分のものとする	修める
43		しっかりと心に**オサ**める。	記憶や記録に残すようにする	収める
44		薬で痛みを**オサ**める。	症状がなくなるようにする	治める
45	共	小切手を現金に**カ**える。	あるものをそれと匹敵するものと取りかえる	替える（換える）
46		急に顔色を**カ**える。	状態がこれまでと違ったものになる	変える
47		レポート提出で試験に**カ**える。	あるものに他のものと同じ役目をさせる	代える
48		**カイシン**の出来映えに満足する。	こころから満足に思うこと	会心
49		**カイシン**して自首する。	こころをあらためること	改心
50		航海中は**カイシン**を旨とする。	油断しないこと	戒心

◉古語の読み　(1) 歌合　(2) 笏　答えは右ページ

❶		法律を**カイテイ**する。（新しくさだめ直すこと）	改定
❷		教科書を**カイテイ**する。（書物などの不備をあらため直すこと）	改訂
❸		人質を**カイホウ**する。（束縛をといて自由にすること）	解放
❹		市場を**カイホウ**する。（自由に出入りできるようにすること）	開放
❺		我が身を**カエリ**みて恥じ入る。（自分の行為をふり返ってよく考える）	省みる
❻	共	歴史を**カエリ**みて未来を想う。（過去をふり返る、気遣う）	顧みる
❼		**カサク**でなかなか次が読めない。（作品を少ししかつくらないこと）	寡作
❽		恋愛小説中の**カサク**に属する。（すぐれた作品）	佳作
❾	共	歩き続けてのどが**カワ**いた。（水分がほしい）	渇く
❿		洗濯物がすっかり**カワ**いた。（水分がなくなる）	乾く
⓫	共	談合が**カンカ**されてきた。（みのがすこと）	看過
⓬		若い時は人に**カンカ**されやすい。（影響を与えて行動を変えること）	感化
⓭		失敗は想像に**カタ**くない。（むずかしい）	難い
⓮		ここの地盤はそう**カタ**くない。（こわれにくい）	固い（堅い）
⓯		表情はそれほど**カタ**くない。（こわばって伸びやかさに欠ける）	硬い
⓰	共	注意を**カンキ**する。（呼びおこすこと）	喚起
⓱	共	勝利の**カンキ**に沸く。（大きなよろこび）	歓喜
⓲	共	部屋の**カンキ**に注意する。（くうきを入れかえること）	換気
⓳	共	利益の一部を**カンゲン**する。（もとにもどすこと）	還元
⓴	共	**カンゲン**に乗せられて損をする。（気をひくためのうまいことば）	甘言
㉑		職場の**カンコウ**を見直す。（ならわしとしておこなわれていること）	慣行
㉒		反対多数の中を**カンコウ**する。（無理を承知でおこなうこと）	敢行
㉓		**カンヨウ**をもって人と接する。（心が広いこと）	寛容
㉔	共	予習復習が**カンヨウ**だ。（非常に大切であること）	肝要

(1) じゅず（ずず）　(2) ずさ（ずんざ）

番号		問題	意味	答え
25	共	私生活には**カンショウ**しない。	当事者でない者が介入すること	干渉
26		きれいな花を**カンショウ**する。	見て楽しむこと	観賞
27		生の本質を**カンショウ**する。	対象のあるがままの姿を眺めること	観照
28		政治に**カンシン**をもつ。	気にかけること	関心
29	共	上司の**カンシン**を買う。	「——を買う」で気に入られようとする	歓心
30		好演技に**カンシン**した。	立派だとこころを動かされること	感心
31	共	**カンセイ**な住宅地に住む。	しずかで落ち着いているさま	閑静
32		豊かな**カンセイ**を育てる。	かんじとる能力	感性
33		スタンドから**カンセイ**があがる。	よろこびのこえ	歓声
34		四球が反撃の**キテン**となる。	ものごとの始まる箇所	起点
35		**キテン**を利かせて窮地を脱する。	状況に応じた心の働き	機転（気転）
36		水質**キジュン**の値を超える。	比べるときによりどころとなるもの	基準
37		評価の**キジュン**を定める。	判断・行動の模範となるよりどころ	規準
38	共	戦地から無事**キカン**する。	遠方の地からもどってくること	帰還
39		金融**キカン**が再編される。	一定の目的をもつ組織	機関
40	共	**キカン**産業を育成する。	ものごとのおおもと	基幹
41	共	親子関係が**キハク**になる。	乏しいこと	希薄
42		相手の**キハク**に圧倒される。	立ち向かう強い精神力	気迫（気魄）
43	共	原因の**キュウメイ**が急がれる。	真相などをあきらかにすること	究明
44		食品偽装を**キュウメイ**する。	不正などを問いただしてあきらかにすること	糾明（糺明）
45	共	自然の**キョウイ**に目をみはる。	びっくりするほど素晴らしいこと	驚異
46	共	核戦争の**キョウイ**にさらされる。	おびやかされて感じる恐ろしさ	脅威
47		善後策を**キョウギ**する。	関係者が話し合うこと	協議
48		仏教の**キョウギ**を実践する。	宗教などが真理と説くおしえ	教義
49	共	未曾有の繁栄を**キョウジュ**する。	十分に味わい楽しむこと	享受
50		大学で政治学を**キョウジュ**する。	学問などをおしえること	教授

◉古語の読み (1) 数珠 (2) 従者 答えは右ページ

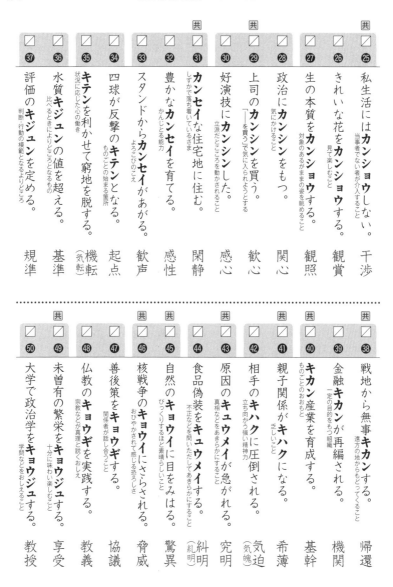

同音(訓)異義語 3

❶	共	与党は採決を**キョウコウ**（反対を押し切っておこなうこと）した。	強行
❷	共	**キョウコウ**（意見などをつよく主張して譲らないこと）な態度を崩さない。	強硬
❸		金融**キョウコウ**（経済の大混乱）が懸念される。	恐慌
❹	共	歯並びを**キョウセイ**（欠点などを直すこと）する。	矯正
❺		社員に残業を**キョウセイ**（力ずくで何かをさせること）する。	強制
❻		自然との**キョウセイ**（ともにいきること）が課題だ。	共生
❼	共	弾圧を**ケイキ**（きっかけ）に暴動がおこる。	契機
❽		不祥事が**ケイキ**（引き続いておこること）する。	継起
❾		開発に伴う**ケンエキ**（けんりとそれに伴うりえき）を争う。	権益
❿	共	空港での**ケンエキ**（感染症を防ぐための措置）が厳しくなる。	検疫
⓫		基本方針を**ケンジ**（かたく守ること）する。	堅持
⓬	共	民衆に権勢を**ケンジ**（はっきりしめすこと）する。	顕示
⓭	共	社会に**ケイショウ**（危険を予知して注意を促すもの）を鳴らす。	警鐘
⓮		車で**ケイショウ**（けしきがすぐれていること）地を巡る。	景勝
⓯		**ケイショウ**（たっとぶ気持ちを表す語）は略させていただく。	敬称
⓰		**ケンショウ**（優秀な作品を出した人などに品物やお金を与えること）小説に応募する。	懸賞
⓱		個人の功績を**ケンショウ**（功績などを広く知らせること）する。	顕彰
⓲		御**ケンショウ**（すこやかなこと）をお祈りします。	健勝
⓳		まったく**ケントウ**（みとおし）がつかない。	見当
⓴		強豪を相手に**ケントウ**（全力を尽くしてよく戦うこと）する。	健闘
㉑	共	二国間の**コウショウ**（取り決めをするために相手と話し合うこと）がまとまる。	交渉
㉒		**コウショウ**（語り継ぐこと）文芸の保存を考える。	口承
㉓	共	彼は**コウショウ**（知性的で気品があること）な趣味をもつ。	高尚
㉔		ドラマの時代**コウショウ**（文献などで古い物事を調査すること）をする。	考証

(1) ずし　(2) ずりょう

共

番号	問題	意味	答え
25	新年の**コウカン**会を開催する。	うち解けて親しくまじわること	交歓
26	その若者に**コウカン**を抱いた。	このましい印象	好感
27	新帝即位が**コウカン**の噂となる。	ちまた	巷間
28	新聞記事を**コウセイ**する。	文字の誤りなどを直すこと	校正
29	**コウセイ**な立場で判断する。	偏りがなくただしいこと	公正
30	**コウセイ**させて社会に戻す。	立ち直ること	更生
31	受賞を**コジ**する。	かたく断ること	固辞
32	自説を**コジ**する。	かたく守って変えないこと	固持
33	忙しい時間を**サ**いて人に会う。	都合して他の用に当てる	割く
34	時間が二人の仲を**サ**いた。	引き離す	裂く
35	お気に入りのネクタイを**シ**める。	結んで装着する	締める
36	怠惰な性格が自分の首を**シ**める。	首のまわりに強い力を加える	絞める
37	反対派が大勢を**シ**める。	全体の中である割合をもつ	占める
38	戦争の**サンカ**を経験する。	痛ましい災い	惨禍
39	大資本の**サンカ**に入る。	大きな勢力に属すること	傘下
40	趣味や**シコウ**が多様化する。	このみ	嗜好
41	**シコウ**の技を披露する。	この上もなく優れていること	至高
42	福祉社会の実現を**シコウ**する。	意識などがある対象にむかうこと	志向(指向)
43	来月より新法が**シコウ**される。	法令の効力を発生させること	施行
44	**シフク**のひとときを過ごす。	この上ない幸せ	至福
45	闇《やみ》献金で**シフク**を肥やす。	自分の利益	私腹
46	**シフク**十年を経てデビューする。	実力を養いながら活躍の機会を待つこと	雌伏
47	事態を**シュウシュウ**する。	混乱したものごとをまとめること	収拾
48	切手の**シュウシュウ**が趣味です。	趣味や研究のために特定のものをあつめること	収集(蒐集)
49	それは**シュウチ**の事実だ。	広くしれわたっていること	周知
50	**シュウチ**を集めて事に当たる。	多くの人々のちえ	衆知(衆智)

◉古語の読み (1) 厨子 (2) 受領 答えは右ページ

同音(訓)異義語 4

❶ 共	市シュサイ《中心となって会合などを開くこと》の講演会に参加する。	主催
❷	彼は劇団をシュサイ《全体をとりまとめること》している。	主宰
❸	在庫を本社にショウカイ《問い合わせて確認すること》する。	照会
❹	歌舞伎を海外にショウカイ《未知の物事を広く知らせること》する。	紹介
❺ 共	機密資料をショウキャク《やき捨てること》する。	焼却
❻	借用金のショウキャク《すっかり返すこと》が終わる。	償却
❼ 共	産業のシンコウ《物事を盛んにすること》に努める。	振興
❽ 共	シンコウ《あたらしくおこること》国市場に参入する。	新興
❾	隣国のシンコウ《他国の領土にせめ込むこと》に備える。	侵攻（進攻）
❿ 共	熱心に入部をススめる《誘いかける》。	勧める（奨める）
⓫	強引に工事をススめる《ものごとを推しすすめる》。	進める
⓬ 共	良書を生徒にススめる《美点を述べて採用するように説く》。	薦める（奨める）
⓭	ショウソウ《あせっていらいらすること》感にかられる。	焦燥（焦躁）
⓮ 共	公表には時期ショウソウ《時期がまだはやすぎること》だ。	尚早
⓯	法案のシンギ《案件の可否について話し合うこと》入りが決まる。	審議
⓰	シンギ《約束を守り務めを果たすこと》にもとる行為だ。	信義
⓱	意味シンチョウ《ふかくて含みがあるさま》な発言をする。	深長
⓲	シンチョウ《注意ぶかいこと》な行動をとる。	慎重
⓳	学力がシンチョウ《のびること》する。	伸長
⓴	乗り越し運賃をセイサン《細かくけいさんすること》する。	精算
㉑	財団をセイサン《債務をけいさんして整理をつけること》、廃止する。	清算
㉒	目標達成にはセイサン《なし遂げられるかどうかの見込み》がある。	成算
㉓ 共	ごソウケン《体が丈夫で元気なこと》で何よりです。	壮健
㉔ 共	成功は彼のソウケン《「――にかかる」で重い責任を負う》にかかる。	双肩

(1) せどうか　(2) せんじ

番号	問題	意味	答え
25	候補者の**センコウ**に手間取る。	えらび出すこと	選考
26	美術史を**センコウ**する。	特定の分野を研究すること	専攻
27	社長の独断**センコウ**を阻止する。	自分だけの判断でおこなうこと	専行
28	仏壇に花を**ソナ**える。	神仏などに物をささげる	供える
29	台所に消火器を**ソナ**える。	前もって用意しておく	備える
30 共	痛みに**タ**えて治療を続ける。	辛抱する	耐える
31	音信が**タ**えて数年が過ぎた。	途切れる	絶える
32	買ってからだいぶ時間が**タ**つ。	時が過ぎる	経つ
33	臭いの元を**タ**つ。	さえぎって通わなくさせる	断つ
34	型紙に合わせて布を**タ**つ。	布や紙などを切る	裁つ
35	預金の利子が**ツ**く。	添え加わる	付く
36	悪霊が主人公に取り**ツ**く。	霊魂などが乗り移る	憑く
37	製品開発の仕事に**ツ**く。	地位などに身を置く	就く

番号	問題	意味	答え
38	反**タイセイ**の活動家が捕まる。	政治権力を支配する側	体制
39	不利な**タイセイ**から投げをうつ。	からだのかまえ	体勢
40 共	当落の**タイセイ**が判明する。	おおよその形せい	大勢
41	受け入れ**タイセイ**を整える。	物事に対するかまえ	態勢
42	**チンツウ**な面《おも》持《も》ちで会見する。	深く憂えること	沈痛
43	この薬は**チンツウ**作用もある。	いたみをしずめること	鎮痛
44	警察の**ツイキュウ**を逃れる。	責任を探っておいつめること	追及
45	原因を科学的に**ツイキュウ**する。	未知のものごとを探って明らかにすること	追究（追窮）
46	利潤の**ツイキュウ**に余念がない。	何かを得ようとしておいかけもとめること	追求
47	もう少し口を**ツツシ**んで下さい。	控えめにする	慎む
48	**ツツシ**んで辞退させていただく。	うやうやしくかしこまる	謹む
49 共	責任**テンカ**も甚だしい。	人のせいにすること	転嫁
50 共	食品**テンカ**物が含まれる。	付けくわえること	添加

◉古語の読み (1) 旋頭歌 (2) 宣旨 答えは右ページ

同音(訓)異義語 5

番号	問題	意味	解答
❶	日頃から節水に**ツト**めている。	力を尽くす	努める
❷	父は製薬会社に**ツト**めている。	仕事に従事する	勤める
❸	長く会長を**ツト**めている。	役割にあたる	務める
❹	最初に卵を**ト**く。	かき混ぜて液状にする	溶く
❺	法改正の必要を**ト**く。	わかるように言って聞かせる	説く
❻	事務局長の任を**ト**く。	職務などをやめさせる	解く
❼	取材の許可を**ト**る。	手に入れる	取る
❽	理科系の新卒を**ト**る。	さいようする	採る
❾	胸のレントゲンを**ト**る。	カメラで写す	撮る
❿	ゴミの不法**トウキ**で罰せられる。	なげ捨てること	投棄
⓫	**トウキ**心で株を購入した。	損失の危険を冒して利益をねらってする行為	投機
⓬	地価の**トウキ**が沈静化する。	値段が高くなること	騰貴

番号	問題	意味	解答
⓭	茶道を**ナラ**って五年になる。	教わる	習う
⓮	先例に**ナラ**って処理する。	まねてその通りにする	倣う
⓯	新聞に広告を**ノ**せる。	紙面などに掲げる	載せる
⓰	うまく自分のペースに**ノ**せる。	思惑通りに動かす	乗せる
⓱	湖に**ノゾ**む別荘を購入する。	面する	臨む
⓲ 共	富士山を**ノゾ**む別荘で過ごす。	遠くから眺める	望む
⓳	業績をぐんぐんと**ノ**ばす。	記録や業績を向上させる	伸ばす
⓴	ずるずると決断を**ノ**ばす。	期限などを遅らせる	延ばす
㉑	会員相互の親睦を**ハカ**る。	実現するように努力する	図る
㉒	動議提出のタイミングを**ハカ**る。	見はからう	計る
㉓	仲間を集めて悪事を**ハカ**る。	策略をめぐらす	謀る
㉔	懸案事項を会議に**ハカ**る。	相談する	諮る

(1) そらごと　(2) ちご

番号	共	問題	意味	解答
25		**ヒソウ**的な理解を脱しない。	うわべ、浅薄なさま	皮相
26		**ヒソウ**な決意がうかがえる。	かなしさの中に勇ましいところがあるさま	悲壮
27		事態の収拾に**ヒッシ**になる。	全力を尽くすこと	必死
28		事態の紛糾は**ヒッシ**だ。	かならずそうなること	必至
29		心中を赤裸裸に**ヒョウハク**する。	自分の考えなどを言葉にあらわすこと	表白
30	共	**ヒョウハク**の旅に出る。	さまよい歩くこと	漂泊
31	共	**ヒョウハク**剤でシミを抜く。	脱色すること	漂白
32		**フシン**な人物が出入りする。	疑わしく思うこと	不審
33	共	会社の再建に**フシン**する。	こころを痛め悩ますこと	腐心
34		円高で業績**フシン**に陥る。	成績などがふるわないこと	不振
35	共	言論の自由を**ホショウ**する。	損なわれないように守ること	保障
36	共	品質を**ホショウ**する。	確かであると請け負うこと	保証
37		損害を**ホショウ**する。	損失をつぐなうこと	補償
38	共	**フヨウ**手当を申請する。	生活の面倒をみること	扶養
39		景気の**フヨウ**策を講ずる。	うかび上がること	浮揚
40		論文の最後に出典を**メイキ**する。	はっきりと書くこと	明記
41		教訓としてしっかり**メイキ**する。	心に深く刻みつけること	銘記
42	共	**ユウタイ**券で映画を観る。	特別に有利な扱いをすること	優待
43		**ユウタイ**して後進に道を譲る。	自ら進んで役職をしりぞくこと	勇退
44	共	部隊の派遣を**ヨウセイ**する。	強く願い求めること	要請
45		リーダーの**ヨウセイ**が急務だ。	一定の技術や能力を身に付けさせること	養成
46		**ヨウセイ**の画家の展覧会。	若くして死ぬこと	夭逝
47		来賓の**リンセキ**を賜る。	式典などに参加すること	臨席
48		**リンセキ**には叔父が座った。	となりのせき	隣席
49		我が子の将来を思い**ワズラ**う。	思い悩む	煩う
50		子どもの頃から胃腸を**ワズラ**う。	病気になる	患う

◉古語の読み （1）虚言 （2）稚児 答えは右ページ

❶ □同音に反対する。
多くの人の意見・考えが一致すること
異口同音
いくどうおん

❷ □心でわかる。
言葉にしなくても気持ちなどが通じること
以心伝心
いしんでんしん

❸ 一□一□のであい。
一生に一度限りであること
一期一会
いちごいちえ

❹ 一□一□する。
表しているものが表面的ではなく奥深いさま
一喜一憂
いっきいちゆう

❺ □深長な言い回し。
情勢が変わるたびによろこんだり心配したりすること
意味深長
いみしんちょう

❻ 因□□報の世の中。
行いの善悪におうじてその報いがくること
因果応報
いんがおうほう

❼ 右□左□の大騒ぎ。
あわてふためいて混乱した状態
右往左往
うおうさおう

❽ 栄□盛□は世の常。
人や家などが栄えたりおとろえたりするさま
栄枯盛衰
えいこせいすい

❾ □知新を旨とする。
昔のことを研究して新しい知見を得ること
温故知新
おんこちしん

❿ 花鳥□□を友とする。
天然自然の美しい景色
花鳥風月
かちょうふうげつ

⓫ □□痒の感がある。
はがゆくもどかしいこと
隔靴掻痒
かっかそうよう

⓬ 我□引□の話になる。
自分に都合がよいように言ったりしたりすること
我田引水
がでんいんすい

⓭ 古典を換骨□□した作品。
古人の詩文を自分独自のものに作り替えること
換骨奪胎
かんこつだったい

⓮ □善□悪の物語。
善行を奨励して悪行をこらしめること
勧善懲悪
かんぜんちょうあく

⓯ □心□□に陥る。
一度疑い出すとすべて疑わしく思えること
疑心暗鬼
ぎしんあんき

⓰ 喜□哀□をあらわす。
人がもつ様々な感情
喜怒哀楽
きどあいらく

⓱ 興味□□の展開だ。
関心が尽きることなくあふれ出ること
興味津津
きょうみしんしん

⓲ □石□淆の作品展示だ。
優れたものと劣ったものが入りまじっていること
玉石混淆
ぎょくせきこんこう
（玉石混交）
きんかぎょくじょう

⓳ 勤勉を金□玉□とする。
絶対的なものとして守っている規則・教え
金科玉条
きんかぎょくじょう

⓴ □言□色で世渡りする。
はかりごとをして人をあざむくこと
巧言令色
こうげんれいしょく

㉑ 権謀□□に富む人。
とりつくろった言葉と態度でこびへつらうこと
権謀術数
けんぼうじゅっすう

㉒ 荒□無□なつくり話。
根拠が無くてたらめなさま
荒唐無稽
こうとうむけい

㉓ □□同舟して協力した。
仲の悪い者同士が一緒にいること
呉越同舟
ごえつどうしゅう

㉔ 事件は五里□□の状態だ。
現状が分からず見通しや方針が立たない状態
五里霧中
ごりむちゅう

㉕ 言語□□のやり方だ。
言葉に出せないほどとんでもなくひどいさま
言語道断《ごんごどうだん》

㉖ 作品を自□自□する。
自分で自分をほめること
自画自賛《じがじさん》（自画自讃）

㉗ 自家□□の説。
同じ人の言動がくい違って合わないこと
自家撞着《じかどうちゃく》

㉘ 自□自□でやむを得まい。
自らの行いの結果を自分が受けること
自業自得《じごうじとく》

㉙ 共 自□自□に陥る。
自分の言動で自分自身が動けなくなること
自縄自縛《じじょうじばく》

㉚ 四面□□の立場。
周囲が敵や反対者ばかりであること
四面楚歌《しめんそか》

㉛ 縦横□□に駆使する。
自由自在にものごとをおこなうさま
縦横無尽《じゅうおうむじん》

㉜ □□末節にこだわるな。
本質から外れたささいなこと
枝葉末節《しようまっせつ》

㉝ 共 □小□大に書き立てた。
実際より大げさに言うこと
針小棒大《しんしょうぼうだい》

㉞ 共 □□万象が歌になる。
宇宙に存在するすべてのもの
森羅万象《しんらばんしょう》

㉟ □□雨読の暮らし。
俗世間を離れ、自適の生活をすること
晴耕雨読《せいこううどく》

㊱ 絶□絶□の窮地。
追いつめられ逃れられない状態
絶体絶命《ぜったいぜつめい》

㊲ 千□一□の好機。
またとない機会
千載一遇《せんざいいちぐう》（千歳一遇）

㊳ 共 千差□□の手相。
それぞれが様々に異なっていること
千差万別《せんさばんべつ》

㊴ 前□未□の出来事。
今まできいたことのない珍しいこと
前代未聞《ぜんだいみもん》

㊵ 大器□□の人物。
偉大な人物は年取ってから頭角を現すということ
大器晩成《たいきばんせい》

㊶ 大言□□する癖がある。
できもしないことを威張って言うこと
大言壮語《たいげんそうご》

㊷ 天□無□な人柄。
飾り気が無くありのままであること
天衣無縫《てんいむほう》

㊸ □□即妙の応対。
機転を利かせてその場にあった対応をすること
当意即妙《とういそくみょう》

㊹ 同□異□の企画案。
一見違うようだが、ほとんど同じ内容であること
同工異曲《どうこういきょく》

㊺ □□西走の活躍。
四方八方忙しく走り回ること
東奔西走《とうほんせいそう》

㊻ 日進□□で発展する。
発展する度合いが急速であること
日進月歩《にっしんげっぽ》

㊼ □□雷同の癖を指摘する。
他人の言動に軽々しく同調すること
付和雷同《ふわらいどう》（附和雷同）

㊽ 二律□□に悩まされる。
妥当性のある二つの命題が対立し両立しないこと
二律背反《にりつはいはん》

㊾ □□東風と聞き流す。
人からの意見・批評に注意を払わず聞き流すこと
馬耳東風《ばじとうふう》

㊿ □□無人な態度。
人前にもかかわらず身勝手な振る舞いをすること
傍若無人《ぼうじゃくぶじん》（旁若無人）

●古語の読み （1）葛折り（九十九折り） （2）独鈷 答えは右ページ

❶ 有名□□な委員。
名前だけが立派で内容が伴っていないこと
有名無実《ゆうめいむじつ》

❷ 羊□狗□の策。
見せかけは立派だが実質を伴っていないこと
羊頭狗肉《ようとうくにく》

❸ 竜□蛇□に終わる。
初めは勢いがよいが終わりは衰えてしまうこと
竜頭蛇尾《りゅう(りょう)とうだび》

❹ 共 □□応変に対処する。
時と場合に応じて適切に処理するさま
臨機応変《りんきおうへん》

❺ 暗中□□の状態だ。
手がかりがないままいろいろやってみること
暗中模索《あんちゅうもさく》
(暗中摸索)

❻ 一□打□にする。
一味の者を一度に全部つかまえること
一網打尽《いちもうだじん》

❼ □蓮托□の運命。
最後まで行動や運命をともにすること
一蓮托生《いちれんたくしょう》

❽ 一□□千の強者《つわもの》だ。
一人で敵千人を相手にするほど強いこと
一騎当千《いっきとうせん》

❾ 共 一触□□の危機。
少し触れるだけですぐに破裂しそうな危険な状態
一触即発《いっしょくそくはつ》

❿ 一□半□の知識。
少ししっているが十分にはわかっていないこと
一知半解《いっちはんかい》

⓫ 問題は□散□消した。
あとかたもなく消えて無くなること
雲散霧消《うんさんむしょう》

⓬ 臥薪□□すること十年。
目的を達成するのに努力や苦労を重ねること
臥薪嘗胆《がしんしょうたん》

⓭ 危機□□で切り抜ける。
ほんのわずかなところまで危険が迫っている瀬戸際
危機一髪《ききいっぱつ》

⓮ 起死□□の一打。
絶望的な状態を立ち直らせること
起死回生《きしかいせい》

⓯ 奇想□□な計画。
思いもよらないような奇抜なこと
奇想天外《きそうてんがい》

⓰ 忠告を虚□坦□に聞く。
何のわだかまりもなく穏やかであるさま
虚心坦懐《きょしんたんかい》

⓱ □前□後の大事件。
非常にまれであること
空前絶後《くうぜんぜつご》

⓲ 共 業界も群雄□□の時代だ。
多くの実力者が互いに対立し合うこと
群雄割拠《ぐんゆうかっきょ》

⓳ 軽佻□□な風潮。
軽はずみで落ち着きのないさま
軽佻浮薄《けいちょうふはく》

⓴ 捲□重□を期する。
一度失敗したものが勢力をもりかえすこと
捲土重来《けんどちょう(じゅう)らい》

㉑ 共 厚顔□□な男だ。
厚かましい振る舞いをはずかしいと思わないさま
厚顔無恥《こうがんむち》

㉒ □□眈眈と王座を狙う。
じっと機会をねらっているさま
虎視眈眈《こしたんたん》

㉓ 孤立□□で戦う。
仲間もなく助けてくれる者もないこと
孤立無援《こりつむえん》

㉔ 山□水□の地に遊ぶ。
山が日に映え、川が清く澄む美しい景色のこと
山紫水明《さんしすいめい》

(1) しとみ　(2) なぎなた

㉕ 自□自□に陥り家出した。
自分を駄目と思い、投げやりな行動をすること
自暴自棄《じぼうじき》

㉖ □□狼狽している。
あわてふためくこと
周章狼狽《しゅうしょうろうばい》

㉗ 首尾□□した論理。
初めから終わりまで方針・態度を変えないこと
首尾一貫《しゅびいっかん》

㉘ 諸行□□の響きあり。
万物はつねに変化して止まってはいないこと
諸行無常《しょぎょうむじょう》

㉙ □離滅□な話。
統一がなく、ばらばらなこと
支離滅裂《しりめつれつ》

㉚ □□一転、一から出直す。
あるきっかけですっかり気持ちの変わること
心機一転《しんきいってん》

㉛ □出□没の犯人。
所在が容易にわからず、出没が自在であること
神出鬼没《しんしゅつきぼつ》

㉜ 酔生□□の一生だった。
有意義なことができずに、ただ一生を終えること
酔生夢死《すいせいむし》

㉝ □□潔白を証明する。
私利私欲がなく不正なこともないこと
清廉潔白《せいれんけっぱく》

㉞ □磋琢□の賜物。
互いに励まし合いながら学問や修養を積むこと
切磋琢磨《せっさたくま》

㉟ 大敗して切□扼□する。
非常に悔しがるさま
切歯扼腕《せっしやくわん》

㊱ 大義□□を忘れる。
行動の根拠となる正当な理由
大義名分《たいぎめいぶん》

㊲ 泰然□□としている。
落ち着き払って物事に動じないさま
泰然自若《たいぜんじじゃく》

㊳ 大□小□の見解。
大きな違いがないこと
大同小異《だいどうしょうい》

㊴ □□飽食に慣れる。
苦労のない生活をすること
暖衣飽食《だんいほうしょく》
（煖衣飽食）

㊵ 朝令□□の法令。
命令・方針がすぐに変更され、あてにならないこと
朝令暮改《ちょうれいぼかい》

㊶ 徹□徹□抵抗する。
初めから最後まで貫くこと
徹頭徹尾《てっとうてつび》

㊷ 天□爛□に振る舞う。
無邪気でこだわりがないこと
天真爛漫《てんしんらんまん》

㊸ □瀾□丈の生涯。
変化が非常に激しいこと
波瀾万丈《はらんばんじょう》
（波乱万丈）

㊹ 美辞□□を連ねる。
うわべだけ飾り立てた内容のない言葉
美辞麗句《びじれいく》

㊺ 不□不□の関係にある。
つかずはなれずの状態にあること
不即不離《ふそくふり》

㊻ 粉骨□□して家業に励む。
全力を尽くして努力すること
粉骨砕身《ふんこつさいしん》

㊼ □□夢中で逃げた。
他をかえりみず、ただひたすらなさま
無我夢中《むがむちゅう》

㊽ □□止水の心境。
何のわだかまりもなく静かに落ち着いているさま
明鏡止水《めいきょうしすい》

㊾ 用意□□に計画を立てた。
準備に手抜かりがないさま
用意周到《よういしゅうとう》

共 ㊿ □□雑言を並べる。
様々なののしりの言葉
悪口雑言《あっこうぞうごん》

●古語の読み （1）蔀 （2）薙刀（長刀） 答えは右ページ

四字熟語 3

❶ □日千□の思いで待った。
思い慕う気持ちが非常に強いこと
一日千秋《いちじつせんしゅう》

❷ 一□一□にはできない。
わずかな時日、わずかの期間
一朝一夕《いっちょういっせき》

❸ 共 一□両□に処理した。
すみやかに決めてきっぱりと始末すること
一刀両断《いっとうりょうだん》

❹ □□堂堂と行進する。
いかめしく立派なさま
威風堂堂《いふうどうどう》

❺ 大事を前に□□自重する。
ひたすら我慢して軽々しい行動を慎むこと
隠忍自重《いんにんじちょう》

❻ 有為□□は世の習い。
すべてが絶えず移りかわり止まることがないさま
有為転変《ういてんぺん》

❼ □竜□睛を欠く。
完成のための最後の仕上げ
画竜点睛《がりょう(りゅう)てんせい》

❽ 夏□冬□で使えない。
時機に合わず役立たない物事
夏炉冬扇《かろとうせん》

❾ 旧態□□とした方法。
昔のままで少しも進歩・発展のないさま
旧態依然《きゅうたいいぜん》

❿ □□実実の駆け引き。
互いに策略を尽くして戦うこと
虚虚実実《きょきょじつじつ》

⓫ 曲学□□の徒。
真理にそむいて時勢に迎合するさま
曲学阿世《きょくがくあせい》

⓬ □坤□擲の大勝負をする。
のるかそるかの勝負をすること
乾坤一擲《けんこんいってき》

⓭ 豪□磊□な気質。
こまかいところにこだわらず快活であるさま
豪放磊落《ごうほうらいらく》

⓮ 空と海が渾□一□となる。
すべてが完全にとけ合って一つになること
渾然一体《こんぜんいったい》(混然一体)

⓯ 獅子□□の勢い。
極めて勢いが盛んなこと
獅子奮迅《ししふんじん》

⓰ 質実□□の気風。
飾り気がなく、強くしっかりしているさま
質実剛健《しつじつごうけん》

⓱ 経営は順風□□だ。
物事が順調に運ぶこと
順風満帆《じゅんぷうまんぱん》

⓲ 信賞□□を実行する。
功績のあった者、罪を犯した者への厳正な対応
信賞必罰《しんしょうひつばつ》

⓳ 新進□□の作家。
新しく登場して勢いが盛んな物事・人物
新進気鋭《しんしんきえい》

⓴ 雲の形が千□万□した。
めまぐるしく様々にかわるさま
千変万化《せんぺんばんか》

㉑ 大胆□□な行動だ。
度量があり恐れを知らないこと
大胆不敵《だいたんふてき》

㉒ 共 蔵書を二□三□で売った。
売値が非常に安いこと
二束三文《にそくさんもん》(二足三文)

㉓ 博覧□□を自負している。
広く書物を読み、物知りでよく覚えていること
博覧強記《はくらんきょうき》

㉔ 百鬼□□の状態。
多くの悪人がわがもの顔にのさばりはびこること
百鬼夜行《ひゃっきやぎょう(こう)》

(1) にいなめさい　(2) ぬりごめ

㉕ 不□戴□の敵を倒す。
同じ空の下には暮らせないほど恨みが強いさま
不倶戴天《ふぐたいてん》

㉖ 不□不□を唱える。
公平中立であること
不偏不党《ふへんふとう》

㉗ 平身□□して謝る。
ぺこぺこしてひたすら恐れ入る態度
平身低頭《へいしんていとう》

㉘ 本末□□も甚だしい。
重要なこととそうでないこととを取り違えること
本末転倒《ほんまつてんとう》（本末顛倒）

共 ㉙ □□不断な性格。
思い切りが悪く、いつまでも決められないさま
優柔不断《ゆうじゅうふだん》

㉚ 和□洋□のスローガン。
日本固有の精神をもちつつ西洋の学問を修めること
和魂洋才《わこんようさい》

㉛ 阿鼻□□の事故現場。
人々が助けを求めている惨状
阿鼻叫喚《あびきょうかん》

㉜ 唯□諾□として従う。
他人の言いなりになるさま
唯唯諾諾《いいだくだく》

㉝ 一衣□□の間にある。
川や海峡を隔てて近接しているさま
一衣帯水《いちいたいすい》

㉞ 結果は一目□□である。
ひとめ見ただけではっきりわかるさま
一目瞭然《いちもくりょうぜん》

㉟ 一□一□の病状。
良くなったかと思うと、すぐ悪くなること
一進一退《いっしんいったい》

㊱ □□同体の夫婦。
複数の人の気持ちがしっかりと結びつくこと
一心同体《いっしんどうたい》

㊲ 慇懃□□な態度。
丁寧なようで実は相手をばかにしているさま
慇懃無礼《いんぎんぶれい》

㊳ □顧□眄して決せず。
周囲の思惑を気にして決断できないでいること
右顧左眄《うこさべん》

㊴ 鎧袖□□、敵を倒した。
たやすく相手を打ち負かすこと
鎧袖一触《がいしゅういっしょく》

㊵ 一石□□の名案。
ひとつのことをして、同時にふたつの利益を得ること
一石二鳥《いっせきにちょう》

㊶ 閑話□□、話を戻します。
それはさておき
閑話休題《かんわきゅうだい》

㊷ □□坐臥を慎む。
日常の立ち居振る舞い
行住坐臥《ぎょうじゅうざが》（行住座臥）

㊸ □□転結が整った文章。
文章の構成や物事の順序
起承転結《きしょうてんけつ》

㊹ □天□地の大事件だった。
大いに世間をびっくりさせること
驚天動地《きょうてんどうち》

㊺ 牽□付□の説。
自分の都合の良いようにこじつけること
牽強付会《けんきょうふかい》（牽強附会）

㊻ □寒□温を繰り返す。
寒い日が三日、暖かい日が四日続くという寒暖周期
三寒四温《さんかんしおん》

㊼ 不景気で□苦□苦する。
さんざんに苦労すること
四苦八苦《しくはっく》

共 ㊽ 試行□□を重ねる。
ためすことと失敗を繰り返し解決策を見出すこと
試行錯誤《しこうさくご》

㊾ 七□八□の苦しみ。
苦しくてころげ回ること
七転《しち(しっ)てん》八倒《ばっとう》

㊿ 衆人□□の的。
大勢の人が取り巻いて見ていること
衆人環視《しゅうじんかんし》

◉古語の読み （1）新嘗祭 （2）塗籠 答えは右ページ

四字熟語 4

- ❶ 秋霜□□のごとき量刑。（刑罰や権威の極めて厳しいたとえ）　秋霜烈日《しゅうそうれつじつ》
- ❷ □□千万な話である。（非常にくだらなくてばかばかしいこと）　笑止千万《しょうしせんばん》
- ❸ 正□正□の達人。（間違いなく本物であること）　正真正銘《しょうしんしょうめい》
- ❹ 生殺□□の権を握る。（他のものを自分の思うままに支配すること）　生殺与奪《せいさつよだつ》
- ❺ 晴れて□□白日の身だ。（無罪であることが明らかになるさま）　青天白日《せいてんはくじつ》
- ❻ 千篇□□の刑事ドラマ。（変化がなく、面白みがないこと）　千篇一律《せんぺんいちりつ》（千編一律）
- ❼ 朝三□□の政策。（言葉巧みに人をだますこと）　朝三暮四《ちょうさんぼし》
- ❽ 直情□□な青年。（他人を気にせず、自分の感情通りに振る舞うこと）　直情径行《ちょくじょうけいこう》
- ❾ 針路を□思□考する。（静かに深く考え込むこと）　沈思黙考《ちんしもっこう》
- ❿ 適□適□の人事。（その人にふさわしい地位や任務に就けること）　適材適所《てきざいてきしょ》
- ⓫ 電光□□の早業。（動作振る舞いが非常にはやいこと）　電光石火《でんこうせっか》
- ⓬ 天変□□が起こる。（自然界における災害や不思議な現象）　天変地異《てんぺんちい》

- ⓭ 難□不□の要塞。（しっかりと守られていて思い通りにならないこと）　難攻不落《なんこうふらく》
- ⓮ 吉報に□□一笑する。（にっこりと笑うこと）　破顔一笑《はがんいっしょう》
- ⓯ 半□半□で聞きなおした。（本当と思っていいかどうか判断に迷うこと）　半信半疑《はんしんはんぎ》
- ⓰ 討論会は百家□□だ。（様々な人が自由に議論すること）　百家争鳴《ひゃっかそうめい》
- ⓱ 共 抱腹□□の新作喜劇。（腹をかかえて大笑いをすること）　抱腹絶倒《ほうふくぜっとう》（捧腹絶倒）
- ⓲ 不撓□□の精神。（決してくじけないこと）　不撓不屈《ふとうふくつ》
- ⓳ 面従□□を貫くしかない。（表面は従順に見せて内心では反抗していること）　面従腹背《めんじゅうふくはい》
- ⓴ 柔軟で□□無碍な態度。（何のこだわりもなく自由でのびのびしていること）　融通無碍《ゆうずうむげ》（融通無礙）
- ㉑ □□集散を繰り返す。（一緒になったり分かれたりすること）　離合集散《りごうしゅうさん》
- ㉒ □□整然と話す。（筋道が整っているさま）　理路整然《りろせいぜん》
- ㉓ 曖昧□□とした説明だ。（ぼんやりしてはっきりしないさま）　曖昧模糊《あいまいもこ》（曖昧糢糊）
- ㉔ 失敗して意気□□する。（元気をなくしてふさぎこむこと）　意気消沈《いきしょうちん》

(1) てんじょうわらわ　(2) はふ

共

- ㉕ 意気□□して友となる。　互いの気持ちがぴったりあうこと　意気投合《いきとうごう》
- ㉖ □□発起して研究に励む。　事を成し遂げようと決心を新たにすること　一念発起《いちねんほっき》
- ㉗ 一□千□の広大な草原。　広々と遠くまで見渡せるさま　一望千里《いちぼうせんり》
- ㉘ 一視□□の心で接する。　差別せずすべての人を平等に愛すること　一視同仁《いっしどうじん》
- ㉙ □象□象の集まり。　雑多なくだらないもの　有象無象《うぞうむぞう》
- ㉚ 岡目□□で口出しする。　第三者は当事者より客観的によく判断できること　岡目八目《おかめはちもく》（傍目八目）
- ㉛ □□穢土を願い出家した。　この世を汚れたものとして逃れること　厭離穢土《おん(えん)りえど》
- ㉜ 彼の書斎は汗牛□□だ。　蔵書が極めて多いことのたとえ　汗牛充棟《かんぎゅうじゅうとう》
- ㉝ □□満面で愛犬と遊ぶ。　うれしそうな表情が顔全体にあふれていること　喜色満面《きしょくまんめん》
- ㉞ 問題は急転□□解決した。　事態が急変して終結するさま　急転直下《きゅうてんちょっか》
- ㉟ 朗報に狂喜□□した。　非常に喜んで羽目を外すこと　狂喜乱舞《きょうきらんぶ》
- ㊱ 合格して欣□雀□した。　おどり上がってよろこぶこと　欣喜雀躍《きんきじゃくやく》
- ㊲ 軽挙□□を慎む。　深く考えずに向こう見ずな振る舞いをすること　軽挙妄動《けいきょもうどう》

- ㊳ 常□□臥に注意する。　いつも、ふだん　常住坐臥《じょうじゅうざが》（常住座臥）
- ㊴ 公明□□な裁決。　私心をはさまず、やましいところがないさま　公明正大《こうめいせいだい》
- ㊵ □□勉励して再建した。　大変なくろうをして仕事などに励むこと　刻苦勉励《こっくべんれい》
- ㊶ 欣□浄□の心で寄進する。　極楽に往生することを心から願い求めること　欣求浄土《ごんぐじょうど》
- ㊷ 浅学□□と謙遜する。　学問が浅く、頭の働きも良くないこと　浅学非才《せんがくひさい》（浅学菲才）
- ㊸ □□兼備の花嫁。　優れた知恵と美しい容貌とを兼ね備えているさま　才色兼備《さいしょくけんび》
- ㊹ 杓□定□に適用する。　形式にとらわれ融通がきかないさま　杓子定規《しゃくしじょうぎ》
- ㊺ □□転倒もはなはだしい。　ものごとの大小・軽重などを取り違えること　主客転倒《しゅかく(きゃく)てんとう》（本末転倒）
- ㊻ □真□垢な少年。　混じり気や汚れのない心をもっているさま　純真無垢《じゅんしんむく》
- ㊼ 悠悠□□の生活。　思うままにのんびりと過ごすこと　悠悠自適《ゆうゆうじてき》（優悠自適）
- ㊽ 総理は内□外□に苦しむ。　国内の心配事と国際上の諸問題　内憂外患《ないゆうがいかん》
- ㊾ 罵詈□□を浴びせる。　口汚い悪口でののしること　罵詈雑言《ばりぞうごん》
- ㊿ 流言□□に惑わされる。　事実無根のうわさ　流言飛語《りゅうげんひご》（流言蜚語）

◉古語の読み　(1) 殿上童　(2) 破風　答えは右ページ

❶ □□相《あい》照《て》らす
互いに心の底まで打ち明けて親しくつき合う。
肝胆《かんたん》

❷ □□を露《あらわ》す
隠していたことが明らかになる。「不注意でうっかり——」
馬脚《ばきゃく》

❸ □□に塩
元気なくしおれるさま。
青菜《あおな》

❹ 虻《あぶ》□取らず
同時にあれこれねらっても何も得られない。
蜂《はち》

❺ 一寸の虫にも□□の魂
小さく弱い者にも相応の意地がある。
五分《ごぶ》

❻ □□あれば水心《みずごころ》
相手が好意を示せば、こちらも好意で応じる。
魚心《うおごころ》

❼ □□は寝て待て
幸運は焦らず自然に来るのを待て。
果報《かほう》

❽ 間《かん》□を容《い》れず
間をおくことなくただちに。
髪《はつ》

❾ □に縁《よ》りて□を求む
方法を誤れば成功できない。
木《き》／魚《うお》

❿ 窮鼠《きゅうそ》□を噛《か》む
弱者も追いつめられれば強者に反撃する。
猫《ねこ》

⓫ □の道は□
同類の者は互いに事情に通じているさま。
蛇《じゃ》／蛇《へび》

⓬ □百まで踊り忘れず
幼い時の習慣は、年を取っても変わらない。
雀《すずめ》

⓭ 鳶《とび》が□を生む
平凡な親が優秀な子を生む。
鷹《たか》

⓮ 取らぬ□の皮算用《かわざんよう》
まだ手に入らぬうちからあてにすること。
狸《たぬき》

⓯ □の威《い》を借る□
他人の権威をかさに着て威張るつまらない者。
虎《とら》／狐《きつね》

⓰ 情けは□の為《ため》ならず
他人に情けをかけると巡り巡って自分のためになる。
人《ひと》

⓱ 濡れ手で□
苦労せず多くの利益をあげること。
粟《あわ》

⓲ □に衣《きぬ》着せぬ
相手の思惑を気にせず思ったまま言う。「——痛烈な批判」
歯《は》

(1) ひおけ　(2) ひがごと

番号	問題	意味	答え
⑲	待てば□□の日和《ひより》あり	根気よく待てば必ずよい機会がくる。	海路《かいろ》
⑳	□から出た錆《さび》	自分のしたことが原因で苦しむこと。類自業自得	身《み》
㉑	青は□より出《い》でて□より青し	弟子が師よりも優れているたとえ。類出藍の誉れ	藍《あい》／藍《あい》
㉒	石の上にも□□	辛抱していれば、やがて成功する。	三年《さんねん》
㉓	□合《ごう》の衆《しゅう》	統一も規律もなく集まった集団。	烏《う》
㉔	快刀□□を断つ	もつれた物事を鮮やかに解決する。	乱麻《らんま》
㉕	□□の川流れ	どんな達人でも失敗することがある。	河童《かっぱ》
㉖	□夫の利	二者の争いに乗じて第三者が利益を得る。	漁《ぎょ》
㉗	□を一《いつ》にする	行き方・やり方が同じである。共	軌《き》
㉘	□口《こう》となるも□後《ご》となるなかれ	大きな集団の低い地位にいるより小さな集団の頭となれ。	鶏《けい》／牛《ぎゅう》
㉙	□□にも掛けない	まったく問題にしない。「先輩の忠告など――」	歯牙《しが》
㉚	正鵠《せいこく》を□る	物事の要点を正しくおさえる。	射《い》（得《え》）
㉛	他山の□	自分の人格を磨くのに役立つ材料。「人の失敗を――とする」	石《いし》
㉜	蓼《たで》喰う□も好《す》き好《ず》き	人の好みは様々である。	虫《むし》
㉝	□□に掛ける	自分で直接気を配って世話する。	手塩《てしお》
㉞	□の額《ひたい》	土地などが非常に狭いことのたとえ。「――ほどのわが庭」	猫《ねこ》
㉟	寝《ね》□に水	不意の出来事に驚くこと。	耳《みみ》
㊱	□水《すい》の陣	必死の覚悟で事にあたること。共	背《はい》
㊲	□が煮えくり返る	腹が立って怒りをこらえきれない。	腸《はらわた》
㊳	□□は一見《いっけん》に如《し》かず	繰り返し聞くよりも自分で見たほうが確かだ。	百聞《ひゃくぶん》
㊴	□□盆に返らず	してしまった事は取り返しがつかない。共	覆水《ふくすい》
㊵	□□に遑《いとま》がない	たくさんあり過ぎて数えられない。「このような事例は――」	枚挙《まいきょ》

- ☐ ❶ □から□へ抜ける　機転が利く。「――ような才人」　目《め》／鼻《はな》
- ☐ ❷ 揚《あ》げ□を取る　相手の失敗を取り上げて責める。　足《あし》
- ☐ ❸ □が出る　予算を超えた支出になる。　足《あし》
- ☐ ❹ □を掬《すく》う　相手のすきに付け込んで失敗させる。　足《あし》
- ☐ ❺ □□を叩《たた》いて渡る　用心の上にも用心する。　石橋《いしばし》
- ☐ ❻ □□の不養生《ふようじょう》　わかっていても実行が伴わない。　医者《いしゃ》
- ☐ ❼ □も歩けば□に当たる　思いがけない災難・幸福にあう。　犬《いぬ》／棒《ぼう》
- ☐ ❽ □の□に念仏《ねんぶつ》　いくら言い聞かせても価値がわからない。類犬に論語　馬《うま》／耳《みみ》
- ☐ ❾ □れる者は藁《わら》をも摑《つか》む　危急の時は頼りにならないものにも頼ろうとする。　溺《おぼ》

- ☐ ❿ □の甲《こう》より年の功《こう》　年長者の経験は尊ぶべきだ。　亀《かめ》
- ☐ ⓫ □□も山の賑《にぎ》わい　つまらないものでも無いよりはましだ。　枯木《かれき》
- ☐ ⓬ □すれば通《つう》ず　困りきるとかえって道が開ける。　窮《きゅう》
- ☐ ⓭ □□の功　苦学した成果。　蛍雪《けいせつ》
- ☐ ⓮ □□にも筆の誤り　名人にも時には誤りがある。類猿も木から落ちる　弘法《こうぼう》
- ☐ ⓯ □十歩《じっぽ》（じゅっぽ）□歩《ぽ》　少しの違いはあっても本質的には同じことだ。　五《ご》／百《ひゃっ》
- ☐ ⓰ 釈迦《しゃか》に□□　説く必要のないことのたとえ。　説法《せっぽう》
- ☐ ⓱ 春宵《しゅんしょう》□□値千金《あたいせんきん》　春の夜の趣は千金にもかえがたい。　一刻《いっこく》
- ☐ ⓲ □□閑居《かんきょ》して不善をなす　つまらない人間は暇だとよくないことをする。　小人《しょうじん》

(1) ひさし　(2) ふみづくえ（ふづくえ）

19 □□に膾炙《かいしゃ》する
世間に広く知れわたる。
人口《じんこう》

20 □□人を刺す
ごく短い言葉で人の急所を突く。
寸鉄《すんてつ》

21 前門《ぜんもん》の□後門《こうもん》の□
次々に災難にあうことのたとえ。
虎《とら》／狼《おおかみ》

22 □牙《げ》の塔
現実と没交渉の孤高の境地。「――を出て政界に足を入れる」
象《ぞう》

23 □を括《くく》る
大したことはないと見くびる。
高《たか》

24 立つ□跡を濁さず
立ち去る者は、後が見苦しくないようにする。
鳥《とり》

25 □をこまねく
何もしないでいる。参「こまねく」は「こまぬく」とも。
手《て》（腕《うで》）

26 □□恢恢《かいかい》疎《そ》にして漏らさず
悪事をはたらいた者には必ず報いがある。
天網《てんもう》

27 □□を現す
才能が人よりすぐれて目立ってくる。「指揮者としての――」共
頭角《とうかく》

28 蟷螂《とうろう》の□
はかない抵抗のたとえ。
斧《おの》

29 泣き面《つら》に□
悪いことが重なること。
蜂《はち》

---

30 人間万事《ばんじ》塞翁《さいおう》が□
わざわいと幸福は変転し定まらない。
馬《うま》

31 □に小判
高価な物の価値がわからない。類豚に真珠
猫《ねこ》

32 暖簾《のれん》に□押し
張り合いのないこと。類糠に釘
腕《うで》

33 □□の勢い
勢いが激しく止められない。「――で勝ち進む」
破竹《はちく》

34 □□河清《かせい》を俟《ま》つ
あてのないことを空しく待つ。
百年《ひゃくねん》

35 臍《ほぞ》を□む
後悔する。「今やらないとあとで必ず――ことになる」
噛《か》（噬）

36 □の顔も三度
慈悲深い人でもひどいことを何度もされれば怒り出す。
仏《ほとけ》

37 的を□る
的確に要点をとらえる。
射《い》

38 □を顰《ひそ》める
心配になったり不快になったりするさま。
眉《まゆ》

39 □が痛い
自分の弱点をついた他人の発言を聞くのが辛い。
耳《みみ》

40 □も蓋《ふた》もない
表現が露骨すぎて味わいがない。
身《み》

◉古語の読み （1）庇（廂） （2）文机 答えは右ページ

❶	□□し難い	言い表し難い。「――不安」	名状《めいじょう》
❷	□は□ほどにものを言う	目は言葉と同じほど伝える力をもつ。	目《め》／口《くち》
❸	目を□にする	目を大きく見開いて見る。	皿《さら》
❹	良薬は□に苦し	忠告はありがたいが聞くのがつらい。	口《くち》
❺	悪事□□を走る	悪い評判はすぐに世間に知れ渡る。	千里《せんり》
❻	□を引っ張る	他人の成功や出世のじゃまをする。	足《あし》
❼	□ずるより生むが易《やす》し	思い切って実行すると事前の心配ほど難しくない。	案《あん》
❽	□□を尽くす	事情を詳しく明らかにする。	委曲《いきょく》
❾	一将功《いっしょうこう》成りて□□枯《か》る	一人の成功者の陰に多くの犠牲者がいる。	万骨《ばんこつ》
❿	一寸先は□	未来はまったく予想できない。	闇《やみ》
⓫	□□の光陰軽《かろ》んずべからず	わずかの時間も無駄にしてはならない。	一寸《いっすん》
⓬	□も食わない	誰も好まない。「夫婦喧嘩は――」	犬《いぬ》
⓭	井《い》の中の□大海《たいかい》を知らず	狭い世界に閉じこもって世間を知らない。	蛙《かわず》
⓮	□の頭も信心《しんじん》から	つまらないものも信じると尊く思える。	鰯《いわし》
⓯	□が合う	気が合う。	馬《うま》
⓰	□を正す	気持ちを引きしめる。まじめに対処する。	襟《えり》
⓱	蝸牛《かぎゅう》□□の争い	つまらないことで争うことのたとえ。	角上《かくじょう》
⓲	苛政《かせい》は□よりも猛《たけ》し	苛酷な政治のむごさをいう言葉。	虎《とら》

(1) ほうこ　(2) ほうれん

⑲	固唾《かたず》を□む	成り行きを心配して息をこらす。	呑《の》
⑳	□るに落ちる	うっかり本当のことを言ってしまう。	語《かた》
㉑	□を落とす	ひどく落胆する。	肩《かた》
㉒	□□紙背《しはい》に徹す	書物を読んでその深い意味まで読み取る。	眼光《がんこう》
㉓	□も鳴かずば打たれまい	無用のことをしなければ災いを招かない。	雉《きじ》
㉔	踵《きびす》を□す	引きかえす。参「踵」は「くびす」とも読む。	返《かえ》
㉕	肝《きも》に□ずる	心に深く刻みつける。共	銘《めい》
㉖	九《きゅう》□の一毛《いちもう》	取るに足りない小さなこと。	牛《ぎゅう》
㉗	□襟《きん》を開く	心中をうちあける。共	胸《きょう》
㉘	□八丁□八丁	しゃべることもすることも達者である。参手八丁口八丁とも。	口《くち》／手《て》
㉙	□を糊《のり》する	暮らしを立てる。参「糊口（ここう）」とも言う。	口《くち》
㉚	愚の□頂《ちょう》	この上なく愚かなこと。	骨《こっ》
㉛	□□に触れる	目上の人の怒りにふれる。「社長の――」	逆鱗《げきりん》
㉜	口角□を飛ばす	激しく議論する。	泡《あわ》（沫）
㉝	後塵《こうじん》を□す	遅れをとる。「今回の昇格に漏れ、同期生の――」	拝《はい》
㉞	紺屋《こうや》の□袴《ばかま》	自分のことをする暇がないたとえ。	白《しろ》
㉟	□が低い	謙虚である。	腰《こし》
㊱	□も木から落ちる	その道の名人も時には失敗する。類弘法にも筆の誤り	猿《さる》
㊲	□顧《こ》の礼	礼儀を尽くして有能な人を招くこと。「――をとって迎える」	三《さん》
㊳	自家《じか》□籠《ろう》中の物	思うままに使いこなせる物。「数か国語を――として操る」	薬《やく》
㊴	□を逐《お》う者は山を見ず	利益に夢中の者は他を顧みない。	鹿《しか》
㊵	□を巻く	非常に感心し驚く。	舌《した》

◉古語の読み （1）布袴 （2）鳳輦 答えは右ページ

慣用句など 4

❶	衆寡《しゅうか》□せず	少人数では多人数に勝ち目がない。	敵《てき》
❷	愁《しゅう》□を開く	心配事が解決して安心する。「懸案が解決し、一同——」	眉《び》
❸	雌《し》□を決する	優劣を決める。「横綱同士の——対戦」	雄《ゆう》
❹	出《しゅつ》□の誉《ほま》れ	弟子が師匠を超える名誉。	藍《らん》
❺	□に交われば赤くなる	つき合う友によって善悪どちらにも感化される。	朱《しゅ》
❻	□□が動く	欲しいという気持ちになる。「関連分野の本にも——」	食指《しょくし》
❼	□□を注《そそ》ぐ	ありったけの力を使って事に当たる。	心血《しんけつ》
❽	□の涙	ごくわずか。「——ほどの謝礼しか払えない」	雀《すずめ》
❾	□天《てん》の霹靂《へきれき》	急に起きた大事件。参「晴天」は誤り。	青《せい》
❿	□に□は代えられぬ	差し迫った事のためには他を顧みるゆとりはない。	背《せ》／腹《はら》
⓫	袖《そで》振り合うも□□の縁	ちょっとした事も前世の因縁による。	多生《たしょう》（他生）
⓬	立て板に□	弁舌がすらすらとよどみないさま。	水《みず》
⓭	□からぼた餅	思いがけない幸運が舞い込むことのたとえ。	棚《たな》
⓮	頂門《ちょうもん》の一《いっ》□	(頭の上に針をさすように) 痛切な戒め。	針《しん》
⓯	□に火をともす	極端に節約する。「——ような生活」	爪《つめ》
⓰	□の一声《ひとこえ》	権威者の、人を否応なく従わせる一言。	鶴《つる》
⓱	□を打つ	必要な処置をとる。話し合いをまとめる。	手《て》
⓲	□を切る	今までの関係を断つ。	手《て》

（1）まがき　（2）まかる

番号	慣用句	意味	答え
⑲	十日《とおか》の□	時機を逸して役立たないもの。類六日の菖蒲（あやめ）	菊《きく》
⑳	□□に暮れる	どうしたらよいかわからなくなる。	途方《とほう》
㉑	取り付く□がない	すがる手がかりがない。	島《しま》
㉒	泣く子と□□には勝てぬ	道理を言って争っても勝ち目がない。	地頭《じとう》
㉓	□の次	あとまわし。	二《に》
㉔	糠《ぬか》に□	効果がないこと。類豆腐に鎹（かすがい）	釘《くぎ》
㉕	□を被《かぶ》る	本性を隠して大人しそうに振る舞う。	猫《ねこ》
㉖	能ある□は爪を隠す	本当に能力のある者は、ふだんはその能力を隠している。	鷹《たか》
㉗	□□過ぎれば熱さを忘れる	時が経てば苦しみを忘れてしまう。	喉元《のどもと》
㉘	□が浮く	気障《きざ》な言行を見聞きして不快になる。「――ようなお世辞」	歯《は》
㉙	□□を掛ける	力を加えて進行をいっそう速める。	拍車《はくしゃ》

番号	慣用句	意味	答え
㉚	□白《じら》む	気おくれした顔をする。白けた顔をする。	鼻《はな》
㉛	□であしらう	冷淡に応対する。「必死の頼みを――」	鼻《はな》
㉜	□に付く	嫌みに感じられる。「気取った態度が――」	鼻《はな》
㉝	□を明かす	相手をあっと言わせる。「前回負けた相手に勝って――」	鼻《はな》
㉞	□を折る	相手の慢心をくじく。	鼻《はな》
㉟	羽目を□す	調子にのって度をすごす。	外《はず》
㊱	□を割る	隠さず本心を打ち明ける。	腹《はら》
㊲	□□に尽くし難い	文章や言葉では十分に表現しきれない。	筆舌《ひつぜつ》
㊳	□に入り□を穿《うが》つ	きわめて細かなところまで気を配る。	微《び》／細《さい》
㊴	□里を行く者は□□里を半《なか》ばとす	最後まで緊張・努力を続けねばならない。	百《ひゃく》／九十《きゅうじゅう》
㊵	瓢簞《ひょうたん》から□が出る	冗談が事実として実現してしまう。	駒《こま》

●古語の読み （1）籬 （2）罷る 答えは右ページ

❶	□に落ちない	納得できない。「その人の説明には——点がある」	腑《ふ》
❷	水清ければ□棲《す》まず	清廉すぎると他人に親しまれない。	魚《うお》
❸	三つ子の魂□まで	幼時の性質は生涯変わらないものだ。	百《ひゃく》
❹	□を澄ます	注意を集中して聴こうとする。	耳《みみ》
❺	□を揃える	不足なく金額を揃える。	耳《みみ》
❻	□から鱗が落ちる	ものごとの本質がわかるようになる。	目《め》
❼	□に余る	ひどすぎて見過ごせない。「——横暴ぶり」	目《め》
❽	□を疑う	見たことが意外で信じられない。「——ような変わりよう」	目《め》
❾	□をつぶる	過失などを見逃し、とがめない。「今回だけは——」	目《め》
❿	諸刃《もろは》の□	役に立つ一方、危険性も持っている。「科学技術は——だ」	剣《つるぎ》（刃《やいば》）
⓫	藪《やぶ》から□	突然で思いがけないさま。	棒《ぼう》
⓬	洛陽の□□を高める	書物がよく売れること。参「…を高からしむ」とも。	紙価《しか》
⓭	□□に冠《かんむり》を正さず	疑われることはしないほうがよい。	李下《りか》
⓮	□は友を呼ぶ	似た者どうしは集まりやすい。	類《るい》
⓯	□より証拠	ものごとは議論より証拠によって明らかになる。	論《ろん》
⓰	□して□ぜず	仲良くはしても自説は曲げない。	和《わ》／同《どう》
⓱	渡りに□	望んでいる物が都合よく与えられること。	船《ふね》
⓲	□□身につかず	不正に手に入れた金は、すぐ浪費してしまう。	悪銭《あくせん》

(1) まんどころ　(2) みそひともじ

番号	問題	意味	答え
⑲	□がつく	犯行が露見する。「現場に残された遺留品から――」	足《あし》
⑳	足下から□が立つ	思いがけないことが突然身近に起こる。	鳥《とり》
㉑	□に懲《こ》りて□を吹く	一度の失敗に懲りて必要以上に用心する。	羹《あつもの》／膾《なます》
㉒	言い得て□	実にうまく言い表したものだ。	妙《みょう》
㉓	一挙□一投□	いちいちの細かい動作。「――に注目する」	手《しゅ》／足《そく》
㉔	□を入れる	ひと休みする。	息《いき》
㉕	流れに枕《まくら》す□に漱《くちすす》ぎ	負け惜しみの強いことのたとえ。類漱石枕流（ちんりゅう）	石《いし》
㉖	□を詰める	呼吸をとめて緊張する。類息を凝らす	息《いき》
㉗	□□足りて礼節を知る	生活が安定すれば礼儀を重んじるようになる。	衣食《いしょく》
㉘	□を失う	恐れや驚きで青ざめる。	色《いろ》
㉙	鵜《う》の真似をする□	真似して失敗することのたとえ。	烏《からす》
㉚	江戸の□を長崎で討《う》つ	まったく別のことで昔の恨みをはらす。	敵《かたき》
㉛	お茶を□す	表面だけ取り繕って切り抜ける。	濁《にご》
㉜	火中《かちゅう》の□を拾う	他人の利益のために危険をおかしてひどい目にあう。	栗《くり》
㉝	危急存亡の□	危機が迫って生き残るか滅びるかの瀬戸際。	秋《とき》
㉞	木で□を括《くく》る	ひどく無愛想に対応する。	鼻《はな》
㉟	船頭《せんどう》多くして船《ふね》□に登る	指図する者が多すぎて、とんでもない結果になる。	山《やま》
㊱	故郷へ□を飾る	晴れがましい思いで故郷に帰る。	錦《にしき》
㊲	□を奏する	期待した成果をおさめる。共	功《こう》
㊳	三人寄れば□□の知恵	凡人でも三人集まれば良い知恵が出るものだ。	文殊《もんじゅ》
㊴	腐っても□	良い物はどんなに悪くなっても価値を失わない。	鯛《たい》
㊵	相好《そうごう》を□す	にこにこする。	崩《くず》

●古語の読み （1）政所 （2）三十一文字 答えは右ページ

評論頻出　対の概念 1

❶ □ 一義的《いちぎてき》 ⇔ ❷ □ 多義的《たぎてき》

❶ 一つの意味だけに解釈できる様子。根本的。本質的な様子。

❷ さまざまな意味に解釈できる様子。

「義」は〝意味〟を表す。したがって「一義」は、意味が一つしかないこと、「多義」は、多くの意味があることを表す。なお「一義」には、「最も大切なこと」という意味もあり、「一義的」は「根本的・本質的」という意味で用いられることもある。
関 両義的（相反する二つの意味をもち、どちらとも解釈できる様子）

❸ □ 具体《ぐたい》 ⇔ ❹ □ 抽象《ちゅうしょう》

❸ はっきりした形のあるもの。

❹ 複数のものごとの共通要素を取り出したもの。

形があって触れるものや個別的な事柄が「具体」であり、複数の「具体」から共通の要素を取り出して一般化した内容が「抽象」となる。例えば、鉛筆、消しゴム、ノートという具体物から〝ものを書くのに使う〟という共通要素を抜き出し、「文房具」と抽象化する。
関 捨象（概念を抽象化するときに不要な要素を捨てること）

❺ □ 主観《しゅかん》 ⇔ ❻ □ 客観《きゃっかん》

❺ 物事を認識する自分の意識。自分の立場からの見方。

❻ 人の意識に関わらず存在する物事。誰が見ても変わらないもの。

「主観」は個別的な捉え方であり、人間の内面や意識、感情などに関わっている。一方「客観」は、自分の心のはたらきや考えをはなれて外にあるもののことで、状況に左右されない普遍性をもつ。
関 主体（物事を認識する「私」のこと）⇕ 客体（主体が働きかける対象となるもの）

❼ □ 自律《じりつ》 ⇔ ❽ □ 他律《たりつ》

❼ 自分で自分の行いを制御すること。

❽ 他者の命令や強制で行動すること。

「律」は「きまり」のことであり、「律する」と動詞化すると「ある基準やきまりに従って物事を処理する」ことを意味する。「自律」は、自分を自分で律すること、「他律」は、自分を他者が律すること。
関 自立（自分の力だけで生活すること）

❾ □ 相対《そうたい》 ⇔ ❿ □ 絶対《ぜったい》

❾ 他との関係や比較の中で成り立つこと。

❿ 他との関係や比較に関わらず存在していること。

「絶対」は、他との比較を超越した唯一のものを指すが、「相対」は常に他との比較が必要になる。例えば、学習評価で、純粋に課題に対する理解度を見るのは絶対評価だが、他の生徒と理解度を比較して順位をつけるのは相対評価である。関 絶対者（神や神に近い唯一無二の存在）／相対化（絶対的な存在を、他との比較でとらえること）

(1) こち　(2) そうもん

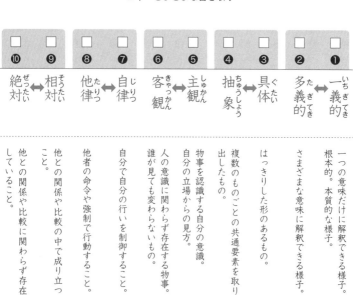

⓫ □ 特殊《とくしゅ》 ⇔ ⓬ □ 普遍《ふへん》

特殊：限られた少数のものにしか当てはまらないこと。

普遍：すべてのものに当てはまること。

時間や場所にかかわらず、どんなときでも例外なく当てはまるのが「普遍」である。似た言葉の「一般」は、おおよそのところに当てはまることを表し、そこには例外が存在する。この例外的なものを指しているのが「特殊」である。

⓭ □ 能動《のうどう》 ⇔ ⓮ □ 受動《じゅどう》

能動：自分から働きかけること。

受動：他からの働きかけをうけること。

自分自身の意志で動く「能動」に対し、自分からは動かず、外部からの働きかけで動くのが「受動」である。

関 積極 ⇔ 消極

⓯ □ 分析《ぶんせき》 ⇔ ⓰ □ 総合《そうごう》

分析：物事を細かい要素にわけて調べること。

総合：ばらばらなものを一つにまとめること。

例えば、植物を観察する場合に、花、葉、根に分け、さらに花びら、雌しべ、雄しべ……のように細かい要素に分割し、それぞれの要素について詳しく細かく見ていくのが「分析」である。一方、そうした個々の要素がまとまった植物を全体として見ようとするのが「総合」である。

⓱ □ 有機的《ゆうきてき》 ⇔ ⓲ □ 無機的《むきてき》

有機的：部分同士が密接に結びつき合って調和ある全体を作り出している様子。

無機的：生命の温かさが感じられない様子。

「有機物」は生命体を構成する物質で、「有機的」は、細胞が結びついて全体の命を支えている生物のようなあり方を表す。一方「無機物」は、水や鉱物など、生きものではない物質のこと。

関 無機質（生命を持たない、冷たく機械のような様子）

⓳ □ 理性《りせい》 ⇔ ⓴ □ 感性《かんせい》

理性：物事を道理にしたがって冷静に判断する能力。

感性：物事を感覚的に受け止める能力。

「理性」は、筋道を立てて考える思考力に関わる能力で、人間と動物を区別する要素である。「感性」は感情に関わる能力で、感受性、センスなどと言い換えられる。

◉古語の読み （1）東風 （2）相聞 答えは右ページ

❶ 一元論《いちげんろん》 ⇔ ❷ 二元論《にげんろん》

一元論：一つの基準で物事を考える方法。

二元論：異なる二つの基準で物事を考える方法。

例えば、物質とその現象を世界の本質とする「唯物論」や、心の現象を本質とする「唯心論」などは「一元論」の例である。一方、精神と肉体という二つの基準で考えようとする立場は、「二元論」である。

関 二項対立（対立する二つの概念）／多元論（複数の基準で物事を多面的に見る方法）

❸ 演繹《えんえき》 ⇔ ❹ 帰納《きのう》

演繹：一般的な原理や法則から、個別的な現象を推論すること。

帰納：一つ一つの個別的な事柄から、一般的な原理や法則を導き出すこと。

例えば、「鳥は卵を産む」という一般的な法則から、「ペンギンも鳥なので卵を産むだろう」と推論するのが「演繹」である。一方、「ペンギンは卵を産む」「鶏も卵を産む」「雀も卵を産む」といった個別の事柄から、「鳥は卵を産む」という法則を導き出すのが「帰納」である。

❺ 既知《きち》 ⇔ ❻ 未知《みち》

既知：すでに知っていること。

未知：まだ知らないこと。

「既知」は「既に知っている」、「未知」は「未だ知らない」という意味である。周囲に知られていること、知られていないこと、という意味でも用いられる。

関 無知（知識がない。知っているべきことを知らない）

❼ 潜在《せんざい》 ⇔ ❽ 顕在《けんざい》

潜在：表には見えないところにある状態。

顕在：目に見える形で出現している状態。

「潜」は「もぐる・ひそむ」という意味。見えないが確実に存在している場合に「潜在」という。潜在能力、潜在意識など。一方、「顕」は「あらわれる」という意味。それまで見えなかったものが、見える形であらわれている状態を「顕在」という。

❾ 通時的《つうじてき》 ⇔ ❿ 共時的《きょうじてき》

通時的：物事を、時間の流れに沿って見ること。

共時的：物事を、ある一時点に限定して見ること。

「通時的」は、過去→現在→未来という時間の流れの中での変化を捉えようとする見方。歴史的。一方「共時的」は、時間軸をある時代に固定し、同じ時代のヨコのつながりを捉えようとする見方。

(1) いらつめ　(2) みおつくし

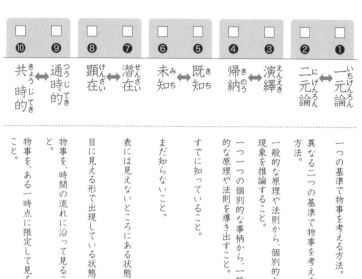

⑪ 肉体《にくたい》 ⇔ ⑫ 精神《せいしん》

生身のからだ。

こころ。

「肉体」は物質に連なる。人間の精神活動を除いた部分を示す場合に用いられ、動物的側面を強調する表現。「精神」は、心の働きを指し、「肉体」のほか、「物質」の対立概念としても用いられる。

⑬ 必然《ひつぜん》 ⇔ ⑭ 偶然《ぐうぜん》

必ずそうなると決まっていること。

たまたまそうなること。

「必」は「例外なく、必ず」の意を表す漢字で、決定的な原因があり、そこからはそれ以外の結果になりようがない様子を「必然」という。一方、「偶」は「たまたま」の意の漢字で、何の因果関係もなく、たまたまそうなることを「偶然」という。

⑮ 偏在《へんざい》 ⇔ ⑯ 遍在《へんざい》

部分的にかたよって存在すること。

広く行き渡って存在すること。

同音異字「偏」「遍」は形が似ているが意味は逆なので注意。「偏」は「かたよ・る」と読み、「身体のかたより」が原義のため人を表す「イ」である。「遍」は「あまね・く」と読み、広く行き渡るという意味から、「進む・行く」を表す「辶」である。

⑰ 保守《ほしゅ》 ⇔ ⑱ 革新《かくしん》

古くからの伝統や習慣を重視すること。

伝統や習慣を改めてあたらしくすること。

「保守」は、伝統や習慣を重んじるが、変化を拒むわけではない。急激な変化は社会の混乱を招くので、少しずつ緩やかに変えていこうという考え方である。一方の「革新」は、古いものは根本的に改めて全く新しいものにしていこうという考え方である。

⑲ 本質《ほんしつ》 ⇔ ⑳ 現象《げんしょう》

物事の根本となる、それなしには成り立たない要素。

表面的に表れている目に見える事柄。

「本質」は、そのものの根本的な性質であり、表面上に表れていることは少ない。「本質」をつかむには、そのものの奥の、目に見えない部分について考えることが求められる。一方、「現象」は、そのものがもつ性質の一部が目に見える形で表れている状態を示している。

◉古語の読み (1) 郎女 (2) 澪標 答えは右ページ

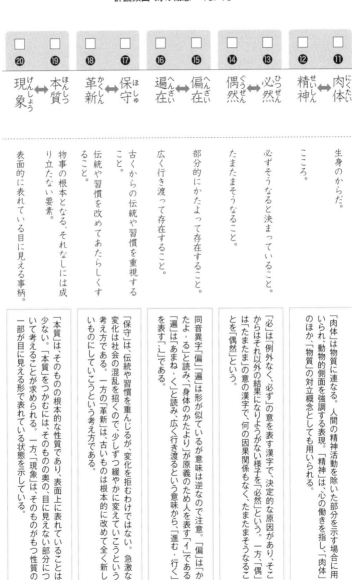

□ ❶ アイデンティティ　自己同一性《じこどういつせい》

人が時や場面を越えて一個の人格として存在し、統一した自我を持っていること。自分がどこに属する何者であるのかを自ら理解し、「私が私である」と確信を持っていることを意味している。主体性。関アイデンティティ・クライシス（自己喪失）

□ ❷ アイロニー（イロニー）　皮肉《ひにく》

わざと意味を反対にして、言葉とは逆の意味を込めて言う言い方。例えば、遅刻してきた人に「今日はずいぶん早いね。」などと言う場合など。

□ ❸ アナロジー　類推《るいすい》・類似《るいじ》

二つの事柄の類似性に基づいて、ある事柄から別の事柄へと推理をすること。例えば、日没を見ながら、一日の終わり→人生の終わりと類推して、人の死について考える場合など。関メタファー（→P.201⑱）

□ ❹ ア・プリオリ　先験的《せんけんてき》

ある機能が生まれながらに与えられ、備わっていること。先天的。対ア・ポステリオリ（経験的・後天的）

□ ❺ アンビバレンス　両面価値《りょうめんかち》

相反する気持ちが同時に存在して引き裂かれている状態。例えば、母親に対して愛情と憎しみを同時に抱いている場合など。自己矛盾。関アンバランス（不安定・不均衡）

□ ❻ イデオロギー　思想傾向《しそうけいこう》

人間の行動を決めるための根本的な考え方の体系。特に、政治や社会に対する主義・主張・信念を意味することが多い。観念形態。関ドグマ（独断的な決めつけの意見。組織の上から押し付けられることが多い）

□ ❼ エコロジー　生態学《せいたいがく》

本来は、生物と生物が生息する環境の関係について研究する学問を意味したが、地球環境の破壊が問題になり始めたことで、人間が環境に配慮して自然との共生関係を作ろうとする考え方を表すようになった。エコ。関リサイクル（資源などの再利用）

□ ❽ カオス　混沌《こんとん》・無秩序《むちつじょ》

秩序の認められない世界。天地創造の前の、雑多なものが入り混じって分別できない状況を表す。対コスモス（秩序のある世界。宇宙）／関コスモロジー（宇宙論・世界観）

□ ❾ カタルシス　（精神《せいしん》の）浄化《じょうか》

悲劇などを見ることでストレスを解消し、心がすっきりすること。ここから、心の中に抱えている苦悩を表に出すことで心の緊張を解消することも意味する。

□ ❿ コード　規則《きそく》

文化論では、特定の国や地域の中で了解されている慣習や伝統、意思伝達における決まりごとなどを指す。その他、記号、暗号などの意味で用いられることもある。関ドレスコード（式典参列やホテル、レストランなどでの、社会の慣習による服装のきまり）

（1）しゅうげん　（2）あした

□ ⑪ コンテクスト　文脈《ぶんみゃく》

テクストの前後のつながりや、その背景のこと。テクストの内容は、コンテクストの中で読み解くことで、正しく理解することができる。
関 テクスト（書かれたもの・文章表現）

□ ⑫ コンプレックス　劣等感《れっとうかん》

「コンプレックス」は、本来は、深層意識にうずまく複雑な感情のことで、優越感も劣等感も表すが、一般的に、単独で劣等感という意味で使われることが多い。
対 優越感

□ ⑬ サブカルチャー　下《か》位《い》文《ぶん》化《か》

社会の伝統的な文化に対して、大衆文化や若者文化のように、社会の一部の集団だけがもつ部分的な文化のこと。関 カウンターカルチャー（対抗文化。その時代や社会で支配的な文化を否定し、対立する文化）

□ ⑭ ジェンダー　社会的性《しゃかいてきせい》差《さ》

生物的な違いではなく、社会的、文化的な男女の違いのこと。例えば、男が外で働き、女が家を守るといった「男らしさ」「女らしさ」の考え方など。関 ジェンダーフリー（社会が強制する性差からの解放）／フェミニズム（女性の権利保護）

□ ⑮ ジレンマ　板挟《いたばさ》み

二つの対立したものごとの間で、どちらにも利があり、どちらを選んだらよいのかわからない状態。例えば、ダイエットはしたいが甘いものは食べたいといった場合など。関 トリレンマ（三つの選択肢の中でどれにするか決めかねている場合）

□ ⑯ ニヒリズム　虚無《きょむ》主義《しゅぎ》

既存の社会や権力、価値、道徳などを否定し、全ては無意味で信じられないとする考え方。アナーキズムやデカダンスに傾倒しやすい。関 アナーキズム（無政府主義。全ての権力を否定して個人の完全な自由と独立を望む考え方）／デカダンス（退廃的・官能的な芸術）

□ ⑰ パラダイム　規範《きはん》・枠組《わくぐ》み

その時代・社会において支配的な物の見方や考え方の枠組みのこと。
関 パラダイムシフト（パラダイム変換。パラダイムが大きく変わること）

□ ⑱ メタファー　隠喩《いんゆ》・暗喩《あんゆ》

「〜（の）ように」「〜（の）ような」などを使わないでたとえる技法。
関 レトリック（→P.201⑲）／シンボル（→P.202⑩）／アレゴリー

□ ⑲ レトリック　修辞《しゅうじ》（学《がく》）

言葉を効果的に使って適切に表現すること。また、美しく巧みな言葉で飾って表現すること。関 メタファー（→P.201⑱）

□ ⑳ ロゴス　理性《りせい》・言葉《ことば》

ロジック（論理）の語源となるギリシア語。法則、学問、思考能力など、言葉を使って理性的に秩序立てることに関する内容を広く表す。対 パトス（情念・感情。一時的な心理状態）関 エートス（性格。持続的な心の状態。社会の慣習や気風も意味する）

◉古語の読み　（1）祝言　（2）朝　答えは右ページ

評論頻出　カタカナ語 2

□ ❶ アカデミズム　学問《がくもん》至《し》上《じょう》主義《しゅぎ》

学問や芸術において、実用や利益ではなく、純粋に真理を探求しようとする態度。社会との距離を保ち、世論や時流に左右されない。
関 アカデミック（学問的・学究的）／ジャーナリズム（報道機関・報道活動）

□ ❷ アナクロニズム　時代錯誤《じだいさくご》

今の時代に合わない、古い考え方や手法。時代遅れ。「アナクロ」と略されることもある。

□ ❸ イデア　観念《かんねん》

英語のidea（アイディア）に当たるギリシャ語。哲学では、人間が知覚できる現実の世界に対して、頭の中でのみ認識できる、永遠不変で絶対的な本質の世界を意味する。

□ ❹ インスピレーション　直感《ちょっかん》

頭の中で突然思いつく、すばらしい考え。ひらめき、霊感、第六感なども言う。「直観」との意味の違いに注意。
関 直観（イントゥイション。類推などによらないで、物事の本質を瞬間的にとらえること）

□ ❺ インテリジェンス　知性《ちせい》・理知《りち》

物事を理解する力のこと。知能。理解力。ただ単に知っているという「知識」のことではなく、知識や情報を活用する能力のことである。軍事用語としては「情報・諜報」の意味で使われる。

□ ❻ エゴイズム　利己主義《りこしゅぎ》

自分の利益だけを重んじる考え方。自分のことを優先し、それによって生じる他者や社会に対する迷惑を考慮しない。自分本位。自己中心主義。
関 エゴ（自我・自己）／利他主義（自分を犠牲にしても、他者の利益を優先する考え方）

□ ❼ グローバリズム　地球主義《ちきゅうしゅぎ》

世界を一つの共同体とする考え方。インターナショナリズム（国際主義）は、異なる国や地域をつなげるものだが、グローバリズムは、国や地域に関係なく一様にしようとする。
関 グローバリゼーション（グローバル化・地球規模化）／グローバルスタンダード（世界基準）

□ ❽ コンセプト　概念《がいねん》

本来は「概念」（＝ある事柄について、それがどういうものかを大まかにまとめた内容）を意味した。ただし、現在は、発想の基本となる観点や考え方という意味で用いられることが多い。

□ ❾ シミュレーション　仮想実験《かそうじっけん》

実際には実験できない物事について、模型やコンピュータを使い、現実に似せた状況を作り出して実験をすること。模擬実験。「×シュミレーション」は誤記。

□ ❿ シンボル　象徴《しょうちょう》

形のない抽象的な物事を、具体的でわかりやすいもので表すこと。例えば、白いハトは平和のシンボル。関 アレゴリー（寓話。教訓的な内容を伝える例え話。イソップ物語などが有名）／イメージ（①心の中に思い描かれた姿形 ②現実に見たものの印象）

（1）あまた　（2）うつつ

⑪ □ タブー　禁忌《きんき》
信仰や社会の慣習などによって忌まわしいものとされ、禁止されたり避けるべきものと定められたりしていること。

⑫ □ テクノロジー　科学技術《かがくぎじゅつ》
本来単なる「技術」を意味していたが、現在は「科学技術」の意味で用いられている。 関バイオテクノロジー（生命工学）／ナノテクノロジー（ナノ＝十億分の一メートルの精度を扱う科学技術）／ＩＴ（インフォメーション・テクノロジーの略。コンピュータを使った情報処理や通信などの科学技術）

⑬ □ ナショナリズム　民族主義《みんぞくしゅぎ》
国や民族の自主・独立を重んじる考え方。ある民族が独立国家を目指す場合や、既に独立している国家内で、国民の国家帰属意識を強めたりする場合などに用いられる。 関ファシズム（全体主義。個人の自由や利益より、国家全体の利益を大切にする考え方 ⇔ 個人主義）

⑭ □ バーチャル　仮想的《かそうてき》
現実とは別に、仮想されている様子。特にコンピュータ技術による架空の空間などを意味する。擬似的。 対リアル（現実的） 関バーチャル・リアリティ（仮想現実。コンピュータ技術によって現実そっくりに作られた世界）／フィクション（虚構。小説などの作り話）

⑮ □ パラドックス（パラドクス）　逆説《ぎゃくせつ》
①一見常識に反するが実は真実を突いている内容。（たとえば、「豊かになるほど満たされない」など）
②矛盾を含んだ内容。（「クレタ島人が、『クレタ島人は嘘つきだ』と言った」という例が有名。そのクレタ島人が嘘つきなら、「嘘つき」というのは嘘なので、「クレタ島人は正直」ということになって矛盾する。逆の場合も同じ）

⑯ □ ポストモダニズム　脱近代主義《だつきんだいしゅぎ》
「ポスト」は「～の後」の意で、ポストモダニズムは、「モダニズム（近代主義）以降」という意味。二十世紀初頭の合理的・啓蒙的なモダニズムの画一的な考え方を脱却し、多様性や感性を重視しようとする考え方。

⑰ □ マイノリティ　少数派《しょうすうは》
数が少ないこと。人数が少ないと社会的弱者になりやすく、少数民族や障害者、ＬＧＢＴ（性的マイノリティ）などのマイノリティに対する差別や抑圧が問題になっている。 対マジョリティ（多数派）

⑱ □ メタフィジックス（メタフィジック）　形而上学《けいじじょうがく》
「メタ」は「超・高次の」、「フィジックス」は「物理学」。「メタフィジックス」は〝物理的なもの（＝形をもつもの）を超えた（＝上）、精神的なもの〟を研究する学問。本質を考えるための目に見えない思考の世界のこと。 関形而下（形あるもの。物質的な世界）

⑲ □ メディア　媒体《ばいたい》
仲立ちをするもの、という意味。特に、不特定多数の人々へ情報を伝達するテレビや新聞、インターネットなどのマスメディアのことを言う。また、コンピュータ関連では、ハードディスクやＣＤなどの、情報を保存する記憶媒体のことを指す。

⑳ □ モラトリアム　猶予期間《ゆうよきかん》
金銭の支払い猶予が原義。ここから、青年がアイデンティティを確立するまで、責任や義務を猶予されている期間を指す。 関ピーターパン・シンドローム（いつまでも大人社会に適応できない成人男性の心的病理現象）

●古語の読み　(1) 数多　(2) 現　答えは右ページ

□ ❶ イノベーション　技術革新《ぎじゅつかくしん》

これまでとは異なる新しい発展のきっかけとなるような、新しい方法や仕組みを導入すること。現代では特に技術革新を意味する。新機軸。刷新。

□ ❷ エッセンス　本質《ほんしつ》・真髄《しんずい》（神髄）

物事の大もととなる、最も大切な部分のこと。精髄。

□ ❸ コミュニティ　共同体《きょうどうたい》

同じ地域に居住し、ともに暮らしているという意識のもとに社会生活を営んでいる集団。コミュニティ内では、同じ伝統や生活様式を持つ。現代では、伝統的な村落のコミュニティが失われた一方で、インターネット上に仮想のコミュニティが出現している。

□ ❹ コンセンサス　合意《ごうい》

意見の一致。総意。

□ ❺ コントラスト　対照《たいしょう》

全く異なるものを取り合わせること。明と暗、黒と白、直線と曲線など、色や形が正反対で互いを引き立て合う状態を指す。人物の性格などにも用いられる。

関 対称（→シンメトリーP.204❼）／対象（行為が向けられる相手）

□ ❻ サスティナビリティ（サステナビリティ）　持続可能性《じぞくかのうせい》

自然資源などが適正に管理され、将来にわたって持続・発展が可能なこと。近年の地球環境の悪化に伴い、有限な化石燃料や森林資源、水資源を将来に残しながら、人間が現状維持の生活をしていくための科学技術の開発や研究の重要性が議論されている。

□ ❼ シンメトリー　対称《たいしょう》

左右や上下の形が釣り合っていて、バランスが取れていること。

関 アシンメトリー（非対称）／対照（→コントラストP.204❺）／対象

□ ❽ ストラテジー　戦略《せんりゃく》

ある目的のためにあらゆる手段や方法を総合的に用いて立てる入念な作戦計画。方策。元は軍事用語だったが、産業や経済の分野でも用いられるようになった。

□ ❾ ターニングポイント　転機《てんき》・分岐点《ぶんきてん》

物事が大きく変化する変わり目のこと。「歴史の―」「人生の―」などのように用いられる。

□ ❿ ダイナミズム　迫力《はくりょく》・力強《ちからづよ》さ

そのものが内に秘め持っている強いエネルギーのこと。例えば、「時代の―」などのように使われる。

関 ダイナミック（動的）／スタティック（静的）

（1）けしき　（2）ひねもす

□ ⓫ ドラスティック　激動的《げきどうてき》・過激《かげき》

社会の変化や、政治的な活動が徹底的で過激な様子。例えば、「―な変化」「―な手段」などのように用いられる。

関ドラマティック（芝居的・劇的。芝居を見ているように、印象的で感動的な様子）

□ ⓬ ナンセンス　無《む》意《い》味《み》

〝意味〟を表す「センス」に、否定の接頭辞「ナン（ノン）」がついた形。意味がなく、ばかばかしいことを表す。ノンセンスとも言う。

□ ⓭ バイアス　偏見《へんけん》

考え方や意見に偏りを生じさせるもの。先入観。「偏見」「先入観」は、「―がある」「―を持つ」などの形で用いられるが、「バイアス」は、「―がかかる」「―をかける」などの形で用いる。

□ ⓮ プラグマティズム　実用主義《じつようしゅぎ》

ある知識や観念が真であるかどうかは、実際に役立つかどうかによって決まるという、反形而上学的な考え方。思考や観念より、行動を重視する。

関功利主義（功利＝幸福と利益を第一に考え、生活の基準とする考え方）

□ ⓯ ペシミズム　悲観主義《ひかんしゅぎ》

①物事を悪い方へ、悪い方へと考える考え方。②人生は生きる価値がないとする考え方。
対オプティミズム（楽観主義）／ニヒリズム（→P.201⓰）

□ ⓰ マクロ　巨視的《きょしてき》

視野を大きくし、部分に囚われずに全体を総合的に捉えようとする様子。

対ミクロ（微視的。物事の非常に細かい部分を捉える）　関マクロコスモス（大宇宙。一般に言われている宇宙のこと）／ミクロコスモス（小宇宙。大宇宙に対し、人間の複雑な身体を宇宙に見立てた表現）

□ ⓱ メカニズム　構造《こうぞう》・仕組《しく》み

元々機械の装置や仕掛けを意味する。ここから、物事の仕組みや構造を表すようになった。例えば、「思考の―」「現代政治の―」などのように用いられる。

□ ⓲ リアリズム　現実主義《げんじつしゅぎ》

①理想よりも現実を重視し、実際的な問題解決を大切にする考え方。対アイディアリズム（理想主義）　②芸術の分野では「写実主義（現実をありのままに再現しようとする考え方）」の意味で用いられる。関シュールレアリスム（超現実主義。写実を離れて主観を自由に表現する）

□ ⓳ リテラシー　運用能力《うんようのうりょく》

読み書き能力（言語の運用能力）が原義。ここから、特定分野の知識やそれを活用する技能を意味するようになった。関情報リテラシー（情報を適切に扱う能力）／メディア・リテラシー（マスメディアからの情報を正しく評価し、活用する能力）

□ ⓴ リベラル　自由主義的《じゆうしゅぎてき》

個人の自由を重んじ、社会的な風習などにとらわれない様子。ここから、政治的には穏やかに改革を行おうとする考え方を指す。

●古語の読み　(1) 気色　(2) 終日　答えは右ページ

コラム2

文学史に出てくる作品等の難読語

文学史に出てくる古典文学の作品や近現代文学の作品などの難読語を読んでみよう。

◆上代

祝詞・宣命（のりと）・（せんみょう）
懐風藻（かいふうそう）

◆中古

凌雲集（りょううんしゅう）
日本霊異記（にほんりょういき）
蜻蛉日記（かげろうにっき）
落窪物語（おちくぼものがたり）
御堂関白記（みどうかんぱくき）
新撰髄脳（しんせんずいのう）
更級日記（さらしなにっき）
狭衣物語（さごろもものがたり）
成尋阿闍梨母集（じょうじんあじゃりのははしゅう）
讃岐典侍日記（さぬきのすけにっき）
梁塵秘抄（りょうじんひしょう）
山家集（さんかしゅう）

◆中世

松浦宮物語（まつらのみやものがたり）
金槐和歌集（きんかいわかしゅう）
建礼門院右京大夫集（けんれいもんいんうきょうのだいぶしゅう）
十訓抄（じっきんしょう）
歎異抄（たんにしょう）
菟玖波集（つくばしゅう）
御伽草子（おとぎぞうし）
花鏡（かきょう）
申楽談儀（さるがくだんぎ）
新撰犬筑波集（しんせんいぬつくばしゅう）
伊曾保物語（いそほものがたり）

◆近世

醒睡笑（せいすいしょう）
世間胸算用（せけんむねさんよう）
曠野（あらの）
三冊子（さんぞうし）
猿蓑（さるみの）
俳風柳多留（はいふうやなぎだる）
石上私淑言（いそのかみささめごと）
新花摘（しんはなつみ）
鶉衣（うずらごろも）
玉勝間（たまかつま）
椿説弓張月（ちんせつゆみはりづき）
南総里見八犬伝（なんそうさとみはっけんでん）
群書類従（ぐんしょるいじゅう）
偐紫田舎源氏（にせむらさきいなかげんじ）
春色梅児誉美（しゅんしょくうめごよみ）

◆近現代　〈　〉は作者

安愚楽鍋〈仮名垣魯文〉（あぐらなべ）
当世書生気質〈坪内逍遙〉（とうせいしょせいかたぎ）
小説神髄〈坪内逍遙〉（しょうせつしんずい）
蝴蝶〈山田美妙〉（こちょう）
於母影〈森鷗外ら〉（おもかげ）
対髑髏〈幸田露伴〉（たいどくろ）
金色夜叉〈尾崎紅葉〉（こんじきやしゃ）
不如帰〈徳冨蘆花〉（ほととぎす）
高野聖〈泉鏡花〉（こうやひじり）
破戒〈島崎藤村〉（はかい）
蒲団〈田山花袋〉（ふとん）
何処へ〈正宗白鳥〉（どこへ）
虞美人草〈夏目漱石〉（ぐびじんそう）
妄想〈森鷗外〉（もうぞう）
赤光〈斎藤茂吉〉（しゃっこう）
爛〈徳田秋声〉（ただれ）
芋粥〈芥川龍之介〉（いもがゆ）
檸檬〈梶井基次郎〉（れもん）
陰翳礼讃〈谷崎潤一郎〉（いんえいらいさん）
蒼氓〈石川達三〉（そうぼう）
濹東綺譚〈永井荷風〉（ぼくとうきたん）
俘虜記〈大岡昇平〉（ふりょき）
死霊〈埴谷雄高〉（しれい）

3 章

入試問題

共通テスト対策、国公立大二次・私立大入試ともに、実戦演習として利用して下さい。また、解答の欄には、正解だけでなく語句の意味などの補足的な情報も記しました。

共通テスト対策の演習は各回10問で構成されており、問題と選択肢を合わせて7回で420語を学習します。過去40年間の本試験・追試験で出題されたものばかりなので、すべて書けるようにして下さい。なお、1章と2章で扱わなかった漢字・語句についてもできるだけ多く学習できるよう、問題の多くは各年度の問題を組み換えて作成しました。また、問題文や選択肢の文は、共通テストの形式に近い形に追加・変更してあります。

国公立大二次・私立大入試の演習は、国公立大二次試験と私立大学で過去に出題された問題の中から選びました（一部改題あり）。6回で143題を演習します。なお、1章と2章で扱わなかった漢字・語句を積極的に選びました。また、一部の大学ではかなり難度の高い問題が出題されることがありますが、そのような問題も意図的に選んであります。

共通テスト対策 1

傍線部と同じ漢字を用いるものを、それぞれ一つ選びなさい。

(1) 肉の**カタマリ**を食べる。
① **ダンカイ**の世代
② **カイモク**見当がつかない
③ 疑問が**ヒョウカイ**する
④ **キカイ**な現象
⑤ **カイコ**趣味にひたる

(2) 家を解体して**サラチ**にする。
① 会社の**コウセイ**施設
② **コウキュウ**的な対策
③ **キョウコウ**に主張する
④ 大臣を**コウテツ**する
⑤ **セイコウウドク**の生活

(3) 勝利のために最善を**ツ**くす。
① **ジンソク**に対応する
② **テキジン**に攻め入る
③ **ジンジョウ**な方法では解決しない
④ 損害は**ジンダイ**だ
⑤ 地域の発展に**ジンリョク**する

(4) タンパク質を**セッシュ**する。
① 試合に勝って**セツジョク**を果たす
② **クッセツ**した思いをいだく
③ 自然の**セツリ**に従う
④ **セツレツ**な文章
⑤ 訪問者に**オウセツ**する

(5) 踊りの**ミンゾク**的な意義を調べる。
① 楽団に**ショゾク**する
② **カイゾク**版を根絶する
③ 公序**リョウゾク**に反する
④ 事業を**ケイゾク**する
⑤ **シンゾク**として出席する

---

(1) ①　塊
①団塊　②皆目　③氷解　④奇怪
⑤懐古　➡「団塊」は「かたまり」、「懐古」は「昔のことをなつかしく思うこと」

(2) ④　更地
①厚生　②恒久　③強硬　④更迭
⑤晴耕雨読　➡「更迭」は「その職にある人を変えること」

(3) ⑤　尽くす
①迅速　②敵陣　③尋常　④甚大
⑤尽力　➡「尋常」は「ふつう」、「尽力」は「力をつくすこと」

(4) ③　摂取
①雪辱　②屈折　③摂理　④拙劣
⑤応接　➡「雪辱」は「恥をそそぐこと」、「摂理」は「万物を支配する法則」

(5) ③　民俗
①所属　②海賊　③良俗　④継続
⑤親族

(1) まろうど（まろうと）　(2) ことわり

(6) 書物を**エツラン**する。
① 橋の**ランカン**にもたれる
② **シュツラン**の誉れ
③ **ランセ**の英雄
④ **イチラン**に供する
⑤ 事態は**ルイラン**の危うきにある

(7) 孤軍**フントウ**する。
① 岩石を**フンサイ**する
② 試合前は**コウフン**して眠れない
③ **フンソウ**を解決する
④ 火山が**フンカ**する
⑤ 不正行為に**フンガイ**する

(8) 迷惑を**コウム**る。
① **ヒヤク**的に発展する
② **モクヒ**権を行使する
③ 裁判の**ヒコク**になる
④ **ヒロウ**回復に効果的な食べ物
⑤ **ヒルイ**のない才能を持つ

(9) 社会の病理を**イ**やす方法。
① 物資を**クウユ**する
② **ヒユ**を頻用する
③ **ユエツ**の心地を味わう
④ **ユチャク**を断ち切る
⑤ **キョウユ**として着任する

(10) 用心するよう注意を**ウナガ**す。
① 体育で**ソクテン**を練習する
② **ショウソク**を尋ねる
③ **スイソク**の域を出ない
④ 原稿を**サイソク**される
⑤ 対応が**セッソク**に過ぎる

---

(6) ④ 閲覧
①欄干 ②出藍 ③乱世 ④一覧
⑤累卵 ➡「出藍の誉れ」は→P.192❹、「乱世」は「らんせい」が本来の読み、「累卵」は「危険な状態のたとえ」

(7) ② 奮闘
①粉砕 ②興奮 ③紛争 ④噴火
⑤憤慨 ➡「粉砕」は「こなごなにくだくこと」、「憤慨」は「不正に対して怒ること」

(8) ③ 被る
①飛躍 ②黙秘 ③被告 ④疲労
⑤比類 ➡「被告」は「裁判に訴えられた人」、「比類」は「くらべるもの」

(9) ④ 癒やす
①空輸 ②比喩 ③愉悦 ④癒着
⑤教諭

(10) ④ 促す
①側転 ②消息 ③推測 ④催促
⑤拙速 ➡「拙速」は「出来上がりは悪いが、仕上がりが早いこと」

◉古語の読み (1) 客人 (2) 理 答えは右ページ

共通テスト対策 2

傍線部と同じ漢字を用いるものを、それぞれ一つ選びなさい。

□ (1) **イリョウ**に関わる仕事に就く。
① **イットウリョウダン**にする　② **サイリョウ**に任せる　③ **アラリョウジ**をする　④ **シュリョウ**を禁止する　⑤ 観客を**ミリョウ**する

□ (2) 本来の力を**ハッキ**する。
① 控訴を**キキャク**する　② ガソリンが**キハツ**する　③ **キバツ**な考え方　④ **キチョウ**な文化遺産　⑤ **キセイ**の価値観

□ (3) 財源の**コカツ**は致命的だ。
① **エンカツ**に会議を運営する　② 平和を**カツボウ**する　③ 経済に**カツリョク**を与える　④ 彼は割り込み客を**イッカツ**した　⑤ 環境問題の討論を**ソウカツ**する

□ (4) 父は**キンベン**な学生だったらしい。
① 学校で**カイキン**賞をもらう　② 精神を**キンチョウ**させる　③ アユ釣りが**カイキン**される　④ 著書を**キンテイ**する　⑤ **キンコツ**たくましい運動選手

□ (5) 芸術家は社会的に**コウグウ**されるようになると、
① 犯罪者を**コウリュウ**する　② 病気が**ショウコウ**をたもつ　③ **オンコウ**な人柄を慕う　④ **コウキシュクセイ**を徹底する　⑤ **コウレイ**のもちつき大会を開く

---

(1) ③ 医療
①一刀両断 ②裁量 ③荒療治 ④狩猟 ⑤魅了 ➡「荒療治」は「問題解決のための思い切った方策」

(2) ② 発揮
①棄却 ②揮発 ③奇抜 ④貴重 ⑤既成 ➡「棄却」は「訴えを退けること」、「揮発」は「液体が気体になって飛び散ること」

(3) ② 枯渇
①円滑 ②渇望 ③活力 ④一喝 ⑤総括 ➡「一喝」は「大声でしかりつけること」

(4) ① 勤勉
①皆勤 ②緊張 ③解禁 ④謹呈 ⑤筋骨 ➡「謹呈」は「つつしんで物を差し上げること」

(5) ③ 厚遇➡手あつくもてなすこと
①拘留 ②小康 ③温厚 ④綱紀粛正 ⑤恒例 ➡「小康」は「病状がややよい状態で落ち着くこと」、「綱紀粛正」は「政治や政治家・役人の態度を正すこと」

(1) いざよい　(2) やなぐい

□ (6) **ショウジュン**を合わせる。
①他人を**チュウショウ**する　②彼女とは**アイショウ**がよい
③帳簿の**ショウゴウ**を行う　④「月」は**ショウケイ**文字である
⑤ただの紙切れを**ゴショウ**大事にする

□ (7) 彼が出演している映画は**タイガイ**見た。
①故郷を思い**カンガイ**にふける　②制度が**ケイガイ**と化す
③不正を行った者を**ダンガイ**する　④**ガイハク**な知識を持つ
⑤会議の**ガイヨウ**をまとめる

□ (8) その国では、私の**カタコト**の英語でも通じた。
①雑誌の**ヘンシュウ**をする　②事態が**ゲキヘン**する
③彼は**ヘンケン**に満ちている　④ガラスの**ハヘン**を掃除する
⑤**シュウヘン**の聞き取り調査をする

□ (9) 罪の**サバ**きを受ける。
①少数意見を**サイヨウ**する　②**ボンサイ**の松の手入れをする
③**シキサイ**感覚をみがく　④新聞小説を**レンサイ**する
⑤文章の**テイサイ**を整える

□ (10) **ソッキョウ**演奏するのを聴いていて、
①**ムネ**を熱くする　②国と国との**サカイ**
③技を**キソ**う　④しおりを**ハサ**む
⑤新たに**オコ**る国

---

(6) ③ 照準➡目標を決めること
①中傷　②相性　③照合　④象形
⑤後生　➡「中傷」は「根拠のない悪口で他人の名誉を損なうこと」、「後生大事」は「とても大切にすること」

(7) ⑤ 大概
①感慨　②形骸　③弾劾　④該博
⑤概要　➡「形骸」は「体、骨組み」、「該博」は「なんでも知っている様子」

(8) ④ 片言
①編集　②激変　③偏見　④破片
⑤周辺

(9) ⑤ 裁き
①採用　②盆栽　③色彩　④連載
⑤体裁　➡「体裁」は「外から見た様子や形式」

(10) ⑤ 即興
①胸　②境　③競う　④挟む
⑤興る　➡「興る」は「新しく生じて勢いが盛んになる」

◉古語の読み　(1) 十六夜　(2) 胡籙　答えは右ページ

傍線部と同じ漢字を用いるものを、それぞれ一つ選びなさい。

(1) 目の**サッカク**を利用しただまし絵。
① 書物に**サクイン**をつける　② 予算を**サクゲン**する
③ 時代**サクゴ**の考えを持つ　④ **サクボウ**をめぐらす
⑤ **サクイ**の跡が見える

(2) 音読から黙読への変化の**ハイケイ**を探る。
① 三回戦で**ハイタイ**する　② **ハイシン**行為の責任をとる
③ 少数意見を**ハイセキ**しない　④ 先生の講演を**ハイチョウ**する
⑤ 優勝して**シュクハイ**をあげる

(3) **クウソ**な議論に時間を費やす。
① **ソエン**な間柄になる　② 緊急の**ソチ**をとる
③ 美術館で**ソゾウ**を見る　④ **ソゼイ**制度を見直す
⑤ 被害の拡大を**ソシ**する

(4) 優れた**サイカク**を発揮する。
① **ガイカク**団体に出向する　② **カクシキ**を重んじる
③ 若くして**トウカク**を現す　④ **ミカク**が発達している
⑤ 選挙制度の**カイカク**に着手する

(5) テーブルに花を**カザ**る。
① 市場調査を**イショク**する　② **キョショク**のない表現
③ 微生物が**ゾウショク**する　④ 同級生と**カイショク**をする
⑤ **ショクセキ**を果たす

---

(1) ③ 錯覚
① 索引　② 削減　③ 錯誤　④ 策謀
⑤ 作為　➡「作為」は「ことさら手を加えて直すこと」

(2) ② 背景
① 敗退　② 背信　③ 排斥　④ 拝聴
⑤ 祝杯　➡「背信」は「信頼を裏切ること」、「拝聴」は「つつしんで聞くこと」

(3) ① 空疎
① 疎遠　② 措置　③ 塑像　④ 租税
⑤ 阻止　➡「措置」は「必要な手続きをとること」、「塑像」は「粘土や石こうで作った像」

(4) ④ 才覚➡すばやい頭の働き
① 外郭(外廓)　② 格式　③ 頭角
④ 味覚　⑤ 改革　➡「外郭団体」は「その官庁とは別組織だが、相互に関係を持ちながら事業をしている団体」

(5) ② 飾る
① 委嘱　② 虚飾　③ 増殖　④ 会食
⑤ 職責　➡「委嘱」は「外部の人に仕事を頼むこと」、「虚飾」は「表面だけのかざり」

(1) もちづき　(2) ゆするつき

☐ (6) 機能を果たすだけといってもカゴンではない。
①カレイな技を披露する　②将来にカコンを残す
③カモクな人が珍しく発言した　④カブンな賛辞に恐縮する
⑤筋肉に少しずつフカをかける

☐ (7) 新記録にイドむ。
①高原のセイチョウな空気　②不吉なことが起きるゼンチョウ
③世のフウチョウを憂える　④チョウバツを加える
⑤対戦相手をチョウハツする

☐ (8) 若くしてショタイを持つ。
①アクタイをつく　②新たな勢力のタイトウ
③タイマンなプレー　④家庭のアンタイを願う
⑤秘書をタイドウする

☐ (9) そうした意識をもフまえながら、
①トウトツな質問に手こずる　②シュウトウに計画をねる
③トウテツした論理を示す　④会員の意見をトウカツする
⑤先例をトウシュウする

☐ (10) 社会からのソガイ感を味わう。
①上司からウトまれる　②苦痛をウッタえる
③徒党をクんで戦う　④敵の前進をハバむ
⑤国のイシズエを築く

---

(6) ④ 過言
①華麗　②禍根　③寡黙　④過分
⑤負荷　➡「禍根」は「わざわいの起こるもと」、「寡黙」は「口数の少ないこと」

(7) ⑤ 挑む
①清澄　②前兆　③風潮　④懲罰
⑤挑発　➡「清澄」は「すみきった様子」

(8) ⑤ 所帯
①悪態　②台頭　③怠慢　④安泰
⑤帯同

(9) ⑤ 踏まえ
①唐突　②周到　③透徹　④統括
⑤踏襲

(10) ① 疎外
①疎まれる　②訴える　③組んで
④阻む　⑤礎

◉古語の読み　(1) 望月　(2) 泔坏　答えは右ページ

共通テスト対策 4

傍線部と同じ漢字を用いるものを、それぞれ一つ選びなさい。

☐ (1) 地震で土地が**カンボツ**する。
① **カンマン**な動きをする　② **ゲンカン**の土地で暮らす
③ 単純な要素に**カンゲン**する　④ 要塞が**カンラク**する
⑤ 古い美術品の**カンテイ**をする

☐ (2) ようやく長年の**ケンアン**が解決された。
① 病原菌を**ケンシュツ**する　② 鉄棒で**ケンスイ**する
③ 昼夜**ケンコウ**で働く　④ **ケンアク**な雰囲気だ
⑤ 交通事故の発生**ケンスウ**を調べる

☐ (3) 主張を**タンテキ**に述べる。
① **コタン**の境地を描いた小説　② **ダイタン**な意見の表明
③ **タンセイ**して育てた盆栽　④ 真相のあくなき**タンキュウ**
⑤ 一連の事件の**ホッタン**

☐ (4) 恒久平和を**キネン**する。
① 必勝を**キガン**する　② 投票を**キケン**する
③ 運動会の**キバ**戦　④ **ヤッキ**になって主張する
⑤ **キ**を一《いっ》にする

☐ (5) 彼の**キョシュウ**が注目される。
① **キョマン**の富を手にする　② **キョギ**の証言
③ ゴミを**テッキョ**する　④ **キョダク**を得る
⑤ 後任の監督として**スイキョ**される

---

(1) ④ 陥没
①緩慢 ②厳寒 ③還元 ④陥落
⑤鑑定 ➡「鑑定」は「科学的な分析や専門的な知識によって判断・評価すること」

(2) ② 懸案➡かねてから問題になっていて、まだ解決していない事柄
①検出 ②懸垂 ③兼行 ④険悪
⑤件数 ➡「昼夜兼行」は「昼も夜も休まず仕事を急ぐこと」

(3) ⑤ 端的
①枯淡 ②大胆 ③丹精 ④探究
⑤発端 ➡「枯淡」は「たんたんとした中に深みがある様子」

(4) ① 祈念
①祈願 ②棄権 ③騎馬 ④躍起
⑤軌 ➡「祈念、祈願」は「願いごとがかなうように、心の中で神仏にいのること」

(5) ③ 去就➡事に際してとる態度
①巨万 ②虚偽 ③撤去 ④許諾
⑤推挙 ➡「推挙」は「人を、地位・仕事などにふさわしいとして推薦すること」

(1) りょうとうげきしゅ（りょうとうげきす）　(2) わりご

☐(6) 周囲には広大な空間**リョウイキ**が拡《ひろ》がっている。
① 新製品の**リョウサン**態勢に入る　② **ガクセイリョウ**に入る
③ **キュウリョウ**地帯を行く　④ 彼は**リョウシキ**の持ち主だ
⑤ 仕事の**ヨウリョウ**を教わる

☐(7) それを**ニンイ**に切り分けることは許されない。
① あの地方は**ニンジョウ**に厚い　② 何事にも**ニンタイ**は必要だ
③ 彼は社長を**カイニン**された　④ 知事の**ニンカ**が必要だ
⑤ 正しい**ヒニン**の知識を学ぶ

☐(8) その言葉は、いっきょに身体性を**オ**びてくる。
① **タイヨウ**年数を超える　② **タイダ**な性格
③ 教室で**タイキ**する　④ **ネッタイ**の植物
⑤ 道路が**ジュウタイ**する

☐(9) それもまた**アヤマ**りと言わざるを得ない。
① **ソウゴ**に助け合う　② 事実を**ゴニン**する
③ 人権を**ヨウゴ**する　④ **イゴ**を楽しむ
⑤ **カクゴ**を決める

☐(10) 彼の**スイロン**にはかなり無理があった。
① 会長に**オ**す　② ほらを**フ**く
③ 雨**ダ**れ　④ 力が**オトロ**える
⑤ 志を**ト**げる

---

(6) ⑤ 領域
① 量産　② 学生寮　③ 丘陵　④ 良識
⑤ 要領
⬇「良識」は「すぐれた見識」

(7) ③ 任意
① 人情　② 忍耐　③ 解任　④ 認可
⑤ 避妊

(8) ④ 帯びて
① 耐用　② 怠惰　③ 待機　④ 熱帯
⑤ 渋滞

(9) ② 誤り
① 相互　② 誤認　③ 擁護　④ 囲碁
⑤ 覚悟

(10) ① 推論
① 推す　② 吹く　③ 垂れ　④ 衰える
⑤ 遂げる

◉古語の読み　(1) 竜頭鷁首　(2) 破子（破籠）　答えは右ページ

共通テスト対策 5

傍線部と同じ漢字を用いるものを、それぞれ一つ選びなさい。

☐ (1) 時空間は基本的にすべて**キンシツ**である。
① 火気は**ゲンキン**である　② **キンセイ**のとれた姿
③ **キョウキン**を開いて話し合う　④ 自宅で**キンシン**する
⑤ 二つの国は**キンミツ**な関係にある

☐ (2) 表面的な態度を取り**ツクロ**う。
① 収益の**ゼンゾウ**を期待する　② 事件の**ゼンヨウ**を解明する
③ 建物の**エイゼン**係を任命する　④ 学生**ゼン**としたよそおい
⑤ **ゼン**問答のようなやりとり

☐ (3) **ハイキ**ガスが空気を汚す。
① **ハイブツ**を利用する　② 色の**ハイゴウ**が素晴らしい
③ 土砂を**ハイジョ**する　④ **ハイスイ**の陣を敷く
⑤ 映画**ハイユウ**にあこがれる

☐ (4) **カクチョウ**高い文章を読む。
① 日本一の**ギョカク**量を誇る　② **チカク**変動を調査する
③ 彼には**ヒンカク**がある　④ イベントを**キカク**する
⑤ **エンカク**地に赴任する

☐ (5) 工場長である**ソウネン**の管理職は、次のように言った。
① 行方不明者を**ソウサク**する　② 稽古で**キョウソウ**な身体をつくる
③ **テンカムソウ**の怪力　④ 失恋して意気**ソソウ**する
⑤ 面接での**フクソウ**に気をつかう

---

(1) ②　均質
① 厳禁　② 均整（均斉）　③ 胸襟　④ 謹慎　⑤ 緊密　➡「謹慎」は「言動を反省し、行いをつつしむこと」

(2) ③　繕う
① 漸増　② 全容　③ 営繕　④ 然　⑤ 禅

(3) ③　排気
① 廃物　② 配合　③ 排除　④ 背水　⑤ 俳優

(4) ③　格調➡芸術作品の気品や調子
① 漁獲　② 地殻　③ 品格　④ 企画　⑤ 遠隔

(5) ②　壮年➡働き盛りの年頃
① 捜索　② 強壮　③ 天下無双　④ 阻喪（沮喪）　⑤ 服装　➡「天下無双」は「世の中に並ぶものがないほどすぐれていること」、「意気阻（沮）喪」は「意気込みがくじけること」

（1）かげゆし　（2）かげろう

(6) **ハチク**の勢い。
① **ゾウチク**したばかりの家
② 原文からの**チクゴヤク**
③ **チクバ**の友との再会
④ **チョチク**を奨励する
⑤ **チクサン**業に従事する

(7) 相手の言葉と自分の言葉の距離で、**ヒガ**の距離をはかる。
① 委員長を**ヒメン**する
② **ヒブン**を刻む
③ 国家が**ヒヘイ**する
④ お**ヒガン**に墓参りに行く
⑤ 自分の**ヒショウ**さを知って落ち込む

(8) 人間は生の**イトナ**みにおいて、
① 自然の中で**エイキ**を養う
② 宇宙**ユウエイ**を試みる
③ **エイセイ**状態を改善する
④ 大寺院を**ゾウエイ**する
⑤ 隣国との**キョウエイ**をはかる

(9) 言い**カ**えれば、書くとは紙の上に痕跡を残すことである。
① **カンベン**な方法を用いる
② 政策を**ヘンカン**する
③ 授業を**サンカン**する
④ 部屋が**カンソウ**する
⑤ **イッカン**した態度を保つ

(10) **カンタン**に値するふるまいを見せる。
① 責任を**ニナ**う
② **アワ**い恋心
③ 青春は**ミジカ**い
④ 体を**キタ**える
⑤ **ナゲ**かわしい風潮

---

(6) ③ 破竹
①増築 ②逐語訳 ③竹馬 ④貯蓄
⑤畜産 ⬇「竹馬の友」は「幼なじみ」

(7) ④ 彼我⬇他人と自分
①罷免 ②碑文 ③疲弊 ④彼岸
⑤卑小 ⬇「罷免」は「その意志に反して公職をやめさせること」

(8) ④ 営み
①英気 ②遊泳 ③衛生 ④造営
⑤共栄 ⬇「英気」は「何かをしようとする気力」

(9) ② 換えれ
①簡便 ②変換 ③参観 ④乾燥
⑤一貫

(10) ⑤ 感嘆
①担う ②淡い ③短い ④鍛える
⑤嘆かわしい

●古語の読み （1）勘解由使 （2）蜻蛉（蜉蝣） 答えは右ページ

共通テスト対策 6

傍線部と同じ漢字を用いるものを、それぞれ一つ選びなさい。

☐ (1) 興奮してけんか**クチョウ**になる。
① **クゲン**を呈する　② **クテン**をつけ忘れる
③ お金を**クメン**する　④ 害虫の**クジョ**
⑤ **イクドウオン**に答える

☐ (2) 弟子へと技術を**ケイショウ**する。
① **ショウコウ**口を探す　② 結婚式に**ショウタイ**される
③ 親の**ショウダク**を得る　④ 会社の**ショウガイ**を担当する
⑤ それは**タイショウ**療法にすぎない

☐ (3) その山里は**カンサン**としていた。
① **カカン**に立ち向かう　② 同人雑誌を**カンコウ**する
③ 注意を**カンキ**する　④ **カンセイ**な住宅街に住む
⑤ **カンダイ**な処置を期待する

☐ (4) 海の中から取り出された**ゾウカ**の妙に、
① 練習の**セイカ**が現れる　② 自然**ハッカ**の恐れがある
③ **ゴウカ**な食事を満喫した　④ 環境の**ビカ**につとめる
⑤ 桜の**カイカ**を心待ちにする

☐ (5) 逆境を**コクフク**する。
① 投票日を**コクジ**する　② 図を**コクメイ**に描く
③ 約束の**コクゲン**が迫る　④ 筆跡が**コクジ**している
⑤ **シンザンユウコク**に分け入る

---

(1) ⑤　口調
①苦言　②句点　③工面　④駆除
⑤異口同音　➡「工面」は「あれこれくふうして用意すること」

(2) ③　継承
①昇降　②招待　③承諾　④渉外
⑤対症　➡「渉外」は「外部との連絡や交渉をすること」、「対症療法」は「その場だけを取り繕う処置の仕方」

(3) ④　閑散➡人が少なくひっそりとしているさま
①果敢　②刊行　③喚起　④閑静
⑤寛大　➡「寛大」は「心が広く、思いやりのあるさま」

(4) ④　造化➡神のつくった天地自然
①成果　②発火　③豪華　④美化
⑤開花　➡「造化の妙」は「自然の素晴らしさ」

(5) ②　克服
①告示　②克明　③刻限　④酷似
⑤深山幽谷　➡「深山幽谷」は「人里遠く離れた、奥深い山や谷」

(1) かずき（かつぎ）　(2) こうしんづか

□ (6) 彼は村々に行き、**フキョウ**活動をおこなった。
① 相互**フジョ**の原理　② 免許証を**コウフ**する
③ **フセキ**をうつ　④ **フソク**の事態に備える
⑤ 組織の**フハイ**が進む

□ (7) 障子一枚はさんで、私はその世界に**リンジョウ**していた。
① **ジンリン**にもとる　② 高層ビルが**リンリツ**する
③ **キンリン**の国々　④ **タイリン**の花を咲かせる
⑤ **リンキオウヘン**に対処する

□ (8) 筋道のたつ論理の**ツ**めが可能である。
① 問題が**サンセキ**する　② 論争が**ケッチャク**する
③ 念願が**ジョウジュ**する　④ 容疑者を**キツモン**する
⑤ 汚職を**テキハツ**する

□ (9) 生物多様性を守ることの意義は**ハカ**りしれない。
① ビルの**ソクヘキ**を補強する　② **ヘンソク**的な動詞の活用
③ **イッショクソクハツ**の状態　④ **オクソク**にもとづく報道
⑤ **ニソクサンモン**の価値もない

□ (10) その問題に対して重大な**シサ**が与えられる。
① 模型を**ツク**る　② 犬を**クサリ**につなぐ
③ 雲間から日が**サ**す　④ **ヒダリ**の道を行く
⑤ 人を**ソソノカ**す

---

(6) ③ 布教 ➡宗教を広めること
①扶助 ②交付 ③布石 ④不測 ⑤腐敗 ➡「布石をうつ」は「将来に備えて準備する」、「不測」は「思いがけないこと」

(7) ⑤ 臨場
①人倫 ②林立 ③近隣 ④大輪 ⑤臨機応変 ➡「人倫」は「人として守るべき道徳」

(8) ④ 詰め
①山積 ②決着 ③成就 ④詰問 ⑤摘発

(9) ④ 測り
①側壁 ②変則 ③一触即発 ④憶測(臆測) ⑤二束三文(二足三文)

(10) ⑤ 示唆
①作る ②鎖 ③差す(射す) ④左 ⑤唆す

●古語の読み　(1) 被衣　(2) 庚申塚　答えは右ページ

共通テスト対策 7

傍線部と同じ漢字を用いるものを、それぞれ一つ選びなさい。

(1) **ケンビ**鏡で細胞を観察する。
① **ケンジツ**に生きる
② 入国の際に**ケンエキ**を受ける
③ 世界平和に**コウケン**する
④ 努力のあとが**ケンチョ**である
⑤ 周囲の期待を**ソウケン**に担う

(2) 自・他は**ゴカン**的・相互依存的にしか決まらない。
① 部屋の**カンキ**に心がける
② 宇宙から無事に**セイカン**する
③ **カンユウ**をきっぱり断る
④ 陸上競技場の**カンラン**席
⑤ **ショシカンテツ**する

(3) 自分で納得できていないことを**キョウベン**すればするほど、
① **キキョウ**な行動をとる
② おみくじで**キッキョウ**を占う
③ 大接戦に**ネッキョウ**する
④ **クッキョウ**な若者に育つ
⑤ 祖父は**キョウネン**八十でした

(4) **カクシン**的な技術を開発した。
① 陰で**カクサク**する
② **ヘンカク**期の国情
③ 問題の**カクシン**をつく
④ **カクトク**目標を設定する
⑤ 敵を**イカク**して攻撃する

(5) 選挙の**ジバン**を固める。
① **ラシンバン**で方角を知る
② **サイバン**で無罪になる
③ 合唱の**バンソウ**をする
④ **ヤバン**な行為と批難する
⑤ **ゲンテイバン**の写真集を買う

---

(1) ④ 顕微
① 堅実 ② 検疫 ③ 貢献 ④ 顕著
⑤ 双肩 ➡「双肩に担う」は「責任・義務を引き受ける」

(2) ① 互換
① 換気 ② 生還 ③ 勧誘 ④ 観覧
⑤ 初志貫徹 ➡「観覧」は「見ること」、「初志」は「初めから持っていた意志や考え」

(3) ④ 強弁
① 奇矯 ② 吉凶 ③ 熱狂 ④ 屈強
⑤ 享年 ➡「奇矯」は「言動がひどく変わっているさま」、「享年」は「死んだときの年齢」

(4) ② 革新
① 画策 ② 変革 ③ 核心 ④ 獲得
⑤ 威嚇

(5) ① 地盤
① 羅針盤 ② 裁判 ③ 伴奏 ④ 野蛮
⑤ 限定版 ➡「羅針盤」は「磁石を用いて方角を知る機器」

(1) ごま　(2) しげいさ（しげいしゃ）

☐ (6) これまでの**ケイヤク**を見直す。
①豊かな自然の**オンケイ**を受ける
②経済の動向に**ケイショウ**を鳴らす
③リサイクル活動を**ケイハツ**する
④進学を**ケイキ**に一人暮らしをする
⑤**ケイコウ**となるも牛後となるなかれ

☐ (7) 努力は**ムダ**にはならない。
①**ダケツ**案を提示する
②**ダラク**した空気
③川の流れが**ダコウ**する
④**ダミン**をむさぼる
⑤作品が**ダサク**と評される

☐ (8) 椅子に**シバ**り付けられているのは、
①**クウバク**たる議論
②**バクシュウ**の頃
③首謀者を**ホバク**する
④**バクシン**地に立つ
⑤機密を**バクロ**する

☐ (9) 象徴的なものに席を**ユズ**るようになり、
①**ジョウチョウ**な表現
②水分が**ジョウハツ**する
③厳重に**セジョウ**する
④酒を**ジョウゾウ**する
⑤**ケンジョウ**の美徳を学ぶ

☐ (10) 近代ヨーロッパの**コンカン**をなす考え方、
①太い**ミキ**を切る
②**キモ**に銘じる
③入会を**スス**める
④水が**クダ**を通る
⑤箱根の**セキ**を越える

---

(6) ④ 契約
①恩恵 ②警鐘 ③啓発 ④契機 ⑤鶏口 ➡「警鐘」は「危険を知らせるもの」、「啓発」は「知らないことを教え導くこと」

(7) ⑤ 無駄
①妥結 ②堕落 ③蛇行 ④惰眠 ⑤駄作 ➡「蛇行」は「蛇がはうように曲がりくねっていること」、「惰眠をむさぼる」は「何もしないで無駄に月日を送る」

(8) ③ 縛り
①空漠 ②麦秋 ③捕縛 ④爆心 ⑤暴露 ➡「麦秋」は「麦の熟す初夏の頃」

(9) ⑤ 譲る
①冗長 ②蒸発 ③施錠 ④醸造 ⑤謙譲 ➡「冗長」は「だらだらと長ったらしいさま」、「施錠」は「鍵をかけること」

(10) ① 根幹
①幹 ②肝 ③勧める(奨める) ④管 ⑤関

◉古語の読み (1) 護摩 (2) 淑景舎 答えは右ページ

国公立大二次・私立大入試 1

一．傍線部の片仮名は漢字に、漢字は平仮名に直しなさい。

☐ (1) プライバシーとしてのボウヘキは、個人の周囲に形づくられる。（東京大）

☐ (2) 文化内部の多様な差異は、マッショウされて目には見えない。（一橋大）

☐ (3) もし芸術的価値でないなら、いかなるハイリが生じるか。（早稲田大）

☐ (4) 差異とソウジが、同時に存在する秩序がありうる。（明治大）

☐ (5) なんの造作もなく（東北大）　☐ (6) 顕わにしようと（名古屋大）

☐ (7) 殊に（長崎大）　☐ (8) 端役でいい（愛知大）

☐ (9) 掠める（明治大）　☐ (10) 疲労困憊して（白百合女子大）

二．傍線部と同じ漢字を用いるものを一つ選びなさい。

☐ (1) ヨダンはともかく、（近畿大）
① 銀行にヨキンする　② ヨブンな物を買う
③ 明日のヨテイ　④ メイヨある賞

☐ (2) 空シュウ警報が鳴ったとき、（明治大）
① シュウ儀をはずむ　② 哀シュウを感じる
③ 世シュウ制を批判する　④ 報シュウを得る

☐ (3) 未来における実現をハカる。（早稲田大）
① ソク定　② 計リョウ　③ ボウ殺　④ ズウ体

☐ (4) 外国から来たものをハクライ品という。（神戸学院大）
① 動機をジハクする　② 勝敗に金をかけるのはトバク行為だ
③ 港内をセンパクが行き交う　④ セッパクした状況

---

(1) 防壁
(2) 抹消➡けし除くこと
(3) 背理➡りくつに合わないこと
(4) 相似
(5) ぞうさ➡「ぞうさく」と読むと別の意味
(6) あら　(7) こと　(8) はやく
(9) かす　(10) こんぱい

(1) ② 余談➡本筋をはずれた話
① 預金　② 余分　③ 予定　④ 名誉

(2) ③ 空襲
① 祝儀　② 哀愁　③ 世襲　④ 報酬

(3) ④ 図る
① 測定　② 計量　③ 謀殺　④ 図体

(4) ③ 舶来
① 自白　② 賭博　③ 船舶　④ 切迫

(1) しゃくじょう　(2) しょう

三. 傍線部の読みとして正しいものを一つ選びなさい。（法政大）

☐ (1) 大学時代には、教養の涵養に努めることが大切だ。

①せいよう ②けんよう ③じよう ④かんよう ⑤しゅうよう

☐ (2) 主人公が荊棘の道を乗り越えて幸せをつかむ物語を読んだ。

①けいちょく ②けいらつ ③けいりん ④けいしゅく ⑤けいきょく

四. 傍線部と同じ部首の漢字を用いるものを一つ選びなさい。（十文字女子大）

☐ (1) われわれがメイ々の身の丈に合わせて、

①ショウ和時代 ②メイ司会者 ③色エン筆 ④英カイ話教室 ⑤最セイ期を過ぎる

☐ (2) 血なまぐさい宗教内乱のカ中で、

①幸せなカ庭 ②交ツウ機関 ③懐中電トウ ④幸フクな人 ⑤ホウ律を守る

五. 四字熟語の□に入れる適切な漢字を一つ選びなさい。（亜細亜大）

☐ (1) □意専心　☐ (2) 安心□命　☐ (3) 熟慮□行

☐ (4) 生殺□奪　☐ (5) 温厚□実　☐ (6) 率先□範

☐ (7) 名論□説　☐ (8) 公序□俗

①千 ②篤 ③一 ④物 ⑤断 ⑥誉 ⑦良

⑧徳 ⑨垂 ⑩立 ⑪卓 ⑫専 ⑬律 ⑭与

---

(1)④ かんよう ➡「涵養」は「少しずつ養い育てること」

(2)⑤ けいきょく ➡「荊棘」は「イバラなどのとげがある低木。妨げとなるもののたとえ」

(1)③ 銘➡かねへん ①昭➡ひへん ②名➡くち ③鉛➡かねへん ④会➡ひとやね ⑤盛➡さら

(2)⑤ 渦➡さんずい ①家➡うかんむり ②通➡しんにょう・しんにゅう ③灯➡ひへん ④福➡しめすへん ⑤法➡さんずい

(1)③一➡いちいせんしん (2)⑩立➡あんしんりつめい (3)⑤断➡じゅくりょだんこう (4)⑭与➡せいさつよだつ (5)②篤➡おんこうとくじつ (6)⑨垂➡そっせんすいはん (7)⑪卓➡めいろんたくせつ (8)⑦良➡こうじょりょうぞく

◉古語の読み (1) 錫杖 (2) 笙 答えは右ページ

一．傍線部の片仮名は漢字に、漢字は平仮名に直しなさい。

(1) 彼にもう少しナイセイ力があったら（大阪大）

(2) 神社に絵馬をホウノウしたり、（一橋大）

(3) 土鍋や木綿の織物などを生み出す手仕事のジュクレンは、（学習院大）

(4) 近年、資源の消費の増加はドンカしている。（成城大）

(5) 煩瑣（京都大）　(6) 英文学研究の泰斗（大分大）

(7) 不粋なことだ（千葉大）　(8) 厖大であり、（津田塾大）

(9) 句集を繙いて（東京経済大）　(10) 僅かながら（明治大）

二．傍線部と同じ漢字を用いるもの（(1)と(2)は含むもの）を一つ選びなさい。

(1) その考えはシッコウしているので、検討には値しない。（成蹊大）

① 馬で草原をシックする　② 会社を辞めてシッピツに専念する

③ 彼は酒に弱いタイシツだ　④ 八月で事件がジコウを迎えた

⑤ 卒論を書くためにセンコウ研究を整理する

(2) 民主主義は、政治的な決断とシンワ性が強いものだ。（成蹊大）

① コンシンの力をこめる　② 産業界にシンプウを巻き起こす

③ チームのカイシンゲキが続く　④ ワヘイ交渉に向けて努力する

⑤ 和尚《おしょう》さんのホウワを聞きに出かける

(3) そんなフキンシンな！（近畿大）

① キンゲン実直　② キンム先を尋ねる

③ ここは火気ゲンキンだ　④ キンシュク政策がとられる

---

(1) 内省➡自分の心の状態をかえりみること

(2) 奉納➡神仏に供え物などをすること

(3) 熟練　(4) 鈍化

(5) はんさ➡こまごましてわずらわしいこと

(6) たいと➡その道で最も権威のある人

(7) ぶすい➡人情の機微を解さないこと

(8) ぼうだい　(9) ひもと　(10) わず

(1) ④　失効➡効力を失うこと

① 疾駆　② 執筆　③ 体質　④ 時効

⑤ 先行

(2) ④　親和

① 渾身　② 新風　③ 快進撃　④ 和平

⑤ 法話　➡「法話」は「仏教の教義や信仰のあり方などを説く話」

(3) ①　不謹慎

① 謹厳　② 勤務　③ 厳禁　④ 緊縮

➡「謹厳実直」は「きわめてまじめで正直なこと」

(1) そうじょう　(2) だいごくでん

三．空欄に最も適する言葉を一つ選びなさい。（亜細亜大）

☐(1) 格式が高い店の中には（　　）の客を断るところもある。

①一元　②一厳　③一言　④一現　⑤一見

☐(2) 役所に戸籍（　　）を取りに行かねばならない。

①小本　②沙本　③謄本　④騰本　⑤朧本

四．次の熟語と反対の意味をもつ熟語を一つ選びなさい。（法政大）

☐(1) 演繹　①反抗　②帰納　③革新　④強制

☐(2) 闊達　①勇敢　②冷淡　③温厚　④偏狭

☐(3) 主体　①客体　②総体　③本体　④形体

☐(4) 具象　①表象　②形象　③象徴　④抽象

☐(5) 作為　①自由　②自然　③放任　④虚偽

五．空欄に入る最も適当なものを一つ選びなさい。（早稲田大）

☐(1) 創造的な人間は、事故を、枠組みを変える機縁とする。（　　）は、本来悪い意味であったのに、現在ではいい意味にも用いられる。

①猫に小判　②論より証拠　③莫逆《ばくぎゃく》の友
④犬も歩けば棒にあたる　⑤天災は忘れたころにやって来る

☐(2) あまり（　　）でやると、見てきたような嘘《うそ》を言うと思われる。場合によっては訥々《とつとつ》と話すほうが信用される。

①絵に描いた餅　②蛙《かえる》の面に水　③仏の顔も三度まで
④河童《かっぱ》の川流れ　⑤立て板に水

---

(1)⑤　➡「一見（いちげん）の客」は「旅館・料亭などで、なじみでなく初めて訪れた客」

(2)③　➡「謄本」は「戸籍の全部を写したもの」、「抄本」は「その一部を写したもの」

(1)②

(2)④　➡「闊達」は「度量が大きいさま」

(3)①

(4)④　➡「具象」＝「具体」

(5)②

(1)④　➡④は「思いがけない災難にあう」から後に「思いがけない幸運にあう」も意味するようになった。③は「きわめて親密な友人」の意味。「莫逆」は「ばくげき」とも読む。

(2)⑤　➡①は「役に立たないこと」、②は「どんなひどいことをされても平気でいること」

一．傍線部の片仮名は漢字に、漢字は平仮名に直しなさい。

(1) 原文がもつロウロウとした響きとリズム　（京都大）

(2) そのようなことから、彼は自己をボッキャクした。　（大阪大）

(3) マンエツの情をみなぎらせて　（早稲田大）

(4) 携帯電話のチェックにヨネンがない。　（学習院女子大）

(5) 蹲って　（千葉大）　(6) 妻の気遣いは　（東北大）

(7) きちんとした躾　（琉球大）　(8) 無性に　（立命館大）

(9) 業の深さ　（白百合女子大）　(10) 小春日和　（青山学院大）

二．傍線部と同じ漢字を用いるものを一つ選びなさい。

(1) 自動的に不審な行動を検知するニンショウシステム　（佛教大）

① 事件のショウサイを知る　② 資料をサンショウする
③ 快くショウダクする　④ 無実をリッショウする
⑤ 名人のショウゴウを与える

(2) 運転免許の取得のために交通ホウキを勉強する。　（青山学院大）

① 皆キ日食が話題を集めた　② 非正キ雇用の割合が高まった
③ 民衆蜂キの伝統がある　④ 勝キを逸する
⑤ ゴミの不法投キが問題になっている

(3) 「ウソもホウベン」という言葉がある。　（立教大）

① ホウシン状態　② 橋のホウラク　③ ホウと政治
④ ホウサクを練る　⑤ ホウソウを解く

---

(1) 朗朗（朗々）
(2) 没却➡すっかりなくすこと
(3) 満悦　(4) 余念➡ほかの考え
(5) うずくま　(6) きづか
(7) しつけ　(8) むしょう
(9) ごう➡人が担っている運命や制約
(10) こはるびより➡陰暦十月頃の暖かな気候

(1) ④　認証
① 詳細　② 参照　③ 承諾　④ 立証
⑤ 称号

(2) ②　法規
① 皆既　② 正規　③ 蜂起　④ 勝機
⑤ 投棄　➡「蜂起」は「大勢の人がいっせいに行動をおこすこと」

(3) ④　方便
① 放心　② 崩落　③ 法　④ 方策
⑤ 包装　➡「方便」は「ある目的を達成するのに一時的に用いられる手段」

(1) たかみくら　(2) なおざり

三．傍線部の読みとして正しいものを一つ選びなさい。（法政大）

☑(1) 若手の議員グループが旗幟を鮮明にする。
①きしき ②きし ③きしょく ④きせき ⑤きしゃく

☑(2) 将軍が、集まった家臣たちを睥睨した。
①ひぎょう ②はいぎょう ③ひえつ ④へいげい ⑤はいごう

四．傍線部と画数が同じ漢字を一つ選びなさい。（千里金蘭大学）

☑(1) 映画の制作者は、その反キョウを待った。
①保ゴ者 ②クラブのコ問 ③映画カン賞 ④暴風ケイ報

☑(2) その習慣はオトロえることなく定着した。
①ハ医者 ②落下サン ③コウ補者 ④ヒ行機

☑(3) 作品化するという特権を行使したアカツキには、
①美ジュツ館 ②陶ジ器 ③ハク物館 ④幼稚エン

五．反対の意味を表すものを一つずつ選びなさい。（高知工科大）

☑(1) 春風駘蕩 ☑(2) 博覧強記 ☑(3) 竜頭蛇尾
①有終之美 ②傍若無人 ③秋霜烈日 ④大願成就 ⑤浅学菲才 ⑥金科玉条

---

(1)② きし
⬇「旗幟」は「表立って示す立場・態度」

(2)④ へいげい
⬇「睥睨」は「にらみつけて威圧すること」

(1)① 響⬇20画 ①護⬇20画 ②顧⬇21画 ③鑑⬇23画 ④警⬇19画

(2)③ 衰⬇10画 ①歯⬇12画 ②傘⬇12画 ③候⬇10画 ④飛⬇9画

(3)③ 暁⬇12画 ①術⬇11画 ②磁⬇14画 ③博⬇12画 ④園⬇13画

(1)③ (2)⑤ (3)①
⬇「春風駘蕩」は「温和なさま」、「秋霜烈日」は「秋霜と夏の日差しのように厳重でおごそかであることのたとえ」

●古語の読み (1) 高御座 (2) 等閑 答えは右ページ

一．傍線部の片仮名は漢字に、漢字は平仮名に直しなさい。

(1) これ以外にもハンたるべき文章はあるが、（京都大）
(2) その二つは情報としてはトウカであっても、（北海道大）
(3) 神様がチンザしている場所（中央大）
(4) 小説によって、現実の社会をフウシする。（西南学院大）
(5) 御法度（琉球大）　(6) 甲高い声で（千葉大）
(7) 徘徊する（名古屋大）　(8) 選り出す（立教大）
(9) 雪どけとか、水温むとか（東京経済大）　(10) 露わに（成城大）

二．傍線部と同じ漢字を用いるものを一つ選びなさい。

(1) 言葉の社会的意味は二つの過程を経てソウシュツされる。（関西大）
① 事故にソウグウする　② ショウソウカンにかられる　③ 近代医学のソウソウキ　④ 資料をハクソウする　⑤ 価格キョウソウが激化する

(2) 戦災をまぬがれた町には昔ながらの銭湯がサン見される。（日本大）
① サン歩　② サン加　③ 予サン　④ 資サン

(3) 一つの思想であったことの証サであるだろう。（早稲田大）
① サ遷　② サ菓　③ サ法　④ サ察　⑤ サ別

(4) イチジョウの光に希望と光明を見いだす。（桜美林大）
① ショウジョウを贈る　② ジョウカ町　③ カジョウ書き　④ ジョウモン式土器　⑤ ジョウゾウ酒をつくる

一　(1)範　(2)等価　(3)鎮座　(4)風刺（諷刺）　(5)ごはっと　(6)かんだか　(7)はいかい　(8)え（よ）　(9)ぬる（ぬく）　(10)あら
➡「鎮座」は「神霊などがどっしりとどまっていること」、「風刺（諷刺）」は「他の事にかこつけて社会や人物などを批判的に表すこと」

二　(1)③　創出
①遭遇　②焦燥（躁）感　③草創期　④博捜　⑤競争　➡「草創期」は「初めてつくる時期」、「博捜」は「広く探すこと」
(2)①　散見➡あちらこちらに見えること
①散歩　②参加　③予算　④資産
(3)①　証左➡証拠
①左遷　②茶菓　③作法　④査察　⑤差別
(4)③　一条➡ひと筋
①賞状　②城下　③箇条　④縄文　⑤醸造

(1) なかつかさ　(2) のりゆみ

三．傍線部と同じ音読みの漢字を含む熟語を一つ選びなさい。（法政大）

☐ (1) 閑談　①古今　②閉塞　③監視　④緊迫　⑤鼎談
☐ (2) 艶歌師　①怨恨　②豊饒　③頌歌　④凱歌　⑤飽食
☐ (3) 愛誦　①湯桶　②商売　③演説　④舞踊　⑤読経
☐ (4) 狭隘　①曖昧　②欽定　③膏肓　④猥褻　⑤横溢

四．それぞれの熟語の類義語を一つずつ選びなさい。（亜細亜大）

☐ (1) 虚構　☐ (2) 不意　☐ (3) 尽力　☐ (4) 遺憾　☐ (5) 介入

①奔走　②関与　③空虚　④禁止　⑤残念
⑥内密　⑦架空　⑧達成　⑨遺恨　⑩突然

五．各語句の□に他と違う漢字が入るものを一つずつ選びなさい。（法政大）

☐ (1) ①□のねずみ　②堪忍□の緒が切れる　③□に短したすきに長し　④知恵□
☐ (2) ①□議をかもす　②魚□あれば水心　③名店街を□色する　④腹に一□ある
☐ (3) ①寝□に水　②衆□の一致するところ　③世間を瞠《どう》□させる　④皆□わからない
☐ (4) ①後□を拝す　②□も積もれば山となる　③身から出た□　④俗□にまみれる
☐ (5) ①戦いの天王□　②大□鳴動してねずみ一匹　③鹿を逐う者は□を見ず　④待てば□路の日和あり

三 (1) ③　かんだん⬇③かんし、⑤ていだん
(2) ①　えんかし⬇①えんこん、③しょうか、④がいか
(3) ②　あいしょう⬇①ゆとう、②しょうばい
(4) ①　きょうあい⬇①あいまい、②きんてい、③こうこう、④わいせつ、⑤おういつ

四 (1) ⑦　(2) ⑩　(3) ①　(4) ⑤　(5) ②
⬇「尽力」は「ある事をなすために力をつくすこと」、「遺恨」は「長い間持ち続けていた恨み」

五 (1) ③
⬇③には「帯」、①②④には「袋」が入る。
(2) ②
⬇②には「心」、①③④には「物」が入る。
(3) ①
⬇①には「耳」、②③④には「目」が入る。
(4) ③
⬇③には「錆」、①②④には「塵」が入る。
(5) ④
⬇④には「海」、①②③には「山」が入る。

●古語の読み　(1) 中務　(2) 賭弓　答えは右ページ

一．傍線部の片仮名は漢字に、漢字は平仮名に直しなさい。

(1) 細かなことに執着する神経質さ、キリョウの小ささ、（東京大）
(2) 大幅にシュクゲンされているとはいえ、（九州大）
(3) 作物がとれるヒヨクな土地。（法政大）
(4) 彼は、その作家にシシュクしていた。（明治大）
(5) 見るも無惨な姿（東北大）　(6) 外套（香川大）
(7) 拗ねたように（香川大）　(8) 字面から考えて（白百合女子大）
(9) 炯眼（西南学院大）　(10) 眼の前に揺曳する（成城大）

二．傍線部と同じ漢字を用いるものを一つ選びなさい。

(1) ほんらい、小説とはタギセイをもったものだ。（立教大）
①チキュウギを回す　②ギオンゴを多用する　③ギギが出される　④ギリョウが足りない　⑤セイギカンが強い

(2) 人間は一定の時間のうちにセッ食、休息などを行う。（早稲田大）
①セッ政　②セッ衝　③セッ速　④セッ制　⑤セッ戦

(3) キョウガ新年という葉書だけを出した。（早稲田大）
①キョウ順　②最キョウ　③キョウ縮　④説キョウ

(4) 犯罪防止ばかりがキョウチョウされがちであるが、（佛教大）
①キンチョウをほぐす　②チョウコク家になりたい　③人知をチョウエツする　④鳩は平和のショウチョウだ　⑤生活がタンチョウになる

---

(1) 器量⬇才能や心の大きさ
(2) 縮減　(3) 肥沃
(4) 私淑⬇著作などを通じて師と仰ぐこと
(5) むざん　(6) がいとう⬇コート
(7) す　(8) じづら⬇書かれた文字
(9) けいがん⬇鋭く光る眼
(10) ようえい⬇ゆらゆらとたなびくこと

(1) ⑤ 多義性⬇多くの意味をもつ性質
①地球儀　②擬音語　③疑義　④技量　⑤正義感
(2) ① 摂食⬇食物をとること
①摂政　②折衝　③拙速　④節制　⑤接戦　⬇「摂政」の読みは「せっしょう」
(3) ① 恭賀
①恭順　②最強　③恐縮　④説教
(4) ⑤ 強調
①緊張　②彫刻　③超越　④象徴　⑤単調

(1) ひちりき　(2) ふすましょうじ

三．傍線部の読みとして正しいものを一つ選びなさい。（法政大）

☐（1）彼は官に仕えず、草莽の臣として生きることに決めた。
①そうさい ②そうそう ③そうもう ④そうほん ⑤そうろう

☐（2）敵の陋劣なやりかたに腹が立った。
①ひれつ ②へいれつ ③ぐれつ ④ろうれつ ⑤せつれつ

四．各熟語の対義語を、□に一つずつ選んで作りなさい。（駿河台大）

☐（1）質素↔□□ ①美 ②地 ③豊 ④味 ⑤華 ⑥健 ⑦剛 ⑧富
☐（2）独創↔□□ ①発 ②通 ③模 ④夫 ⑤想 ⑥普 ⑦倣 ⑧工
☐（3）丁寧↔□□ ①損 ②完 ③困 ④雑 ⑤然 ⑥廃 ⑦汚 ⑧粗
☐（4）繁忙↔□□ ①虚 ②散 ③静 ④寒 ⑤清 ⑥枯 ⑦閑 ⑧寂
☐（5）多弁↔□□ ①音 ②少 ③騒 ④黙 ⑤静 ⑥寂 ⑦説 ⑧寡

五．各四字熟語の□に入る適切な漢字を一つずつ選びなさい。（中京女子大）

☐（1）Ａ飲Ｂ食 意味：大いに飲み食らうことのたとえ
Ａ①鶏 ②牛 ③豚 ④馬 ⑤狗　Ｂ①牛 ②猪 ③馬 ④猫 ⑤鯨

☐（2）Ｃ群一Ｄ 意味：凡人のうちで傑出して目立つ人物のこと
Ｃ①鳶 ②鳩 ③鴨 ④鶏 ⑤雀　Ｄ①鶴 ②鶯 ③鷹 ④鳩 ⑤鷲

☐（3）Ｅ鳴Ｆ噪 意味：騒がしいばかりで役に立たない議論や文章のたとえ
Ｅ①犬 ②馬 ③鶏 ④鳥 ⑤蛙　Ｆ①蝿 ②豚 ③雀 ④蟬 ⑤猿

三
（1）③ そうもう
➡「草莽」は「在野・民間」
（2）④ ろうれつ
➡「陋劣」は「いやしく劣っているさま」

四
（1）⑤・① 華美
（2）③・⑦ 模倣
（3）⑧・④ 粗雑
（4）⑦・② 閑散
（5）⑧・④ 寡黙

五
（1）Ａ② Ｂ③ ぎゅういんばしょく
➡「狗」は「いぬ」
（2）Ｃ④ Ｄ① けいぐんいっかく
➡「鳶」は「とび」、「鶯」は「うぐいす」、「鷲」は「わし」
（3）Ｅ⑤ Ｆ④ あめいせんそう
➡「蟬」は「せみ」

●古語の読み （1）篳篥 （2）襖障子 答えは右ページ

一．傍線部の片仮名は漢字に、漢字は平仮名に直しなさい。

- (1) 成績はガイして良い方だ。（京都大）
- (2) その事実をショヨのものとして受け入れる。（北海道大）
- (3) 全員を集めてコンシン会を開く。（法政大）
- (4) そこに対象の客観化のセイヒがかかっている。（早稲田大）
- (5) 椿事（千葉大）
- (6) 暗澹たる（香川大）
- (7) 頷いた（琉球大）
- (8) 旨とする（白百合女子大）
- (9) 空隙（立命館大）
- (10) 最早俳句ではない（東京経済大）

二．傍線部と同じ漢字を用いるもの（(2)は含むもの）を一つ選びなさい。

(1) 防御の手段のコウじ方も、おのずと異なってくる。（立教大）
① 教育のコウザイを論じる　② 社会にコウケンする
③ コウドウで卒業式を行う　④ 新理論をコウチクする
⑤ コウリョクを持たない発言

(2) 「自立した人」とは、名乗りではなくコショウだ。（成蹊大）
① 士気をコブする　② 前後からコオウして攻める
③ その提案にコシツする　④ 裁判所にショウカンされる
⑤ 双子だが性格はタイショウテキだ

(3) その塔は、世界に堂々たる形シをもってそびえていた。（明治大）
① シ体をくねらす　② シ勢を正す
③ シ囲を眺める　④ シ肪を燃やす

---

(1) 概➡「概して」で「全体としてみると」　(2) 所与　(3) 懇親　(4) 成否
(5) ちんじ➡思いがけない出来事
(6) あんたん➡将来に希望がなく、悲観的なさま
(7) うなず　(8) むね➡主旨
(9) くうげき➡物と物とのすき間
(10) もはや

(1) ③ 講じ方
① 功罪　② 貢献　③ 講堂　④ 構築
⑤ 効力 ➡「功罪」は「てがらとあやまち」

(2) ② 呼称
① 鼓舞　② 呼応　③ 固執　④ 召喚
⑤ 対照的 ➡「召喚」は「呼び出すこと」

(3) ② 形姿 ➡「なりかたち」とも読む。
① 肢体　② 姿勢　③ 四囲　④ 脂肪

(1) ゆはず（ゆみはず）　(2) わごん

三. 傍線部にあてはまる漢字の、文意に合った訓読みを、括弧内の指示にしたがって平仮名で書きなさい。

☑ (1) ケン修期間（動詞の終止形）　☑ (2) ボ金活動（動詞の終止形）

☑ (3) シ問機関（動詞の終止形）　☑ (4) 荘ゴンな寺院（形容動詞の終止形）

☑ (5) シュウ態をさらす（形容詞の終止形）

（法政大）

四. 熟語の構成について、該当するものを二つずつ選びなさい。

☑ (1) 上の漢字が下の漢字を修飾しているもの（例「洋画」）

① 添削　② 抑揚　③ 真偽　④ 小道　⑤ 探検

⑥ 愚問　⑦ 空虚　⑧ 正邪　⑨ 陥没　⑩ 献身

☑ (2) 同じような意味の漢字を重ねたもの（例「岩石」）

① 睡眠　② 酷似　③ 雷鳴　④ 出没　⑤ 興亡

⑥ 懸命　⑦ 巧拙　⑧ 授受　⑨ 早熟　⑩ 哀愁

（駿河台大）

五. 空欄に入る最も適当なものを一つ選びなさい。

☑ (1) （　　）で、理解できないものに言及して恥をかくのはゴメンだと敬遠されてきた節がある。

① 羹《あつもの》に懲りて膾《なます》を吹く　② 物言えば唇寒し秋の風

③ 藪をつついて蛇を出す　④ 触らぬ神にたたりなし

（早稲田大）

☑ (2) 自由は、その本質において（　　）である。自由は、幸いとともに災厄をもたらす。

① 塞翁が馬　② 両刃の剣　③ 暗中模索　④ 五里霧中

（青山学院大）

---

(1) とぐ（みがく）　⬇研修

(2) つのる　⬇募金

(3) はかる　⬇諮問

(4) おごそかだ　⬇荘厳

(5) みにくい　⬇醜態

(1) ④と⑥　(2) ①と⑩

⬇全選択肢中では、⑴に該当するものは解答のほかに酷似・早熟、⑵は探検・空虚・陥没、また添削・抑揚・真偽・正邪と出没・興亡・巧拙・授受は「反対（対応）の意味の漢字を組み合わせたもの」、雷鳴は「上の漢字が主語、下の漢字が述語になっているもの」、献身と懸命は「上の漢字が動詞、下の漢字が目的語・補語になっているもの」

(1) ④　⬇②は「不用意に余計なことを言うと、しばしば人の恨みを買って災いをまねく」、③は「余計なことをして、思いがけない災難をこうむる」、④は「関わらなければ災いを招くこともない」

(2) ②　⬇①は「人間万事塞翁が馬」などと用いる。

◉古語の読み　(1) 弓筈　(2) 和琴　答えは右ページ

索引

「*」の付いた語は、読むことを優先して学習しましょう。

【あ】

【い】

【す】

四字熟語の索引

【あ行】

【か行】

☐ じょうじゅうざが　常住坐臥　185
☐ しょうしんしょうめい　正真正銘　184
☐ しょうばいはんじょう　商売繁盛　107
☐ しようまっせつ　枝葉末節　179
☐ しょぎょうむじょう　諸行無常　181
☐ しょしかんてつ　初志貫徹　220
☐ しりめつれつ　支離滅裂　181
☐ しんきいってん　心機一転　181
☐ しんざんゆうこく　深山幽谷　97・218
☐ しんしゅつきぼつ　神出鬼没　181・227
☐ しんしょうひつばつ　信賞必罰　182
☐ しんしょうぼうだい　針小棒大　179
☐ しんしんきえい　新進気鋭　182
☐ しんぼうえんりょ　深謀遠慮　48
☐ しんらばんしょう　森羅万象　179
☐ すいせいむし　酔生夢死　181
☐ せいこううどく　晴耕雨読　179・208
☐ せいさつよだつ　生殺与奪　184・223
☐ せいてんはくじつ　青天白日　184
☐ せいれんけっぱく　清廉潔白　181
☐ せきにんてんか　責任転嫁　175
☐ せっさたくま　切磋琢磨　181
☐ せっしやくわん　切歯扼腕　181
☐ ぜったいぜつめい　絶体絶命　179
☐ せんがくひさい　浅学非(菲)才　185・227
☐ せんざいいちぐう　千載一遇　179
☐ せんさばんべつ　千差万別　179
☐ ぜんだいみもん　前代未聞　179
☐ せんぺんいちりつ　千篇一律　184
☐ せんぺんばんか　千変万化　182
☐ そっせんすいはん　率先垂範　223

【た行】

☐ たいがんじょうじゅ　大願成就　227
☐ たいきばんせい　大器晩成　179
☐ たいぎめいぶん　大義名分　181
☐ たいげんそうご　大言壮語　179
☐ たいしょうりょうほう　対症療法　218
☐ たいぜんじじゃく　泰然自若　181
☐ だいたんふてき　大胆不敵　182
☐ だいどうしょうい　大同小異　181
☐ だんいほうしょく　暖衣飽食　181
☐ ちゅうやけんこう　昼夜兼行　214
☐ ちょうさんぼし　朝三暮四　184
☐ ちょうれいぼかい　朝令暮改　181
☐ ちょくじょうけいこう　直情径行　184
☐ ちょくせつかんめい　直截簡明　130
☐ ちんしもっこう　沈思黙考　184
☐ てきざいてきしょ　適材適所　184
☐ てっとうてつび　徹頭徹尾　181
☐ てんいむほう　天衣無縫　179
☐ てんかむそう　天下無双　216
☐ でんこうせっか　電光石火　184
☐ てんしんらんまん　天真爛漫　181
☐ てんぺんちい　天変地異　184
☐ とういそくみょう　当意即妙　179
☐ どうこういきょく　同工異曲　179
☐ とうほんせいそう　東奔西走　179
☐ どくだんせんこう　独断専行　175

【な行】

☐ ないゆうがいかん　内憂外患　185
☐ なんこうふらく　難攻不落　184
☐ にそくさんもん　二束三文　182・219
☐ にっしんげっぽ　日進月歩　179
☐ にりつはいはん　二律背反　179

【は行】

☐ はがんいっしょう　破顔一笑　184
☐ はくらんきょうき　博覧強記　182・227
☐ ばじとうふう　馬耳東風　179
☐ はらんばんじょう　波瀾万丈　181
☐ ばりぞうごん　罵詈雑言　185
☐ はんしんはんぎ　半信半疑　184
☐ びじれいく　美辞麗句　181
☐ ひゃっかそうめい　百家争鳴　184
☐ ひゃっきやぎょう　百鬼夜行　182
☐ ふぐたいてん　不倶戴天　183

慣用句などの索引

【さ行】

【た行】

カタカナ語の索引

＊イラスト　黒崎玄
＊装丁　下野ツヨシ
＊本文デザイン　志岐デザイン事務所

＊ＤＴＰ　亜細亜印刷株式会社
＊編集協力　平澤雅子・一校舎
＊校正　株式会社文字工房燦光

2011年1月20日　初版発行
2017年11月20日　改訂版発行

頻度順
入試漢字の総練習　三訂版

2021年11月30日　第1刷発行
2024年4月10日　第4刷発行

著　者　池田宏　高野光男　新見公康
発行者　株式会社三省堂　代表者 瀧本多加志
印刷者　三省堂印刷株式会社
発行所　株式会社三省堂
〒102-8371
東京都千代田区麴町五丁目7番地2
電話 (03)3230-9411
https://www.sanseido.co.jp/

〈三訂入試漢字総練習・272pp.〉
落丁本・乱丁本はお取り替えいたします。

ISBN978-4-385-22733-7

本書の内容に関するお問い合わせは、弊社ホームページの「お問い合わせ」フォーム（https://www.sanseido.co.jp/support/）にて承ります。